最難関中学受験用

# 長文の読解と論述

## 精解の国語

## 生徒用解答編



《ご使用上の注意》

この「生徒用解答編」は、便宜上作成したものです。「利用法」のところでも述べましたが、ときに国語の解答なるものは、算数の「答え」のようなわけにはいかないことがあります。とりわけ記述や論述問題の解答には、とらえ方やその表現・まとめ方に大きな幅があります。大切なのは「なぜ、その答えになるのか」をしっかり確かめることです。ただ「記号が合っているからいい」とか、「模範解答に合わせればいい」というものではありません。ご面倒でも、「生徒の例」も含め、別冊の『解答・解説編』をぜひ御覧いただき、ご自分のものと比較、検討してください。その意味で生徒用問題集の中の「解答ページ」とは、『解答・解説編』のものを指しています（ここのもののページは、表紙の裏にあります)。

GAKUSHINSHA

『精解の国語・長文の読解と論述』

# ■目次

## (1) 物語文

## (2)

### 随筆文

(5)　補　充

なお、題名がそのまま「ヒント」になってしまうものもあったので、その場合は、それが収められている書名を記しました。また、〈論述・作文の演習〉での題名の一部は、便宜上、私がつけたものがあります。

《ことば・ことわざ・文学史　補充》の解答は34頁にあります。

# 生徒用解答編

## 1 開成中●島崎藤村『嵐』

（問題は2ページ）

**解答**

問一　エ
問二　ウ
問三　イ
問四　イ
問五　ア
問六　ウ

### 《論述・作文演習 (1)》 筑波大学附属駒場中

（問題は4ページ）

**河盛好蔵「人とつき合う法」**

問一　解答例
好きな人にはすべてを与えるという心意気の乏しいことや、与えられる友情に対して何らかの目的があるのではないかと警戒心を持つこと。

問二(1)　解答例
他人から与えられた報酬を期待しない友情

(2)　解答例
報酬を期待していること

問三　解答例
与えるものの乏しい人は、さまざまな魅力をそなえていない人であり、無償で無際限に与えることができず、そのために真の友情を確立できないから。

## 2 筑波大学附属駒場中●椋　鳩十『カッパ淵』

（問題は5ページ）

**解答**

問一　解答例
梅吉じいさんのせいで（魚が）釣れなくなったのに、知らんふりをして、のんきにタバコを吸っている姿を見たから。

問二　解答例
これまでのくやしさや怒りを強調したかったから。

問三　解答例
もしかしたら、自分たちは梅吉じいさんを殺してしまったのではないかという恐怖心でいっぱいになったから。

問四　解答例
梅吉じいさんがどうなったのかの事実を知るのが怖かったから。

### 《論述・作文演習 (2)》 栄光学園中

（問題は6ページ）

**「ぼくの一番楽しい時間」**

生徒の例
ぼくは地図帳を見ているときが一番楽しい。僕はあまり身体が強い方ではないので、遠くに旅行に行ったことがないからだ。六年生の修学旅行も行けなかった。でも地図帳さえあれば、ニューヨークでも上海でもシドニーでも、どこへでも行ける。そこにはどんな人が住んでいるのだろうかと想像しているだけで、すぐ三時間ぐらいは経ってしまう。また近いうち入院するのだが、そのときには地図帳が親友になってくれる。

（男子生徒・一九一字）

## 3 桜蔭中●志賀直哉『宿かりの死』

（問題は7ページ）

### 解答

問一 苦し

問二 絶望

問三 (1) エ　(2) ウ

問四 解答例 「きしゃごたちよりずっと大きくなれた自分の姿を、得意になって他に見せつけたい心境。」（四〇字）

問五 解答例 「きしゃごたちより大きくなった自分にうぬぼれていたが、より大きなさざえに会って、そう思いこんでいた自分に恥ずかしさを感じたため。」（六三字）

問六 エ

## 4 ラ・サール中●スタインベック『赤い小馬』

（問題は9ページ）

### 解答

問一 解答例 (a) 言いつけられた仕事（九字）
(b) 父親に聞くつもり（「父親に質問するつもり」など）（八字）

問二 ニ

問三 解答例 「ジョウディが父親に小馬を買ってもらった話」（二〇字）

問四 解答例 小馬に夢中になっていつもの生活習慣をくずさないこと。（二六字）

問五 解答例 いつもは厳格で親しみにくいが、本当は、息子の望みをかなえてやるような優しい父親。（四〇字）

## 5 灘中●新田次郎『風の中の瞳』

（問題は11ページ）

### 解答

問一 4

問二 2

問三 解答例 小牧にたちうちできない自分のくやしさを、まぎらすため。（二七字）

問四 3と5

問五 下山するにしたがって

問六 電光のするときだけ、

問七 第二段落→小牧義春が先頭
第三段落→小牧義春は先導
第四段落→目のくらむよう

問八 〈小牧義春の性格〉解答例
① 常に冷静に判断し行動のできる（性格）（一四字）
② いつもあわてずに考え行動できる（性格）（一五字）
③ いつも落ち着いて考え判断できる（性格）（一五字）

〈川村広三の性格〉解答例
① いつも自分中心で怒りっぽい（性格）（一三字）
② 自分勝手な行動をする怒りっぽい（性格）（一五字）
③ 劣等感があり、イライラしやすい（性格）（一五字）
④ 自分を目立たせたい気持がある（性格）（一四字）

## 《論述・作文演習 ⑶》 甲陽学院中

(問題は13ページ)

### 深代惇郎「天声人語」

問一 解答例 雛を見るたびに、雛も、娘も妻もない自分がひとしおさびしく思われる。

問二 解答例 (特にいないとは思うが、順不同でも可)

・娘が産まれなかった。

・娘が何らかの事情で亡くなってしまった。

・娘が嫁に行ったか働きに行ったかして、雛だけは家にある。

問三 解答例 かわいい娘がいるのだが、雛が高すぎて買ってやれないせつない気持ち。

問四 解答例 ア 派手さを争うこと

解答例 イ 人形のよいわるい

解答例 ウ これを見よといわんばかりにあてつけがましく見せつけるようす

## 《漢字・語句の解答 ①》

(問題は14ページ)

一

(1)
1 おも—い かさ—ねる(なる)
2 ほそ—い(る) こま—か(かい)
3 くる—しい(しむ・しめる) にが—い(る)
4 ま—ける(かす) お—う
5 き—る(せる) つ—く(ける)
6 おさ—める(まる) なお—る(す)

(2) (例) 1重大 2細工 3苦心 4勝負 5発着 6政治

二 1艹・くさかんむり 2刂・りっとう 3言・ごんべん 4口・くにがまえ 5貝・かいへん(こがい) 6广・まだれ

三 ①不意 ②勤 ③不(無)器用 ④忠告 ⑤能率 ⑥ほうち ⑦ちすい ⑧たいしゃく ⑨しゅうしゅう ⑩はやわざ

四 A 1異色 2実績 3専念 4成果 5賛否
B 6臓器 7移植 8領域 9著名 10機知

五 ①圧倒 ②文句 ③気配 ④説得 ⑤伝票 ⑥不便 ⑦保証 ⑧看護 ⑨留守 ⑩愛用

## 6 フェリス女学院中●安岡章太郎『幸福』

(問題は15ページ)

### 解答

問一 (第二段落) S駅の切符
(第三段落) あれから、

問二 ア 3 イ 1 ウ 2

問三 ア 4 イ 3 ウ 1

問四 ア 3 イ 4

問五 A 4 B 3

問六 解答例 驚いて急に目の前が真っ暗になったような (一九字)

問七 解答例 食べたいすしが、いくらでも食べられるほど五円は大金だということが

問八　わかったから。（三九字）

解答例 駅員がまちがえたつり銭をごまかさずに返しに行った、自分でも気づかなかった素直な気持ち。（四三字）

問九　2

問十　解答例 紙幣をはじいたついでに、その指でおでこも軽くたたいた動作。（二九字）

問十一　解答例 ホームの少年の駅員を見ているうちに、さっきの駅員が思い出され、彼の病気の母や、つかれきったようすまで空想したから。（五七字）

問十二　解答例 空想癖のせいで、いろいろな失敗もしたが、その癖のおかげで何とか今の自分になれたと、ほどほどに満足している。（五三字）

## 《論述・作文演習 (4)》　ラ・サール中

（問題は18ページ）

### 芥川龍之介「芋粥」

生徒の例 家来よ、よく聞きなさい。殿と五位の二人が明日の巳の時ごろ琵琶湖に臨んだ高島の辺りに到着します。だから二匹の鞍置馬を連れ、酒や弁当を持って待っていなさい。（男子生徒・七六字）

## 《漢字・語句の解答 ②》

（問題は19ページ）

一　①くだもの　②あずき　③さみだれ　④もめん　⑤たなばた　⑥うなばら　⑦ひより　⑧わこうど　⑨なごり　⑩しわす

二　①批判　②拡張　③縦断　④親善　⑤識別　⑥指示　⑦支持

三　1エ・かおく　2ウ・みょうじ　3イ・せけん　4ア・とうみょう　5エ・ていさい

四　1恩　2着　3担　4青菜　5採光　6窓際　7基調　8講　9熱湯　10器官　11加盟　12林立

五　①乱暴　②絶頂　③軽率　④誠意　⑤障害　⑥徒労　⑦縮　⑧成果　⑨報　⑩操

# 7　武蔵中●真鍋和子『土のにおいは朝のにおい』

（問題は20ページ）

## 解答

問一　解答例 転校生のいとうくんを馬鹿にするような態度をとった級友に対して、恥ずかしく思うとともに、いとうくんを気の毒に思った気持ち（から）。

問二　解答例 東北なまりや、ケガの跡のぼうず頭や、かかとのやぶれたズックなどを笑われても、ぜんぜん気にかけないようすで、たのしそうに毎日学校にやってくることなど。

問三　解答例 わたしの席からいとうくんの席まではいちばん遠いことと、そこだけ周りの雰囲気とちがっていること。

問四　解答例 もともと転校してきた日から興味をもっていたうえ、給食費を払えないわたしと同じ立場なのに、少しも悪びれず、堂々としている態度にひきつけられてしまったから。

問五　解答例 すでに大人にまじって生きているという、強さと自信。

問六　解答例

問七 解答例 けんちゃんは、よう子さんの言う「好きな人」にはあたらないが、よう子さんに聞かれてはじめて、やはり、けんちゃんこそわたしの好きな人ではないか、と思い始めた。

けんちゃんがいなくなってはじめて、けんちゃんのことが好きだったことがはっきりわかり、そのことを忘れないよう、自分で自分に確かめている気持ち。

## 《論述・作文演習 ⑸》 聖光学院中

(問題は23ページ)

### 長田 弘「くずかごのようなもの」

生徒の例

題「ベッド」

とても大きく、毎日使っているけれども、ほとんどその存在のことを考えたこともない。部屋が狭いのはベッドのせいだ、と思うときくらいである。もしかしたら死ぬときまでお世話になるかも知れないのに今まで感謝したこともない。もう、あってあたり前だと思っている。でもベッドはぼくが落ちこんでいるときのことも、うれしいときのことも全部知っている。今度は少し、ベッドと話をしたいと思っている。

(男子生徒・一八七字)

## 8 雙葉中●国分一太郎『カヌヒモトの思い出』

(問題は24ページ)

解答

問一 解答例 イ ひき返す

ロ (ノミをとるときのように)大小漏らさないように注意して見る目つき。

ハ 他人につられて自分もいっしょに泣くこと。

問二 解答例 どろぼうかもしれないこの男の子の目つきもこわかったし、また、この子ともかかわり合いたくないという気持ち。

問三 解答例 ＝箇条書き＝(小さい子の様子)

●きかれると、小さな子は、にげようともせずに、しくしくと泣きだしてしまいました。

●ぐったりとしたようなからだをくねらして、右の手をふところに入れると、何かをにぎったこぶしを、大きい子の前に、力なくさし出しました。

●しくしく泣きながら、しかたなさそうについていきました。

＝小さい子の気持ち＝

問四 解答例 大きい男の子に見つかり、もう逃げられないとあきらめ、だんだんと自分のしたことのおそろしさに気づき始めている。

問五 解答例 (あ) おじさんにひどく叱られずにすんだようすを見て、安心した。

(い) 二人がこれからどうするのかを見届けたい気持ち。

(う) 大きい子のやさしい思いやりと、それを素直に受けとめている小さい子のようすを見て、心にこみあげてくるものを抑えられないでいる。

問五 解答例 「大きい子」を信頼する気持ちが生まれ、すっかり安心して素直になっているようす。

問六 解答例 信頼している「大きい子」になぐられるのならば、それは当然だと思い、痛さもがまんでき、かえってすがすがしい気持ちになれた。

問七　解答例　小さい子に二度とぬすみをやらせてはいけないと思い、おたがいにその約束をはっきりとたしかめておくべきだと思ったから。

問八　解答例　正義感のつよさと、やさしさの両方を持っている少年。

《論述・作文演習 ⑹》　大阪教育大学附属池田中

（問題は26ページ）

「どんな友だちでありたいか」

生徒の例

私は、友だちとはお互いに、何でも話し合えたり、本気で悩みを相談し合えたりする友だちでありたいと思っています。そのためには、絶対他人の悪口を言ったり、嘘をついたり、その人の秘密をバラしたりしてはいけないと思っています。というのは、私がもし誰かの悪口を言ったり、秘密をバラしたりすれば、その友だちは私のことを信用してくれないと思うからです。なぜ、そう考えるかというと、私がそうされたらいやだからです。

（女子生徒・一九八字）

## 9　駒場東邦中●井上ひさし『あくる朝の蟬』

（問題は27ページ）

解答

問一　イ

問二　オ

問三　ウ

問四　ア

問五　解答例　弟ががっかりするだろうと思ったから。（一八字）

問六　解答例　できることなら、もう孤児院にはもどりたくないのだが、これ以上自分たちがここにいたいと言えば、やさしい祖母を苦しめることになるので、ここは自分たちの方から出ていくべきだ、という思い。（九〇字）

問七　解答例　孤児院の生活のクセが残っていて、ふつうの家庭には慣れていないのだが、周囲を思いやる気持ちをもった素直な子。（五三字）

《論述・作文演習 ⑺》　東京学芸大学附属世田谷中

（問題は31ページ）

「紙ゴミ問題を考える」

生徒の例

紙のゴミを減らすには、会社や学校などでいらなくなった紙などをリサイクルして使ったらいいと思います。

次に新聞などに入ってくるチラシは折って「ゴミ箱」などに作り直し、今度はそこにゴミを捨てていったらいいと思います。

またゴミを出す時には必ずお金も出すべきだと思います。そうすれば無駄づかいも減るし、また紙の大切さもよく分かってくるはずです。

（女子生徒・一六七字）

## 10　栄光学園中●生源寺美子『きらめいて川は流れる』

（問題は32ページ）

解答

問一　解答例　自分が校長の娘として、特別な目で見られていることに気づかされ、急に寂しさやつらさを感じたということ。

**問二** (1) 解答例 格子の家も、たよちゃんが思っているような特別な家ではなく、しじゅうけんかもしているので、それを見られたくないという気持ちから。

(2) 「うち」を見せてしまえば、やはりたよちゃんの家より「お金持ち」だと思われてしまうことがいやだったから。 （(1)と(2)は順不同）

**問三** 解答例 特別な目で見ているたよちゃんに、自分の家の本当の姿を知られるのがいやだったのに、そのことをはっきり言えず、その場をごまかして逃げ帰ってきてしまったことから、後ろめたさを感じたから。

**問四** 解答例 自分の家を見せるのを正直に断るか、みえをはらずに思い切ってしまうかのどちらかにすればよかったのに、結果として、たよちゃんをだますようになってしまったことを後悔する気持ちと、できればはやく立ち直って、白いじゃがいもの花のように、純粋で清らかな心になりたいと思う気持ち。

## 11 筑波大学附属駒場中●長谷川四郎『子どもたち』

（問題は34ページ）

### 解答

**問一** ① ところで

② 「夢うつつにその声を聞いて眼をさます」

**問二** 解答例 「眼ざまし時計」と百円札の真新しさをかけている点。

**問三** ① 解答例 変なかっこうで女の子を驚かしたうえで、納豆を三百円で全部買いあげて喜ばそうとするいたずら。

② 感謝・親しみ （順不同）

(注)ここに用意した「解答例」は「たてまえ」なので、実際のところは「解説のポイント」や「はみだしノート」をご覧いただきたい。

**問四** (4) K君

(5) 女の子（納豆売りの女の子）

## 《論述・作文演習 (8)》 東京学芸大学附属世田谷中

（問題は35ページ）

### 「年賀状は必要か」

生徒の例

僕はやはり年賀状は必要だと思います。確かに形式だけのものもあるので、それは無駄だと思います。でも、ふだんはまったく会わなくても、年賀状を書くことで、一年に一回はお互いのことを思い出します。だから年賀状を受け取ると温かい気持ちが通じ合ったようなうれしい気持ちになります。年賀状のないお正月はとてもさびしいと思います。

（男子生徒・一五七字）

## 12 麻布中●ラフカディオ・ハーン（小泉八雲）『赤い婚礼』

（問題は36ページ）

### 解答

**問一** フイに、肩

**問二** 解答例 こわそうな先生が意外にやさしい態度だったのでかえってこわくなったのと、見知らぬ場所に一人で取り残されるようで不安でいっぱいの状態。

**問三** 解答例 教室に入るとみんながいっせいに顔を向けて互いにささやきあって笑っ

たので、すっかり自分のことを馬鹿にしているのだと思ったから。

問四 解答例 (イ) 両親の恩の大切さを話してくれたのに、それを聞いていず先生の質問に見当外れの答えをしてしまったこと。

(ロ) 意味もわからず笑われたことが苦になって、その理由を考えてうわの空でいたときに、不意に質問されたから。

問五 解答例 自分が見当外れの答えをしてみんなに笑われたのは多少はしかたがないにしても、こうしてまったく無視されると、不安と孤独感は増すばかりである。その上、先生にまで見放されたように思い込んでしまった太郎の絶望的な心細さを表現するため。（五〇字）

問六 解答例 自分も、去年、初めて学校に来たとき、太郎とそっくりの目にあったので、太郎のことをよく理解できたから。

問七 エ

問八 解答例 今の自分の気持ちを分かってくれただけでなく、さらに一緒に遊んでくれるという彼女のやさしい気持ち。

問九 解答例 「もちろん、泣きたいときは、泣いてもいいわよ」彼女はいった

問十 解答例 太郎は、学校は楽しいところだと聞かされて登校するが、急にこわく思えて家に帰りたくなったり、みんなに馬鹿にされたと思い込んだりして、ひどくみじめな気持ちになる。その上、先生の質問に見当外れの答えをして、また笑われ、無視もされてすすり泣くのだが、そこに優しく慰めてくれる年長の女の子が現われ、ほっとして甘えた気持ちで泣きじゃくる。結局そのあと二人で遊べることになり、幸せな気持ちになれた。（一九二字）

---

## 《論述・作文演習 ⑼》　栄光学園中

（問題は38ページ）

### 「ぼくの宝物」

生徒の例

僕の宝物は、山に行くときのザックである。これは、初めて山登りに行ったときに、祖父に買ってもらったものだ。僕はまだ五年生だったので、祖父に手を引っ張ってもらいながら、やっと頂上にたどりついた。もうそこは天の上という感じで、下の方では野生の鹿が遊んでいた。それから山が好きになった僕は、祖父と時々、山に行った。今年の夏に祖父は亡くなってしまったのだが、僕はそのザックがどうしても捨てられないのだ。（男子生徒・一九六字）

## 13 灘　中●川端康成『掌の小説〈バッタと鈴虫〉』

（問題は39ページ）

### 解　答

問一 (イ) なった　(ロ) おくれ　(ハ) である　(ニ) である

問二 ロ（イも可）

問三 製作者の名が片仮名で刻み抜かれている（一八字）

※解説のポイント参照。

問四 (B) ヘ・ト・チ・ヌ　(C) ニ・チ

問五 解答例

●「バッタほしい者いないか。」と、だれにでもあげるようなことを言っ

ておきながら、自分の好きな女の子がくるまでだれにもやらなかったこと。

●はじめから鈴虫だったのに、わざと「バッタほしい者いないか。」などと言っておいて、女の子を喜ばせたこと。

問六 解答例

(一) 男の子は「だれかバッタほしい者いないか。」と叫ぶと「おくれ！おくれ！」と子どもたちは寄ってくるのだが、自分の好きな女の子が来ないのでみんなの手を払いのけ四、五間かなたの子どもたちにふたたび叫んだ。

(二) 「ちょうだいな。ちょうだい。」と言う、自分の好きな子には、すぐ立ち上って握った拳をそれ！と突き出し、女の子は女の子で、その拳を包んだ。つまりどうしても手から手へ確実に渡したかったのであり、確実に渡してから「鈴虫」であることに気づかせ、喜ばせようとしている。

(三) 「鈴虫よ。」という女の子の言葉に、「ああ鈴虫だよ。」と鈴虫を捕えた男の子はつぶやき、虫篭を顔の間近に掲げてながめ入っている女の子に、自分の五色の美しい提灯をさげて明かりを与えてやりながら、ちらちらと女の子の顔を見ている。鈴虫をもらって喜んでいる女の子に満足している様子。

問七 ニ

問八 解答例 お互いの思いを寄せ合っていく （一四字）

## 《論述・作文演習 ⑽》 慶應義塾湘南藤沢中等部

（問題は41ページ）

### 入沢康夫「未確認飛行物体」

生徒の例

空を飛ぶとは思えない薬缶が飛んでいくというところにユーモアを感じた。また砂漠に一輪だけ咲いている淋しい花に、一生けんめい水を運んでやるのは、本当にその花のことが好きだからできるのだろうと思った。

（男子生徒・九七字）

## 14 洛星中●横光利一『面』

解答

（問題は42ページ）

問一 エ

問二 (1) 解答例 金もうけだけを基準に吉の仕事を考えている点。（二一字）

(2) 父は商人に、姉は器用さを生かす職人に、と考える点。（二五字）

問三 (1) 解答例 母に見つかり、少しきまりが悪いと思ったから。（二一字）

(2) 吉の行為に対して、姉が皮肉をこめて言った点。（二一字）

問四 イ

問五 解答例 結局は、自分の意志ではなく、家族の望むとおりの仕事に就いたことを、その面に笑われているような気がして腹が立ったが、それ以上に、そう思ってしまう自分がこっけいで、あわれに思えてきたから。（九二字）

問六 解答例 面は、自分の意志とは関係なく決められてきた吉自身の過去の象徴である。その面を割ることによって、過去の自分を断ち切り、新たな自分として生きていきたいという、吉の強い気持ちを言おうとしたと考えられる。（九八字）

## 《論述・作文演習 ⑾》 開成中

（問題は45ページ）

### 「ぼくのいたずら」

生徒の例

僕はあるとき、姉さんの長ぐつにかえるを入れたことがある。前の晩、マンガを貸してくれなかった仕返しをしようと思ったのだ。僕がマンガを読んでしまえば、宿題をしないのが分かっていたからだ。朝それをはいた姉は「何か入っている」といいながら手でつかんだ瞬間、叫んでひっくり返った。そのとき思い切り頭をぶつけて大泣きして、とうとう学校を休んでしまった。もちろん僕は母さんから大目玉をくった。

（男子生徒・一八九字）

## 15 麻布中●宮沢賢治『なめとこ山の熊』

（問題は46ページ）

### 解答

問一 解答例 熊の最期の叫び声が、すさまじく森中にこだましたこと。

問二 解答例

（小十郎の立場）

熊を殺さなければ家族を養っていくことができないので、しかたなく熊を殺している。

（熊の立場）

自分が殺されないためには、小十郎を殺さざるをえないから。

問三 「まるで自分の座敷の中を歩いているというふう」

問四 解答例 ①

(4) 安く買いたたけてうまくいったという、ひそかなよろこびを抑えている気持ち。

(5) やっと買ってもらったという、ほっとした気持ち。

解答例 ②

(4) 小十郎の弱みにつけこんで安く買って、ほくそえんでいる気持ち。

(5) なんとか買ってもらえたうれしさと、旦那にこびる気持ち。

問五 A・熊 B・小十郎 C・小十郎 D・旦那 E・旦那 F・熊

問六 解答例 生活するために、しかたなしに熊を殺してとってきた毛皮を、その弱みにつけこんで、あまりにも安い値段で買いたたこうとするずるがしこさ。

問七 解答例 自分だけが生きているのではなく、熊もまた生きていることを思うと、生活のためとはいえ、熊を殺してきたことへの因果に罪深さを感じ、自分が生きている理由がわからなくなってやりきれなくなった気持ち。

（九五字）

問八 解答例 しかたなしに、自分たちを殺してきたのは分かってはいたが、自分の命を守るためには小十郎を殺さざるをえない。お互いに憎み合っていなくても、殺し合わなければ生きていけない悲しいめぐり合わせを思うと、小十郎はこの死によって、やっとその苦しみから解放されたように思う。ぼくは、熊たちもその死に礼を尽くしているように感じた。

（一五六字）

## 《論述・作文演習 ⑿》　筑波大学附属駒場中

（問題は49ページ）

### サトウハチロー「金魚がぼやけてゆれました」

解答

問一　解答例　泣いていて目に涙がたまっていたから

問二　解答例　叱られて泣いている息子（わが子）を、かわいそうに思う気持ち。

問三　解答例　やさしい母さんを悲しませてしまったことをとてもすまなく思いながら、なつかしんでいる気持ち。

# ■随筆文

## 1　筑波大学附属駒場中●向田邦子『父の詫び状』

（問題は52ページ）

解答

問一　主役

問二　解答例　子どものころは、周りのものがみな大きく思えたから。

問三　解答例　幼稚園のころ遊んだ近くの公園はとても広く感じたが、今ではこんなに狭かったのかと思える。（四三字）

問四　解答例　父親を思い出しながら、自分の子どものころの生活をなつかしんでいる気持ち。

問五　解答例
○昔の卵はおいしかった。
○昔の卵は、からは固く、黄身の色も濃く、こんもりともり上がっていた。
○昔の卵は、てのひらに包むと、生きている実感があった。

## 《論述・作文演習 ⒀》　聖光学院中

（問題は53ページ）

### 久川太郎「心の中の大きな世界」

生徒の例　ぼくは小さい頃よく近くの公園の砂場で友だちと高い山を作ったり、長いトンネルを掘ったりして遊んだ。そのときは本当にすごいことをしていたと思ったのだが、この間《あいだ》通ったら砂場ですら小さな土俵くらいだった。でもそのときは富士山より高い山を作っていたような気分だった。（男子生徒・一二八字）

## 《漢字・語句の解答 ③》

（問題は53ページ）

一　ア快　イ決　ウ証　エ征　オ銭　カ銀　キ財　ク則

## 2 開成中●木村尚三郎『ヨーロッパからの発想』

（問題は54ページ）

解答

問一　（初め）　家畜のよう
（終わり）　ほかはない

問二　自由

問三　エ

問四　ア

問五　オ

《論述・作文演習⑭》　麻布中

（問題は56ページ）

### 工藤直子「てつがくのライオン」

生徒の例

哲学というのは、人間の本質などを考える学問であるのに、このライオンは体の向きなどばかり考えている。そのところがこっけいだと思った。また、「てつがく」というふうにひらがなで書いているのは、作者がライオンの無知な点を強調しているのではないかと思った。かたつむりも一見、哲学を理解しているようだが、ライオンの姿を批評しているところなどを考えると、外面ばかりを気にしている点で同じレベルだなと思った。最後の行で、ライオンがかん違いに気づかず喜んでいるところは少しかわいそうだと思った。

（男子生徒・二三八字）

## 3 筑波大学附属駒場中●沢木耕太郎『コロッケと豆腐と人魚』

（問題は57ページ）

解答

問一　解答例
親に買い物を頼まれること。

問二　解答例
自分も子供の頃豆腐屋にお使いに行ったとき、母に言われたことを忘れないように、口の中で呪文のように唱えながら店に向かったことがあるから。

問三　ウ・オ（どちらか一つでも可）

問四　解答例
言葉の意味は分からないが、母親に言われたことを忘れないようにするため、呪文のように唱えている様子を表すため。

問五　解答例
(1)　「早かったわね」という母親の言葉。
(2)　母親のちょっとした心のこもった言葉だけでも、子供は十分満足するのだという気持ち。

《論述・作文演習⑮》　ラ・サール中

（問題は58ページ）

### 早乙女勝元「負けるが勝ち」

問一　解答例
私は学校がとてもいやだったので　（一五字）

問二　解答例
軍人にはなるつもりはなかったが　（一五字）

問三　解答例

負け抜き相撲で負け続けて屈辱を受けている私を、音楽の先生が励ましてくれたこと。（三九字）

**問四** 解 答 お前みたいなやつは、軍人にはなれん。恥を知れ、恥を！（二六字）

**問五** 解答例 たとえ相撲で負けても、他の分野で自分なりにがんばればよい。（二九字）

## 《漢字・語句の解答 ④》

（問題は59ページ）

一 1＝ア補　イ勤　2＝ウ機　エ校　3＝オ始　カ表　4＝キ案　ク臓

二 Ⓐ1街道　2出荷　3飲食　4寒暖　Ⓑ1ウ　2エ　3イ　4ア

三 1＝ア　おもい　イ　かさね(な)る　2＝ウ　かえりみる　エ　はぶく
3＝オ　いちじるしい　カ　あらわす　4＝キ　しらべる　ク　ととのえる
5＝ケ　やさしい　コ　すぐれる

四 ①売買　②事典　③タクワ　④ソンシツ　⑤フル

五 ①しゅさい　②対策　③制服　④専門　⑤りっきゃく
⑥尊厳　⑦補給　⑧じゅりつ　⑨せけん　⑩採決

## 4　女子学院中●谷川俊太郎『「ん」まであるく』

（問題は60ページ）

解 答

**問一** イ

**問二** 2・イ　5・ア

**問三** 解答例 手に入るたくさんの本を読みきれず、どうすることもできないでいる（人間）

**問四** 地獄…（初め）それら（終わり）しまう
天国…（初め）一歩中（終わり）ている

**問五** ウ

**問六** そういう人

**問七** エ

**問八** ウ

**問九** ア

**問十** A・イ　B・ウ　C・オ

**問十一** イ

**問十二** ア

**問十三** ア・便利さ
イ・人間的交流
ウ・（初め）小さな（終わり）れます
エ・（初め）朝から（終わり）られる

**問十四** （初め）物書きの頭（終わり）入ってゆく

## 《論述・作文演習 ⒃》 ラ・サール中

（問題は62ページ）

「星飛雄馬」

問一 解答例
男の子が成長していくためには、反ぱつと同時に敬服の対象になるような力のあるきびしい年長者が必要だ。（四九字）

問二 生徒の例
ぼくには六歳上の兄がいるのだが、兄といってもぼくから見れば大人だ。その兄が勉強も剣道も厳しくきたえてくれる。やはりそういう目標となるような存在が必要なのだと思う。いつか兄に追いつきたいと思う。
（男子生徒・九六字）

## 5 灘中●寛久美子『款冬花《かんとうか》―蕗《ふき》のとう』

（問題は63ページ）

解答

問一 解答例
(ア) あっという間に（七字）
(イ) 庭を見まわした（七字）
(ウ) ウロウロして（六字）

問二 解答例
自然を余りにも知らない

問三 解答例
自然のいとなみ（七字）

問四 解答例
Ⓐ あら、蕗のとうが出てるわ。（一三字）
Ⓑ どこ。（三字）

問五 3

## 《論述・作文演習 ⒄》 栄光学園中

（問題は64ページ）

竹中郁「足どり」

生徒の例
私は、知らない人に会釈をしたことも、またされたこともない。多分作者もそうだっただろうが、その事を少しさびしく感じていたのではないかと思う。見知らぬ人から会釈をされて、「丁重に」会釈をかえしたら、二人のあいだを「こちよい風」が吹いたというのだから、とてもうれしかったのだろう。また、いつかどこかで会えるかもしれないという希望と、温かさが感じられた。
（女子生徒・一七四字）

## 6 灘中●川田順造『曠野から』

（問題は65ページ）

解答

問一 イ・オ

問二 イ

問三 ホロホロ鳥のひな

問四 ホロホロ鳥の卵を、母鶏に抱かせる（こと。）

問五 （初 め）母親より身
（終わり）歩いている

問六 (E) カ
(G) エ

問七 今すぐにも死ぬのではなかろうか

問八　雨季のはじ

問九　ようになる

問十　解答例　死期が近くても、ひなを守るために必死で生きようとしている（母鶏の姿。）（二八字）

## 《論述・作文演習 (18)》　慶應義塾中等部

（問題は66ページ）

「今朝の私」

生徒の例　なるべくふだんのような気持ちでいようと心がけているうちに、いつの間にかあせっていた。母もどことなくこわばっていたので、なおさら心臓がドキドキしてきた。私は自分を落ち着かせるために、ゆうべそろえた持物を点検しはじめた。受験票、筆記用具、湯島のお守り、財布など、全部きちんと入っている。妹と撮ったプリクラもある。それでようやくほっとした。それでも、玄関を出るとき何度も大きく深呼吸した。

（女子生徒・一九一字）

## 7　フェリス女学院中●黒井千次『美しき繭』

（問題は67ページ）

解答

問一　解答例　「歩行の目」は自動車や自転車と違い、自分の好みの速さで歩けるので、速度を増すことによって失われるさまざまな光景を見落とさずに、ゆっくりと楽しんだり、じっくりと考えたりできるから。（八九字）

問二　3

問三　1・×　2・×　3・○　4・○　5・×　6・○

## 8　桜蔭中●さだまさし『長崎BREEZE《ブリーズ》』

（問題は69ページ）

解答

問一　解答例　川っぷちの手すりを乗り越えて、ずんずん降りていき、ばらの花を抜いて、それを母の花壇に移植した。

問二　解答例　（母の花壇に移植されるために）兄弟たちが抜きにくること

問三　解答例　生活は苦しかったが、家族全員が精いっぱい闘いながら、お互いをいたわり合って生きた場所であり、生活の道具の一つ一つにも特別な思いがあったから。

問四　解答例　薔薇の力強い成長の様子を見ていると、そこで精いっぱい生きていた日々の思い出が心に浮かび、胸がいっぱいになる。

## 9 雙葉中●ラフカディオ・ハーン（小泉八雲）『乙吉のだるま』

（問題は71ページ）

### 解答

問一 ア・G
イ・H
ウ・C
エ・B
オ・I
カ・D

問二 〈読み〉だいかん
〈意味〉一年中でもっとも寒いころ

問三 「自然の死」というような、陰気な感じ（のもの）

問四 解答例
冬の寒さで自然の緑がなくなることもなく、そこに雪が奇妙なかたちにつもるので、まるで「銀世界」と名づけたくなるような幻想的な美しさ。

問五 解答例
片目のだるま （六字）

問六 解答例
たとえ見当外れの質問であっても、それに一つ一つていねいに答えていることから、誠実で好意にあふれたやさしい人柄。

問七 解答例
二倍のお金はもらったけれども、少しもいやしさはなく、素朴で率直な態度（ようす）。

問八 解答例
① 早朝から、一生懸命に食事を調《ととの》えてくれる乙吉とその娘の温かい気持ちにふれて、自分の心も和んでくる思い。
② だるまに目を入れて、さりげなく御礼の喜びを表してくれた乙吉の、控えめでこまやかな心づかいに感動した思い。

---

## 《論述・作文演習 ⒆》 お茶の水女子大学附属中

（問題は73ページ）

### 「授業のアンケートを読んで」

生徒の例
生徒たちは、グループで課題について調べたり、みんなで討議したり発表したりするような勉強方法が好きだが、そればかりだと遊びのようになってしまうので、きゅうくつでも先生の授業も必要だと考えている。
（男子生徒・九六字）

## 10 ラ・サール中●杉みき子『がんぎの町から』

（問題は74ページ）

### 解答

問一 D→B→E→A→C（完答）

問二 解答
イ・季節
ロ・初夏
ハ・期待
ニ・雪

問三 解答
(1) チ
(2) ヘ
(3) ホ
(4) ト

問四 解答例
実際には咲いていないときでも、花を待つ人の心の中に咲いていると考える。 （三五字）

問五　解答　雪（冬でも可）

問六　・きんもくせいの香り（「きんもくせいとの出会い」も可）
・妙高山の初雪（を見ること）

問七　部屋のま〜をかける

問八　解答例　木が空いっぱいに枝だけをのばしている姿。（二〇字）

問九　解答例　雪の降る前はその不安を言っていた人々も、いざ雪が降れば急に落ち着く。（三四字）

問十　解答例　待つ季節

## 《論述・作文演習⑳》　桜蔭中

### 山之口貘「ミミコの独立」

（問題は76ページ）

**解　答**

解答例　父親のものをはくのではなく、かりるのだと、幼いなりに理屈をこねてみせるところに娘の成長（自立）を見て、それをほほえましく思ったから。

## 11　開成中●福井謙一『学問の創造』

（問題は77ページ）

**解　答**

問一　イ

問二　ア

問三　口移しに教えられた（九字）

問四　a――エ
b――ウ

問五　ア（エでも可）

問六　野で山で自然に直接触れながら、そのあるがままの姿を学んだこと（三〇字）

問七　解答例　ファーブルの望みが絶たれてしまった（から。）（一七字）

八　ウ

問九　ア

問十　研究費をまかなうための個人的な収入（一七字）

問十一　イ

問十二　解答例　いや、それどころか（九字）

問十三　解答例　著者にとって、最も理想的な自然条件を備え、また、淡い郷愁のようなものを覚えさせられる所だから。（四七字）

## 《論述・作文演習 ㉑》 大阪星光学院中

（問題は82ページ）

### 湯浅浩史「旧石器人と花」

生徒の例

私はとてもおどろいたのだが、六万年も前の人類が花の美しさに気づいていたという事実はすばらしい。その美しい花を死者に捧げたのは、その人類たちのやさしい心なのだろう。晴れた朝に死者を葬ったというのは、人の死を深く嘆き悲しんだ証拠だと思う。それが分かったのも土のサンプルを七年もかけて研究したからだ。やはり、科学の力もすごいと思う。私には、六万年前の人類が、急に私たちと同じように感じられた。

（女子生徒・一九三字）

## 12 武蔵中●増田れい子『手編みのスウェーター』

（問題は83ページ）

### 解答

問一 解答例 いろいろな色糸に極細の白糸を合わせて編んでいるので、霜が降りたように白い細かな点がたくさんあるようす（「霜降りのように見える」でもよい）。

問二 解答例 きちょうめんでがんこ

（一〇字）

問三 解答例 馬鹿にされているように思った。

問四 解答例 他の人が買って着ているセーラー服の方が、都会のにおいがしてまぶしく見え、母の手編みのものが見すぼらしく思えたから。

問五 解答例 なぜ彼女が、母親にセーターを編んでもらいたいかと言ったわけ。

問六 解答例 小さいとき、私が着ているのを見てあこがれた手編みのコートを作りあげたうれしさを、私や私の母に知らせたかったので。

問七 解答例 小さい頃からずっとあこがれていた（思い続けていた）という意味。

問八 解答例 母の愛情

## 《論述・作文演習 ㉒》 甲陽学院中

（問題は86ページ）

### 遠藤周作「肉親再会」

問一 解答 さびしい

問二 生徒の例 妹のことが心配だが、やりたいことをやりたいように生きている妹をうらやましく思う気持ち。

（男子生徒・四三字）

問三 生徒の例 妹は、パリで楽しいことだけを経験してるわけではないと思う。むしろつらいことや苦しいことを味わっていて、日本を恋しく思うこともあるだろう。でも作者にだけはそれを知られたくないため、わざと幸せそうにふるまっているのではないか。しかし、自らその道を選んだだけに、意地でもがんばり抜こうとしているのだと思う。

（男子生徒・一五〇字）

## 13 ラ・サール中●向田邦子『眠る盃』

（問題は87ページ）

### 解答

問一 解答例 紙風船を作る宿題が難しくて泣き出したが、父が代わりに苦心して作ってくれた。しかし、そんな宿題は出ていなかったことが後で分かったが、父の気持ちを思うと死ぬまで本当のことが言えなかったという思い出。（九七字）

問二 ハ

問三 ニ

問四 Ⅰ・解答例 実は紙風船作りが宿題ではなかったこと。（一九字）

Ⅱ・解答例 母の話で、父の子煩悩ぶりをさらに痛感したから。（二三字）

問五 解答例 酔った父がしたように、ドラ焼きの皮をはってゆくことで、今は亡き父を思ってなつかしみたかったから。（四八字）

問六 解答例 頑固で気短だが、実は子煩悩な父親を、子どもたちに誤解のないよう、よく理解させようとしている役割。（四八字）

問七 ロ

## 《論述・作文演習 (23)》 開成中

（問題は89ページ）

### 「カラスについて」

問一 解答例 それぞれ（「べつべつ」「ばらばら」などでもよい）

問二 生徒の例 これまでカラスは愛想のない、ずる賢いだけの鳥だと思っていた。しかし厳しい寒さの中で生き抜こうとしているたくましさや、その死を知ってとても身近なものに思えた。（男子生徒・七八字）

## 14 甲陽学院中●宮本　輝『二十歳の火影』

（問題は90ページ）

### 解答

問一 解答例 (1) 私がふと、たなのはしに目をやった。

(3) 私がたまたま、そこにいたトカゲもろとも（板をかべにおしてそのまま）くぎを打ってしまった。

問二 イ

問三 段・節

問四 解答例 トカゲの夫婦に、愛やいじらしさを感じたから。（二二字）

問五 ウ・エ

問六 (A) 生きていた（五字）

(B) くぎを抜いてやろう（九字）

(C) 死んでしまったか（八字）

問七 解答例 以前は、つらいことがあったときに、自らをはげますものと見ていたが、最近はあのトカゲのように、死ぬほどの苦しみを味わってでも一度は手荒な治療が、人生には必要な気がしてきた。（八五字）

## 《論述・作文演習 ㉔》　久留米大学附設中

（問題は91ページ）

### 「頭がい骨の図を見て」

生徒の例

題名「ガスマスク」

頭骨を順に見ていくと、そこには表情があるような気がする。⑧⑨以外は、みんな町を歩いている人の中にありそうだ。⑧⑨は、よく言えばチョウ、悪く言えばハエという感じのする口《くち》だ。こんな人間になったら、食べ物はスープくらいのものになってしまうだろう。それに無表情で、とても友だちができる顔をしていない。⑨などはまるでガスマスクをつけたような顔だ。⑤の現代人である私たちも、すぐ⑧のように鼻の下の方にのびて、口と鼻がくっついて「ガスマスク顔」になる。もし人類のほとんどがそんな顔になってしまったら、どういう地球になってしまうのだろう。環境を汚染し、苦しみながら生きている人類を想像するのは恐ろしいが、まちがいなくそんなふうになっている気がする。そんな大げさなことでなくても、もし私だけが今のままの顔だったら、一人の友だちもできない。それもつらい。そう思って現代人の頭骨を見ると、きれいだなあ、と思うし、バランスもとれている。だから、この顔の形のまま生きていけるように、水や緑を大切にしたり、身体をきたえたりする必要があるのだと思う。やわらかいものばかり食べているのもだめだ。とにかく私たちは、ガスマスク顔にならないように、この地球を大事にしていかなければならないと思った。またそのようにすることが、私たちの義務でもあると思う。

（女子生徒・五五八字）

---

## ■解説文

### 1　駒場東邦中●養老孟司『解剖学教室へようこそ』

（問題は94ページ）

解　答

問一　①オ　②イ　③ウ

問二　①ア　②イ　③ウ　④ア　⑤ウ

問三　ウ

問四　イ

問五　解答例

まるで人間のように、感情を表すときにはそれが表せる（というふうに）

（二五字）

問六　ウ

問七　解答例

ナイフが手の延長であるように、機械も人間のからだの一部であるから、機械を人間とは特にちがったものと考える必要はない。

（五八字）

## 2 桜蔭中●高田　宏『冬の花びら』

（問題は96ページ）

解　答

問一　雪の山でたき火する方法、お天気の見方、ウサギのとりかた、野草の料理方法など。
問二　イ・オ
問三　解答例　水蒸気が結晶のすみずみまでゆきわたるためには、自然の対流をつかうのが一番いい方法だということ。
問四　解答例　自然は神秘的で、人間には超えることのできないものだから、そこから学ぶべきだという考え。
問五　初　め・自然の雪は大気
終わり・必要があります

### 《論述・作文演習(25)》　灘　中

（問題は98ページ）

「進歩　失敗　勇気」ほか

解答例
(1)　人間は、失敗する勇気があれば必ず進歩する。（男子生徒）
(2)　珍しい都会での大雪に、町では若者たちが大はしゃぎをしている。（女子生徒）
(3)　歴史の中から人間性を学ぶことが、学問の目的である。（男子生徒）

## 3 筑波大学附属駒場中●日高敏隆『昆虫という世界』

（問題は99ページ）

解　答

問一　A・ウ
B・ア
C・オ
D・エ
E・イ
問二　寒さにじっとこごえて暖かい日のくるのを待っているやり方
問三　ア
問四　解答例　呼吸や物質交代をほとんどとめ、運動もしない状態。
問五　解答例　目ざめへの過程を進行させるためには積極的な寒さを必要とするから。

### 《論述・作文演習(26)》　雙葉中

（問題は100ページ）

「『母の伝言』の伝え方」ほか

(1)　解答例
ごめんください。今日は母の言いつけで、お約束のセーターをお届けにまいりました。本来なら母がうかがうべきなのですが、祖母が急に足をくじいてしまい、どうしてもそちらに行かなくてはならず、私が代わりにまいりました。「どうぞ楽しいご旅行を」と、母が申しておりました。

(2)　解答例
昨日、算数の宿題が解けなくて困っていた時、隣の部屋でぼくの好きなサッカーの試合を中継していたので、途中で気がそれてしまった。

## 4

### 開成中●ファーブル（中村浩訳）『ファーブル昆虫記』

（問題は101ページ）

**解答**

問一 1―エ　2―ア　3―ウ　4―イ　5―オ

問二 (1) オ　(2) ア

問三 (1) エ

(2) ウ

(3) アナバチが好んでとらえるキリギリスモドキは、たっぷりしるけのある、こえためすのキリギリスモドキなのです。

(4) 解答例 栄養のあるめすが幼虫のえさに適している（ということ）（一九字）

(5) ア

(6) 解答例 本当に殺してしまえばえさにならない（ということ）（一七字）

(7) 脳神経節をかみくだく（一〇字）

(8) アナバチは、キリギリスモドキの脳神経節をかみくだいたのではなくて、その大あごで軽くおさえつけ、はたらきをまひさせただけなのです。

(9) 本能

(10) 8 ― 命（魂）　9 ― 死　10 ― 生

問四 オ

---

### 《論述・作文演習 (27)》 桐朋中

（問題は107ページ）

**さだまさし「長江　夢紀行」**

問一 解答例 これから自分の手で自分の人生を、懸命に力強く切り拓いていこうとする気持ちから。（三九字）

問二 解答例 外国から入ってきたものを、そっくりそのまま使わずに、自分たちの生活にそれを溶け込ませる努力を第一に考える姿勢。（五五字）

## 5

### 灘　中●小西正泰『新動物誌』

（問題は108ページ）

**解答**

問一 E→A→I→G→D→C→B→H→F

問二 解答例 マツを枯らすのは松くい虫だと思われていたが、実はマツノザイセンチュウが「真犯人」だったという事実。（四九字）

問三 ウ

問四 解答例 移動

問五 解答例 マツノザイセンチュウの「運び屋」の正体は何かということ。

問六 オ

問七　マツノザイセンチュウ（線虫も可）

## 《論述・作文演習　(28)》　久留米大学附設中

（問題は109ページ）

### 「テスト」について

生徒の例

今までに自分がテストされたことは数えきれないほどある。たとえば僕は幼稚園の入試も受けたし、小学校入試も受けた。よく覚えていないが、いろいろな図形を見せられたり、数を書かされたりした。また、あいさつの仕方や歩き方まで試されたような気がする。小学校に入ってからは小テストはほとんど毎日である。とにかく学校に入ってからはいつもテストの連続だし、塾でもこうしてテストばかりさせられている。ところで自分自身をテストした経験といえば、それは学力の方ではなくて、主に体力の方である。小さい頃は、庭の木のてっぺんまで登れるかどうかを試した。また高学年になってからは、鉄棒の逆上がりに挑戦した。この頃は、リレーの選手になりたいために、ダッシュの練習を夜遅くまでやっている。

この二つの経験から思うのは、最初はいやいややっているけれど、結局はそのときの自分の限界を試してみようという気持ちになることだ。もちろん、クラスの友だちに勝ちたいとか、先生にほめられたいとかという気持ちもあるけれど、そのうち、そうではなくて、今の自分が一生懸命がんばっているかどうかだけが気になってくる。僕は、だれかに強制されないと進んでいけない性格だけれど、自分で自分を乗り越えたときはとても気分がいい。そうなると、もう周囲のことは何も気にならない。だから、また自分に挑戦してみようというファイトがわいてくる。

（男子生徒・五八二字）

# ■論説文

## 1　女子学院中●桑原武夫『ものいいについて』

（問題は112ページ）

### 解答

問一　ア

問二　ウ

問三　人の短所を言ってはいけない、自分の長所を言ってはいけないという短文

問四　ウ

問五　人の真実性を表しているもの（十三字）

問六　イ

問七　（はじめ）ああ言わな　（終わり）ないものだ

問八　（はじめ）人間は常に　（終わり）生まれない

問九　口はわざわいのもと

問十　A—ウ、B—ア、C—イ

問十一　後悔

問十二　1　江戸時代　2　イ

問十三　ア

問十四　イ

問十五　ウ

## 2 東大寺学園中●加賀乙彦『生きるための幸福論』

（問題は114ページ）

解答

問一　オ

問二　エ

問三　本当の意見を言う（人）（八字）
自分を大切にする（人）（八字）

問四　イ

問五　（初め）自分のなか（終わり）とめている
（初め）他人の行き（終わり）したりした
(注)「したりした」ではいかにも文の整合性がとれないが、仕方がない。

問六　（初め）個性なんか（終わり）れている。
なお、句読点の指示はないが、文や段落の最後の場合はこの形の方がよい。

## 3 洛南高校附属中●湯川秀樹『科学者のこころ』

（問題は116ページ）

解答

問一　①人間は
⑤（すべての）民族が

問二　エ

問三　A…ウ　B…エ　C…イ　D…オ

問四　医学・生物学

問五　人間の手のとどかぬ外の世界、あるいはまだ人間の手の加わっていない外の世界が、素朴な意味での自然界と呼ばれるものなのである。

問六　（二つめ）これに　（三つめ）しかし

問七　ア…A　イ…A　ウ…B　エ…B　オ…A　カ…B　キ…B

問八　エ

## 《論述・作文演習 (29)》　東京学芸大学附属世田谷中

（問題は117ページ）

### 「『ことわざ』について」

生徒の例

(ア)「嘘も方便」

この間ぼくのおじさんが事故で死んでしまったのだが、そこの小さな子供が「パパはどこに行ったの」と聞いていた。お母さんは「少し遠いところに行っているの。いい子にしていたらすぐ帰ってくるよ」と答えていた。いつかその子が大きくなったら事実を話さなければいけないと思うけど、その子の心を傷つけないように育てるには、こういう嘘も必要だと思った。

（男子生徒・一六六字）

(イ)「隣の花は赤い」

近くのレストランに食事に行ったとき、私は「ハンバーグ」がいいと思って頼んだが、実際にそれが来たら、姉の注文した「エビフライの大盛」の方がとてもおいしそうに見えた。でもそれを言うと姉とケンカになると思って、自分のものだけを食べた。あとで聞いたら姉は、私のハンバーグがおいしそうに見えたと言っていた。「思い切ってその時言えばよかったね」といって笑い合った。

（女子生徒・一七六字）

(ウ)「物も言いようで角が立つ」

僕が九十五点を取ったときも、父は「なぜ、あと五点取れないんだ。不注意なやつ」と言って怒鳴る。たまたま百点を取ったとしても「偶然だよ」としか言わない。でも担任の先生は「惜しかったな。でもかなりできるようになったよ」とほめてくれるのである。悪い点のときも「この次、期待しているよ」と励ましてくれる。同じ点数でも担任の先生に注意されるとヤル気が出てくるから不思議だ。

（男子生徒・一八〇字）

## 4 駒場東邦中●森 毅『不健康なままで生きさせてよ』

（問題は118ページ）

### 解答

問一 (A) ア (B) ウ
問二 ない
問三 イ
問四 (1) エ (2) ア (3) イ (4) オ (5) ウ
問五 ア
問六 解答例
単一化されると人類全体の生存が危うくなり、人間文化のゆたかさが失われるから。（三八字）
問七 病人のいる風景
問八 エ
問九 解答例
この社会は不健康な人をも包みこむことでなりたっているのであり、その中で人はそれなりに生きていければよいのであるから。（五八字）

## 《論述・作文演習 (30)》 フェリス女学院中

（問題は120ページ）

生徒の例

「劣等感について」

僕はすごく太っているので、毎年、運動会の時期が来ると、僕はとても落ち込みます。徒競走では、僕はビリ以外になったことはありません。だから運動会には、笑われるために出るようなものです。いつも場内アナウンスが「太っているけどがんばっています。どうぞ拍手を」などと言いますが、それは最悪です。でも、足の不自由な友だちから「お前走れていいな。オレ毎年見学だよ」と言われたときは、複雑な気持ちになりました。

（男子生徒・一九七字）

## 《漢字・語句の解答 ⑤》

（問題は120ページ）

①新調 ②治 ③裁断 ④練 ⑤感覚 ⑥期待 ⑦印刷物 ⑧雑談
⑨無限 ⑩意識

## 5 筑波大学附属駒場中●臼井吉見『自分をつくる』

（問題は121ページ）

### 解答

問一 (1) 行くえ不明
(2) 解答例
「社会の風潮に流されて自分自身を見失ってしまうこと。」
問二 解答例
「自分をしっかり持っている人どうしが結びつくこと。」
問三 解答例
「社会（生活）がくずれないようにする働き。」
問四 (1) 相手の立場を尊重し、理解するということ。
(2) そのことを保証するようなもの。証拠。
(3) 解答例
「相手の立場を尊重し、理解するということがあって成り立つのが本来の社会の姿であるから。」

## 《論述・作文演習 (31)》　久留米大学附設中

(問題は122ページ)

### 「外国人による弁論大会」

生徒の例

まず二十一世紀の国際社会で生きていくのに必要なのは、さまざまな国の文化や作法を知ることだと思います。そのためにも、たとえば英語でもいいし、中国語でもいいし、あるいはハングル語でもいいから、できるだけ相手の国の人と話せることが必要だと思います。もちろん、もっと日本のことも私は勉強したいと思います。

はだの色や習慣が違っても、うれしさや悲しさ、苦しさや怒りというのは同じです。背が高いとか低いとか、着ている服や食べ方が違うからといって、それは少しもおかしいことではありません。私は、このフランスの青年の言った「共に人間である」ということをきちんと守れる人間になりたいと思います。

(女子生徒・二八七字)

## 6　灘中●加藤秀俊『生きがいの周辺』

(問題は123ページ)

### 解答

問一　結果

問二　(2)でも　(3)こそ

問三　解答例　つつましいごちそうしかできないのに、大げさな表現だから。(二八字)

問四　この「で」と「が」の区別がかなり気になる。(二一字)

問五　解答例　食べたいものがよく分かって安心するから (一九字)

問六　解答例

「で」の論理　ほかになにか希望するものがあるのだが、まあ、がまんしておこう(という論理)(三〇字)

「が」の論理　これ以外に自分の欲しいものはなく、それを主体的に選択したのだ(という論理)(三〇字)

## 《論述・作文演習 (32)》　ラ・サール中

(問題は124ページ)

### 「父への返信」

生徒の例

ご返事ありがとうございました。

結論から言うと僕はコーチ案にします。今度の大会が最後なので、後輩に譲るのは残念ですが、それでチームが強くなるのなら満足です。試合に出られなくても、部員の一人として、また副将として、チームをしっかり支えていきます。二木君も分かってくれると思います。

もちろん受験勉強も精いっぱい努力するつもりですから、ご安心ください。お父さんも身体に気をつけて。

では、ご報告まで。

一郎

(男子生徒・一九七字)

## 7 開成中●中村禎里『動物たちの霊力』

（問題は125ページ）

**解答**

問一 d

問二 ・殺したのは
・事実栃木県

問三 ウ

問四 （橋本さん）……ていない
（動物学者）……は同じだ
（大審院院長）…すぎない

問五 Aエ・Bカ・Cエ・Dカ（ウも可）・Eエ

問六 イ

問七 ②

問八 ウ

問九 心の内部で

問十 エ

問十一 ア

問十二 人を化かしそこなう愚かな動物

問十三 解答はなし（強いて言えば、「エ・オ」あるいは「ウ・エ」か）

問十四 A ア・イ
B オ
C コ・サ
D ウ・エ
E カ・キ
F ク・ケ

## 8 灘中●インタラタイかつ代『「顔」の悪い日本人』

（問題は132ページ）

**解答**

問一 解答例
「アジアの一国であるはずの日本が、アジアと日本を別なものとして扱っている」と思ったから。（三五字）

問二 解答例
私はタイ人だ。どうして西洋人の真似をしなければならないのか。（三〇字）

問三 解答例
「無宗教の日本人が、西洋にかぶれ、アジアを軽視していること」（二八字）について怒っている。

問四 解答例
・日本人自身が自国の文化に誇りを持つこと。
・日本もアジアの一員であるということをしっかり自覚すること。

問五 最近、ある（「日本人がタ」でも可）

## 《論述・作文演習 (33)》 久留米大学附設中

（問題は133ページ）

### 「未知と道」

生徒の例

「道」というのは、自分の人生をレールにたとえたものだと思います。そして自分は、そのレールの先頭に立っていて、毎日新しい経験をしているのだろうという気がします。ですから、私たちは、いつも「未知との遭遇」をしているのです。人はだれでも新しい経験に触れるときには、不安が生まれてくると思います。たとえば新たに習う勉強でも、スポーツでもそうですし、クラス替えになったときの友達のこともそうです。でも、今まで知らなかったことを知ったとき、できなかったことができたとき、また、いい友だちと出会ったときなど、とてもうれしく思います。つまり私たちはそのとき初めて自分の人生のレールを少し長くできたのです。だから「道」と「未知」はとても仲のよい兄弟のようなものだと言えます。しかし、時々その兄弟はけんかもします。というのは、未知の世界に入ったとき、とても苦しくてつらい思いをするときもあるからです。そんなときには私の考え方や姿勢が間違っていたのではないかと悩みます。また、場合によれば、間違った道に迷うことだってあります。でもそこからは逃げられないのですから、必死になって努力するしかありません。自信を失って後退するのはきらいです。そうすれば、いつかその兄弟も仲直りして、私の努力を認めてくれるかも知れません。これからも精いっぱい自分なりのレールを歩いていきたいと思っています。

（女子生徒・五八〇字）

## 9 筑波大学附属駒場中●なだいなだ『心の底をのぞいたら』

（問題は134ページ）

### 解答

問一　A—イ
B—オ
C—ウ
D—ア

問二　解答例

こんなにも地球や宇宙のことを知ったりこうな人間が、まだ戦争などをやめさせることができないのは、平和を望んでいながら、破壊したいという本能（欲望）が（われわれ）人間のこころの中にあるからで、そのことを（われわれは）十分わかっていないから。

問三　解答例

どんな人間の心にも、破壊の欲望があること。（一九字）

（ただし、句読点は数えていない）

問四　解答例

だれか他の人間が悪いことをしても、その人間とは違って自分は悪いことをする人間ではないと信じ、自分を安心させようとしてきたから。

## 《論述・作文演習（34）》　早稲田実業中

（問題は135ページ）

### 王貞治「回想」

生徒の例

子供の教育は結局は親によるものだと思う。ただそれは、受験勉強のようなものではなくて、例えば、生命の大切さや人間らしさといったものだ。親があえて「勉強しろ」と言わなくても、そのうちに自分で成すべき事に気がつくのだと思う。そうすれば、多少苦しんでも必ず自分で努力するはずだ。だから親は、子供の個性を見て、それとなく気づかせればいいのだ。子供の自由な発想を理解すべきだと思う。

（男子生徒・一八五字）

## 10 灘　中●寺内定夫『感性に冬のコートを着せないで』

（問題は136ページ）

### 解答

問一　a—ウ
b—イ
c—ア
d—カ
e—オ

**問二** f—エ

(1)—ア

(2)—オ

(3)—ウ

(4)—イ

**問三** 正月やクリスマスの華やかさ　（一三字）

**問四** (1) 解答例

**「暖房の発達」**

〈良くなった点〉

・冬も寒さを感じないで過ごせるようになった（こと）。

〈困った点〉

・冬独特の季節感を感じられなくなった（こと）。

**「温室栽培や冷凍食品」**

〈良くなった点〉

・一年中いろいろな食べものを食べることができるようになった（こと）。

〈困った点〉

・その季節だけのものを味わう楽しみがなくなったこと。あるいは、それによって「季節感を感じることができなくなった」（こと）。

(2) 解答例

**「電話の発達」**

〈良くなった点〉

・遠くの人とでもいつでも話しができるようになった（こと）。

〈困った点〉

・自分の都合にかまわずかかってくる（こと）。

**「テレビの発達」**

〈良くなった点〉

・いつでもすぐにいろいろな情報を画面を通して得られる（こと）。

（「ドラマ」などを楽しめる、などでもよい）

〈困った点〉

・自分で直接体験（経験）しなくても、分かったようなつもりになってしまう（こと）。

**「交通機関の発達」**

〈良くなった点〉

・自分の行きたいところに早く行けるようになった（こと）。

〈困った点〉

・ゆっくりと途中の旅を楽しめなくなった（こと）。

**問五** 五感や感性　（五字）

**問六** イ　（注—「ニ」にした生徒についてよく説明のこと）

**問七** イ—×

ロ—×

ハ—×

ニ—〇

ホ—×

ヘ—〇

## 《論述・作文演習 (35)》　栄光学園中

（問題は138ページ）

### 「僕の住んでいる町」

生徒の例

僕の住んでいる町は都心に近いため、高速道路がそばにあり、騒音や排気ガスで悩んでいます。でも僕はこの町でずっと育ってきたので、嫌いではありません。それにこの町ならではの四季も感じられます。春には車につぶされた蛙、夏には暴走族、秋にはお年寄りばかりのお祭り、冬には焼芋の車などです。田舎と比べるとずいぶんお粗末かもしれませんが、僕はとても親しみを感じています。

（男子生徒・一七八字）

## 1　駒場東邦中●ペーター・ヘルトリング『家出する少年』

（問題は140ページ）

### 解　答

問一　1―出張　2―大将　3―弱音　4―登場　5―飼（っていた）

問二　イ・カ

問三　解答例　満たされない家から外に出て、いろんなことを空想できるところ。（三〇字）

問四　ウ

問五　思いきってゆめ見てごらん（一二字）

問六　解答例　家出をしなくても、絵の中に入って行くことでさまざまなことが空想でき、自分の自由な世界に浸ることができるようになったから。（六〇字）

問七　解答例　愛のない家庭という現実から逃げるために空想の世界にひたり、その中で満たされない気持ちを自分でいやしたかったから。

---

## 《論述・作文演習(36)》　洛南高校附属中

（問題は144ページ）

### 「こんな学園生活を送りたい」

生徒の例

私は中学に入ったら、自分の好きなことを伸び伸びとやりたいと思っています。というのは、私は小学校の入試に失敗して、ずっと引け目を感じてきたからです。祖父も父も母も全員その学校で、三年前には妹が、そして昨年は弟がそこの小学校に合格してしまいました。私だけが取り残されたような思いがしていますが、家族はとても優しくしてくれているのです。でも、それがきゅうくつなのです。だから私は自分のことを誰も知らない学校に行って、そこで大好きな演劇部に入ってみたいのです。小さい頃から祖父に「宝塚」に連れていってもらったので、それにとてもあこがれています。でも主役になるのは美しい人ですから、私には絶対無理です。でも自分でミュージカルを作って、みんなにやってもらうのなら、小説やマンガの好きな私にも可能性があると思うのです。もし演劇部がなくても、中学に入れば、私のような女の子も必ずいると思うので、そういう人たちと新しい部をつくるつもりです。私は人見知りする方なので、あまり友だちができませんでしたが、今度は思い切って自分から友だちを作ろうと思っています。勉強面では英語です。自分ではおぼえていないのですが、父の仕事で三歳までアメリカにいたのです。ですから、英語を一生けん命勉強して、自分がそのとき遊んでいた友だちと会ってみたいのです。とにかく、自分が全部出せるような学園生活にするつもりです。

（女子生徒・五八七字）

## 2　慶應湘南藤沢中等部●池上嘉彦『ふしぎなことば　ことばのふしぎ』

（問題は145ページ）

### 解答

問一　ア―3
イ―7
ウ―6
エ―5
オ―1

問二　4

問三　解答例
自分で新しい世界を生みだしていく働き　（一八字）

問四　3

問五　3

問六　B―2
C―1
D―4

問七　1―×
2―×
3―×
4―○

問八　解答例
いたずら電話のときなどは、つい受話器を乱暴に置く。電話は人間から八つ当たりをされてさぞ痛くてつらいに違いない。でも、合格の知らせのときなどは電話に感謝したくなる。そんなとき電話は一緒に喜んでいるかもしれない。電話は何も言わないけれど、私たちの生活を全部知っているのだろう。　（一三六字）

## 《論述・作文演習(37)》　久留米大学附設中

（問題は148ページ）

### 「牛の絵を見て」

生徒の例

題名「自給自足」

この牛のようすを見て「自給自足」というのなら、僕は、今の日本は自給自足をしていないと思う。コメ以外の食糧はほとんど輸入しているのだから、世界に戦争が起きたら、すぐに僕たちは食べるものに困ってしまう。だから食べ残しなどは、絶対にやめなくてはいけないと思う。でももう自給自足は無理だから、これからも世界の人たちと仲良く平和に暮らしていかなくてはならないと思う。

（男子生徒・一七八字）

## 3　桐朋中●幸田　文『枇杷の花』

（問題は149ページ）

### 解答

問一　解答例
屋根を修繕なさいませんか。　（一三字）

問二　解答例
思いもよらぬことを言われて

問三　③行為
④好意　（順不同）

問四　A　いくら知らないお宅だといっても、私の性分では、この眼に見たからには何とかしないではいられない　（四六字）
B　ちょっと屋根にあがらせていただきたい　（一八字）

問五　（解答不能。ただし、生徒のものにはエが多かった。）

問六　エ

問七　欠点

問八　解答例

傷んだ屋根を見てしまうとお金のことなど考えずについ好意で直してやるような点や、他人のあらをあばきたてるようなこともせずに、自分の仕事にきちんとした技術と誇りを持って生きている点。（八九字）

## 《論述・作文演習 (38)》　神戸女学院中

（問題は151ページ）

### カニグズバーグ「クローディアの秘密」

生徒の例

いつもは一応「良い子」にしているけれど、心の底には、あまり自分が認められていないという不満や、毎日が退屈だという気持ちがある。家出についても、計画性もあって感情的ではなさそうだが、やや甘えた女の子。（女子生徒・九九字）

## 《漢字・語句の解答 ⑥》

（問題は152ページ）

一　①眼中　②命名　③由来　④類似　⑤発展　⑥音色　⑦耕　⑧気性　⑨就　⑩推

二　1付近　2密接　3飲料　4手段　5役割　6提供　7野菜　8衣類　9故郷　10山河

三　1試練　2故障　3当落　4宇宙　5博物　6軽率　7神秘　8営　9刻　10拾

四　①上手　②格別　③誤　④幼　⑤具体的　⑥手帳　⑦見当　⑧相応　⑨絶　⑩犯

五　a順　b序　c記　d録　e動　f作　g客　h室　i国　j語

## 4　広島学院中●倉本　聰『北の国から〈脚本〉』

（問題は153ページ）

### 解　答

問一　解　答

父は、自分を嫌い、蛍だけをかわいがっていると思い込み、そのさびしさや、やり場のないいらだちを抑えきれなかったから。（五七字）

問二　解答例

純を落ち着かせ、どのようにしたら父親の本当の気持ちを分からせることができるのかを考えている気持ち。

問三　イ

問四　エ

問五　解答例

エコヒイキはよくないわよ。

問六　解答例

自分のしてしまったことを後悔する気持ち。（二〇字）

問七　「だいじょうぶ、キツネ——きっとまた来る」

問八　風

## 《論述・作文演習 (39)》　筑波大学附属駒場中

（問題は156ページ）

### 田村隆一「木」

### 解　答

問一　解答例

木（自然）の本質を理解できる人

問二　解答例

木が空に向かって生長していること。

**問三** 解答例 小鳥たちが安心して枝に止まりに来るような安らぎを与えているから。

**問四** 解答例
・擬人法を用いている。
・反復法を用いている。
・倒置法を用いている。（順不同）

## 《漢字・語句の解答 ⑦》

（問題は157ページ）

一 a○ b固 c成 d○ e心 f潮 g画

二 1快方 2一望 3不乱 4裏

三 1経験 2成長 3原動力 4代 5基調 6師 7尊（貴） 8人格 9未知 10導

四 ア 1雑木林 2有頂天 3過不足 4北極点 5非常識
イ 1ぞうきばやし 2うちょうてん 3かふそく 4ほっきょくてん 5ひじょうしき

五 1量 2調 3写 4暖 5善

## 《ことば・ことわざ・文学史 補充①》の答え

（問題は50ページ）

(1) 「上」＝1カ 2エ 3ア 4ウ 5オ 6イ
「金」＝1ウ 2カ 3オ 4ア 5カ 6イ

(2) A ①康 ②候 ③光 ④興
B ①党 ②討 ③湯 ④登 ⑤灯（頭） ⑥糖

(3) 1エG 2カC 3オB 4アD 5キA

## 《ことば・ことわざ・文学史 補充②》の答え

（問題は92ページ）

(1) ①カ・キ ②ア ③エ・コ ④オ ⑤イ ⑥ケ ⑦ク ⑧ウ ⑨シ ⑩サ

(2) 1余念 2小首 3会心 4家路 5体勢

(3) (a)後（跡）をにごさず (b)後は野となれ (c)世は情け (d)人を見たら
(e)好きこそ (f)へたの横好き (g)坊主憎けりゃ (h)あばたも
(i)蛙の子 (j)たかを生む

(4) (1)タテ8 (2)タテ20 (3)聞かぬは末代の恥 (4)学識
(5)ヨコ4九死・タテ13私腹

〈ヨコのカギ〉
1東《あずま》男に京女 4九死に一生を得る 7蜘蛛《くも》の子を散らす
9目くそ鼻くそを笑う 10立つ鳥跡をにごさず 11人を呪わば穴二つ
12宝の持ちぐされ 13釈迦に説法 15覆水盆にかえらず
17船頭多くして船山に上る 19画竜《がりょう》点睛を欠く
22親《しん》は泣き寄り（他人は食い寄り） 23頭かくして尻かくさず

〈タテのカギ〉
1聞くは一時の恥 2よもやまばなし 3鵜《う》の目、鷹の目 5一炊の夢
6出藍《しゅつらん》の誉れ 8黒白《こくびゃく》をわきまえず 10高《たか》をくくる
11ひいきの引き倒し 13私腹を肥やす 14子はかすがい
16炒《いり》豆に花が咲く 18温故知新 20よし（葦）のずいから天をのぞく
21瓜のつるには茄子はならぬ

## 《ことば・ことわざ・文学史 補充③》の答え

（問題は110ページ）

(1) A央 B月 C女 D口 E田

(2) ①手 ②着 ③雪 ④植 ⑤店

(3) 1うるう 2節句 3八十八 4八十八夜 5土用 6月おくれ
7二百十 8二百二十 9八月十五 10冬至

(4) 補足・設置・落成・臨終・持続

(5) 1成 2心 3記 4音 5金 6調

最難関中学受験用

精解の国語・生徒用解答編

最難関中学受験用

# 長文の読解と論述

## 精解の国語

生徒用問題集

GAKUSHINSHA

# 本書の利用法について

本書は、先に出版した『精解の算数』同様、**筑波大駒場、灘、開成、桜蔭、ラ・サール、麻布、栄光、駒場東邦、慶應中等部、女子学院、フェリス、慶應湘南藤沢、武蔵、雙葉、聖光、桐朋、慶應普通部、筑波大附属、学芸大世田谷、洛南、甲陽、洛星、東大寺、神戸女学院、大阪星光、広島学院、愛光、久留米大附設**などの**最難関中学校**を受験する皆さんのために編集してあります。

ご覧いただければお分かりのように、本書が採録したものは、その中でも最も難易度の高い長文の読解と、その記述・論述問題ばかりです。したがって、十分な基礎学力だけでなく、いわゆる応用力をつけた後に使用してください。できれば、皆さんが志望する最難関中学の過去問題集の仕上げにかかったときに使ってくださるとよいと思います。

同時に、この問題集は、必ず指導者（塾の先生でも、家庭教師の先生でも、あるいはご父母でも）の方に見ていただきながら使用してください。あちこちでも述べましたが、「なぜ、それが『答え』なのか」「自分の論述・記述は何が不足で、どこが間違いなのか」を、納得いくまで確かめてください。もっと率直に申せば、この私の「『解答例』なるもの」も疑ってかかってください。誤解を恐れずに申せば（全部ではありませんが）、国語の解答というのは、算数の「答え」のようなわけにはいかないのです。もちろん、何でも好き勝手に書けばいいということではありません。きちんと深く読んでいけば（大体の場合は）、おのずと「『答え』なるもの」は、そう違ったものにはなりません。申し上げたいことは、ただ機械的に、○・×をつけていくということだけは避けていただきたいということです。

この問題集には、私の塾で実際に最難関中学に合格していった諸君のさまざまな「経験」が入っています。その成功も失敗も含めて『解答・解説書』に書きました。そこにある「はみ出しノート」や「余談のあまり」などは、授業の中で〝脱線〃したものをまとめたものです。それが受験に役立つとは思いませんが、退屈しのぎの一つにでもなればと思います。せっぱつまった受験の時に、あまり呑気《のんき》なことは申し上げられませんが、それでもどこかに「ゆとり」を持って、受験勉強に臨んでいただきたいと思います。もし志望校の選択や、勉強方法に迷いが出たときには、遠慮なくご連絡ください。私なりに諸君と共に考えてみます。三人の子供の受験に付き合ったオヤジの一人としても、多少お役に立つことがあるかも知れません。

生徒諸君の合格と、今後の活躍を心から祈っております。

萩原直三

『精解の国語・長文の読解と論述』

# ■目　次

(1)　**物　語　文**

## (2) 随筆文

### (3) 解説文



### (4) 論説文

## (5) 補　充

なお、題名がそのまま「ヒント」になってしまうものもあったので、その場合は、それが収められている書名を記しました。また、〈論述・作文の演習〉での題名の一部は、便宜上、私がつけたものがあります。

# 物語文

## 1 ▽島崎藤村『嵐』

開成中学校

（解答は2ページ）

■ 次の文章を読んで、後の問いに答えなさい。

年若い時分には私も子供なぞはどうでもいいと考えた。かえって足手まといだぐらいに考えたこともあった。知る人もすくない遠い異郷《いきょう》の旅なぞをしてみ、帰国後は子供のそばに暮らしてみ、次第に子供の世界に親しむようになってみると、以前に足手まといのように思ったその自分の考えを改めるようになった。世はさびしく、時は難《かた》い。明日は、明日はと待ち暮らしてみても、いつまで待ってもそんな明日がやって来そうもない。眼前《めのまえ》に見る事がらから起こってくる1多くの失望とげんめつの感じとは、いつでも私の心を子供に向けさせた。

そうは言っても、私が自分のすぐそばにいるものの友だちになれたわけではない。私は今の住居に移ってから、三年も子供の大きくなるのを待った。そのころは太郎もまだ中学に通い、ばあやも家にほうこうしていた。つりだ遠足だと言って日曜ごとに次郎もじっとしていなかった時代だ。いったい、次郎はおもしろい子供で、2一人で家の内をにぎやかしていた。夕飯後の茶の間に家のものが集まって電燈の下で話しこむ時が来ると、弟や妹の聞きたがる怪談《かいだん》なぞを始めて、夜のふけるのも知らずに、みなをこわがらせたり楽しませたりするのも次郎だ。そのかわり、いたずらもはげしい。私がよく次郎をしかったのは、この子をたしなめようと思ったばかりでなく、一つにはばあやと子供らの間を調節したいと思ったからで、太郎びいきのばあやは、何かにつけて「太郎さん、太郎さん」で、それが次郎をいらいらさせた。

この次郎がいつになく顔色を変えて、私のところへやって来たことがある。

「わがままだ、わがままだって、どこが、わがままだ。」

見ると次郎は顔色も青ざめ、少年らしいいかりにふるえている。何がそんなにこの子をいきどおらせたのか、よく思い出せない。しかし私もだまってはいられなかったから、

「お前のあばれ者は研究所注でも評判だというじゃないか。」

「だれが言った――」

「弥生《やよい》町のおくさんがいらしった時に、なんでもそんな話だったぜ。」

「知りもしないくせに――」

次郎が私に向かって、こんなふうに強く出たことは、あとにも先にもない。急に私は自分を反省する気にもなったし、3言葉の上の争いになってもつまらないと思って、それぎり口をつぐんでしまった。

次郎がぷいと表へ出て行ったあとで、太郎は二階のはしご段をおりて来た。その時、私は太郎をつかまえて、

「お前はあんまりおとなし過ぎるんだ。お前が一番のにいさんじゃないか。次郎ちゃんに言って聞かせるのも、お前の役じゃないか。」

太郎はこの4そばづえをくうと、持ち前のように口をとがらしたぎり、物も言わないで引き下がってしまった。そういう場合に、私のところへ来て太郎を弁護するのは、いつでもばあやだった。

しかし、私は子供をしかっておいては、いつでもあとでくいた。自分ながら、自分の声とも思えないような声の出るのにあきれた。私はひとりでくちびるをかんで、仕事もろくろく手につかない。片《かた》親の悲しさには、私は子供をしかる父であるばかりでなく、そこへさげに出る母をも兼ねなければならなかった。ちょうど三時の菓子《かし》でも出す時が来ると、一人で二役を兼ねる俳優《はいゆう》のように、私は5母のほうに早がわりして、茶の間の火ばち

のそばへ盆《ぼん》をならべた。次郎の好きな水菓子などをのせて出した。

「さあ、次郎ちゃんもおあがり。」

すると、次郎はしぶしぶそれを食って、やがてきげんを直すのであった。

注　研究所＝次郎のかよっていた絵の研究所

**問一**　――線1の「多くの失望とげんめつの感じとは、いつでも私の心を子供に向けさせた。」とは、「私」のどのような気持ちを説明しているのでしょうか。前後の部分もよく読んで、次の中から最も適当なものを一つ選び、記号で答えなさい。

ア　世の中に失望したのと同様に、子供に対しても失望の気持ちが起こってきた。
イ　世の中には失望したが、子供に対してはまだ失望しなかった。
ウ　世の中に失望したため、その怒りを子供に向けていった。
エ　世の中に失望したことから、子供の方に関心が向いた。

**問二**　――線2の『一人で家の内をにぎやかしていた。』とは、次郎のどのようなようすを表しているのでしょうか。次の中から一つ選び、記号で答えなさい。

ア　一人っきりでさわぎまわることしかできなかった。
イ　一人だけ家の中でばかりさわいでいた。
ウ　一人だけ特に活発で、みなの気持ちをわき立たせていた。
エ　一人だけ特に活発で、家中の者を相手にしていた。

**問三**　――線3の『言葉の上の争いになってもつまらないと思って』とは、「私」のどのような気持ちを表しているのでしょうか。次の中から最も適当なものを一つ選び、記号で答えなさい。

ア　言葉で説明しようとしてもよく言い表せない。
イ　言葉だけを問題にして言い争いをしてもむだだ。
ウ　言葉は乱暴《らんぼう》だが、次郎の態度にもしっかりとしたところがある。
エ　言葉づかいがわがままだということだけを注意しても、次郎のためにならない。

**問四**　――線4の「そばづえをくう」ということばを正しく使っているのは、次のうちのどれですか。一つ選んで、記号で答えなさい。

ア　学校の帰りに、公園で遊んでいたA君を見つけたので、いっしょにぼくもそばづえをくった。
イ　A君とB君がけんかをして、C君がそばづえをくってけがをした。
ウ　先生がA君だけをしかったので、先に帰ったB君はそばづえをくって、しかられなかった。
エ　先生におこられると、いつもA君はそばづえをくって、まっかになってしまう。

**問五**　――線5に「母のほうに早がわりして」とありますが、「私」はここで、どんなやくわりをしようとしているのでしょうか。次の中から最も適当なものを一つ選び、記号で答えなさい。

ア　子供をなだめるやくわり
イ　子供のけんかをとめるやくわり
ウ　父親のいないときに子供をしつけるやくわり
エ　父親のやったことをひはんするやくわり

問六　この文章には、母親のいない子供たちに対する、父親である「私」の気持ちが書かれています。それはどのようなものだと思いますか。次の中から、適当でないものを一つ選び、記号で答えなさい。

ア　子供たちのことを心配し、なんとか育てようと苦労している。
イ　子供たちの性格が一人一人ちがうので、なかなかうまくまとめられないと思っている。
ウ　子供をいくらしかっても、あとでなだめればよいと思っている。
エ　子供をしかったあとは、いつも反省する気持ちになる。
オ　子供の気持ちをわかってやろうとして、細かい心くばりをしている。
カ　子供の気持ちをわかってやるのは大変で、すぐにはできないと思っている。

（一部改題）

## 《論述・作文演習 (1)》　筑波大学附属駒場中学校

**次の文章を読んで、後の問いに答えなさい。**

（解答は6ページ）

友だちのできないことを嘆《なげ》く人に次に問いたいことは、あなたは自分の周囲に何か㈠冷たい空気をいつも流していないだろうかということである。私がこれまでくり返し書いてきたように、友情というものは、まずこちらから何かを、しかもなんらの報酬《ほうしゅう》を期待することなしに与《あた》えることによって成り立つ。与えることが、無際限に与えること自体が喜びであるのが真の友情というものである。したがって、われわれはすべての人間と友だちになることはできない。われわれの与えうるものには限度があるからである。そこに友人の選択《せんたく》が起こるのであるが、自分の選んだ人で、その人のためには何を与えても惜《お》しくないという友人をもつことは人生の〈注〉至福ではないだろうか。

私が冷たい空気と言うのは、好きな人にはすべてを与えるというこの心意気の乏《とぼ》しいことを意味する。最初から与える気持ちの全然ない人に友だちのできるはずがないが、たとえ与える気持ちがあっても、その代償《だいしょう》をひそかに期待するようでは、真の友情は結ばれない。人間は敏感《びんかん》であるから、報酬を期待して与えられる友情は、これを無意識のうちに見破って警戒《けいかい》する。友だちのできないことを嘆く人は、この種の、他人をして〈注〉警戒せしめるものが自分にないかどうかをじゅうぶんに反省してみる必要があろう。それと同時に注意すべきことは、他人から報酬を期待しない友情を与えられながら、それをすなおに心から喜んで受け入れることをしないで、㈡これにはなんらかの目的があるのではないかと警戒することであろう。この種の警戒心もまた冷たい空気となって諸君をつつみ、友だちをよせつけない。一般《いっぱん》に、友だちのないことを嘆く人には、この冷たい警戒心で無意識のうちに武装《ぶそう》している人が多いように思われる。

私が何かを与えるというのは、もちろん物質的なものばかりを意味するのではない。生まれつきさまざまの魅力《みりょく》をそなえている人は、与えるものを多くもつ人である。㈢問題は与えるものの乏しい人にある。自分は何を〈注〉無償で人に与えることができるかを考えるとき、よい友だちはおのずから作られるにちがいない。

（河盛好蔵《かわもりよしぞう》「人とつき合う法」による）

〈注〉至福……最上の幸福。警戒せしめる……警戒させる。無償で……報酬を求めないで。

問一　――線㈠「冷たい空気」とは、どのようなことですか。文章中のことばを用いて説明しなさい。

問二　――線㈡「これにはなんらかの目的があるのではないか」について、次の(1)・(2)に答えなさい。
(1)「これ」は、どういうことを指しますか。
(2)「目的」とは何ですか。文章中のことばを用いて説明しなさい。

問三　「与えるものの乏しい人」は、なぜ「問題」になるのですか。

## 2　▽椋鳩十『カッパ淵』

筑波大学附属駒場中学校

（解答は10ページ）

■ **次の文章を読んで、後の問いに答えなさい。**

（魚とりの名人の梅吉《うめきち》じいさんは、何かあるとすぐに大声を出して子供を追いかけるので、とても恐《おそ》れられています。その梅吉じいさんが、武夫《たけお》と私《わたし》が釣《つ》りをしているところへやって来ました。）

梅吉じいさんは、私たちの釣っているところへも、ドブン、ドブンとステバリを投げ込《こ》んだ。

「おらたちも釣っているだに……、何するだ」

大声でどなってやりたかったが、梅吉じいさんが恐ろしくて黙《だま》っていた。

武夫も私も、煮《に》えくり返るような腹立たしさを感じながらも、小さくなって黙っていた。

あんなに釣れていたハエが、一匹《いっぴき》も釣れなくなってしまった。梅吉じいさんが、ドブン、ドブン、ステバリを淵《ふち》の中に投げ込んだので、魚がみんな逃《に》げてしまったのだ。

「くそったれじじい！」

「ばかじじい！」

武夫と私は、小さな声で、ささやくような声で、憎《にく》しみを込めて、悪口をついた。

夕焼けが薄《うす》れて、辺りがうすうすと暗くなるまで糸を垂れたが、あれっきり一匹も釣れなかった。

私たちは、あきらめて引き上げようとした。

梅吉じいさんは、ステバリをみんな淵の中に投げ終わったとみえて、淵の外れの岩に腰《こし》かけて、ぽかり、ぽかりとタバコを吸っていた。のんきそうに、タバコを吸っていた。

その姿を見ると、①いきどおりが、くやしさがまた込み上げてきた。

じいさんは、私たちの立ち上がったのに、気づかないようであった。

「くそじじいを、おどしてやろか」

「おどしておいて、逃げまいか」

私たちは、頭ほどもある大きな石を、一つずつ拾い上げた。それを抱《かか》えて、そっと、そっと、堤防《ていぼう》のかげを這《は》って行った。じいさんの方に近づいて行った。

堤防の上に立ち上がった。

梅吉じいさんは、その真下の岩の上に腰かけていた。ぽかり、ぽかりと、のびやかにタバコを吸っていた。

岩には、ピチャピチャ、ピチャピチャと、カッパ淵の水が打ち寄せていた。

じいさんは私たちの方に背を向けているので、まったく私たちには気がつかぬようであった。

武夫と私は、目で一、二、三と合図をした。そして、力いっぱいの大声で、いきどおりとくやしさを一遍《いっぺん》に吹き飛ばすような大声で、

②「ウメキチイ！」

とどなりながら、梅吉じいさんの頭ごしに、淵の中に大きな石を投げ込んだ。

石はゴボーンとすごい音をたて、水柱を高く上げた。

梅吉じいさんは、まったく不意を突《つ》かれて驚《おどろ》いた。

「わああ！」

すっとんきょうな声をあげて、岩の上で跳《と》び上がった。両手を広げると、なんとしたことか、青暗いカッパ淵の中に、まっさかさまに飛び込んだ。

今度は、武夫と私の方が驚いてしまった。ものも言えないほど、驚いてしまった。

目を見張ったままで、カッパ淵を見つめた。じいさんが飛び込んだ辺りの淵は、まるい波紋《はもん》を描《えが》いているだけだ。じいさんの姿は見えないのだ。じいさんは、まっさかさまに落ち込んだまま、浮《う》かび上がって来ないのだ。

私たちは、じっと立っておられないほど、足がガタガタ震《ふる》えてきた。③目もくらむような恐怖《きょうふ》が、身体中《からだじゅう》を駆《か》け回った。

突然《とつぜん》、武夫は変な金切り声をあげると、駆け出した。私も武夫の後に続いて、キャッキャッ言いながら駆け出した。

その晩は、夕御飯《ゆうごはん》もろくろくのどに入らなかった。梅吉じいさんが死んだかと思うと、目を閉じても、目を閉じても眠《ねむ》られなかった。

朝になって、武夫の来るのを待った。が、武夫は来ない。昼まで待ったが、武夫は来ない。

たまりかねて、武夫の家に行った。

武夫は家の前の石垣《いしがき》に、ぽかーんとした顔で腰かけていた。

「川流れのあった話を、聞いたかな」

こう声をかけたが、武夫は黙ったままで、首を横に振《ふ》った。

「だれかに、訊《き》いてみるかな」

④いやだというように、武夫は首を横に振った。

武夫と私とは、しっかりと手をつないで、夕方まで石垣の上に腰かけていた。一言も口をきかず、黙りこくって腰かけていた。

「梅吉じいさんの様子、見てこまいか」

武夫はぽつんと言った。

じいさんのところで、葬式《そうしき》でもしていたらどうしようかと思った。ほんとに怖《こわ》かった。それでも、勇気を出して、じいさんの家の方に近づいて行った。

じいさんの仕事場をのぞいてみると、じいさんは竹カゴを編んでいた。梅吉じいさんは、生きていたのだ。

武夫と私とは、力いっぱい手を握《にぎ》り合った。顔を見合わせて、にこっと笑った。

生まれて初めて感じるようなうれしさで、にこっと笑った。

注　ステバリ＝釣り針をつけたひもの端《はし》に石を結んで、川に投げ込み、翌朝引き上げる釣りの仕掛け。　ハエ＝川魚の名前　淵＝川の深いところ　川流れ＝おぼれること

（一部改題）

**問一**　――線①「いきどおりが、くやしさがまた込み上げてきた」のはなぜですか。

**問二**　――線②「ウメキチイ！」とカタカナで書いてあるのはなぜですか。

**問三**　――線③「目もくらむような恐怖が、身体中を駆け回った」のはなぜですか。

**問四**　――線④「いやだというように、武夫は首を横に振った」とありますが、なぜですか。

## 《論述・作文演習 ⑵》　栄光学園中学校

「ぼくの一番楽しい時間」という題の作文を、句読点も入れて二〇〇字以内で書きなさい。

（題名を書く必要はありません。）

（解答は16ページ）

# 3 ▽志賀直哉『宿かりの死』

桜蔭中学校

（解答は17ページ）

■ つぎの文を読み、問いに答えなさい。

大きなさざえのからに入っている宿かりが、岩の上から下にたくさん集まっているきしゃごを見下ろして、「小さいな」と思った。「相変わらずうじうじしていやがる」と、腹で冷笑した。

かれは以前自分がそのからの一つに入って仲間のようにしていたことを思い出して、自分ながらもよくもこんな大きくなったものだとうぬぼれた。

宿かりは勢いよくきしゃごを押《お》し分けて岩をかけおりると①一度宙返りをしてドブンと海の中へ飛びこんだ。わああというきしゃごどもの笑いはやす声がきこえた。「ばかどもが」こう思いながらかれは大きな者のみが感じられる寛大な心もちを味わいながら海の底をのそのそと歩いていた。

かれはわきに何かゴリゴリという音を聞いた。見るとそれは自分よりも大きなさざえがそろそろと岩をはいあがっていくところだった。かれは急にたまらないはずかしさを感じた。かれはさざえに見つからないようにぬき足さし足そこを退いた。

ひとりになるとかれは急に②むかむかと腹が立ってきた。そしてすぐむりやりに自分のからをぬいでしまった。

砂地を今度はそろそろとおくびょうにはっていった。やわらかいしりが砂ですれて痛くてやりきれなかった。

かれは[A]んだ。一日一晩[B]んだ。そしてやりきれなくなったときにちょうどそこに非常に大きなほら貝のからを見いだした。それは昨日かれをおびやかしたさざえよりもさらに大きかった。かれは静かにしりの方からその中にもぐりこんでやっと安心した。

その貝は重く、かつ、かれの身体にはゆるゆるだった。が、かまわず[C]い思いをしてそれをひきずって歩いた。かれはまた大きくなろうという欲望に燃えたった。

一年ほどたった。

そしてかれはおどろくべき発育でそのほら貝の中にいっぱいの大きさまで育った。もうそれをひきずって歩くことは何の苦もなくなった。

かれはあまりいらいらしなくなった。先程《せんほど》には大きくなろうという欲望も燃えたたなくなった。

そのときかれは偶《ぐう》然またすてきに大きなほら貝に出っくわした。かれはびっくりした。ほとんど気絶しかけた。

かれはさざえのからに入っていたとき、大きなさざえに会ったときよりも倍も自分をはずかしく感じた。腹を立てるにしてはもう力が足らなくなった。

かれは全く自分に失望した。自分がどれほど大きくなるにしてもそこにはいつも自分だけの大きさの貝がらがなければならぬと思った。かれは全く[D]してしまった。かれは（1）自分の入っていたほら貝を捨ててしまった。

かれはまたからなしで痛さをがまんしてそろそろ大病人のように海底の砂地をはっていった。

時々そのわきをけいべつするような横目づかいをしながらいせえびがぴんぴんといきおいよくはねて通った。たつのおとしごがけげんな顔をして立止まってかれを見送っていた。

かれはいよいよやりきれなくなってきた。それでもまだ何かを求めるように海の底を一方へ一方へ、ずるずるとそのやわらかい腸のしりをひきずって歩いていった。道々かれが入れるくらいの大きなほら貝のからにも出会った。しかしかれは（2）それにもぐりこもうという気はしなかった。

かれはきょくたんにゆううつになった。力もなえてきた。

③かれはもう自分も死ななければならなかったろうと考えた。なぜ自分の生涯《がい》の結末がこんなにならなければならないと思った。それよりも何がただの宿かりでいられない欲望を自分にあたえたのだろう。そしてそれは何のためだろうと考えた。

かれがきしゃごのからにいたころの夢《む》想はとうのむかし、かれにきてしまった。が、それは何の幸福をも持ちきたさなかった。かれは常に満たされずにきたのだ。

かれの精神も肉体もだんだんにまいってきた。とうとう動けなくなった。

注　きしゃごは、まき貝の一種

**問一**　文中の A 〜 C には、同じ文字が入ります。もっともよくあてはまる二文字を書き入れなさい。

**問二**　 D には、その語をふくむ文が、……線の文より文意が強くなるように、二字熟語を書き入れなさい。

**問三**　文中の（1）（2）に、もっともよくあてはまる語を、つぎから選び、記号で答えなさい。

ア　ひたすら　　イ　ぜったい　　ウ　いまさら

エ　すぐさま　　オ　ことさら

**問四**　——線部①について、どういう心境で、宿かりは宙返りをしたのですか。四〇字ぐらいで書きなさい。

**問五**　——線部②「むかむかと腹が立ってきた」のはなぜですか、「自分」「うぬぼれ」の二つの語を用いて説明しなさい。

**問六**　——線部③について、宿かりの「結末がこんなにならなければならなかった」のはなぜだとあなたは考えますか。よく考えてつぎから一つ選び、記号で答えなさい。

ア　限りなく自分を大きくしようとする宿かりの努力はりっぱであるが、どれほど大きくなるにしても、それにふさわしいだけの貝がらがいつも見つかるとは限らなかったから。

イ　自然に逆らってまで自分の欲望をとげようとするのは悪いことだから、天罰《ばつ》があたっても仕方がないのだ、とよく宿かりはわかり、もういらいらしなくなったから。

ウ　きしゃごのからにいたころの夢想のとおりに今はなってしまったが、それでも宿かりはいつもみたされず、幸福になれなくて、いらいらとあせっていたから。

エ　いつも他と競争し負けずに大きくなることばかり考えて、精いっぱい生きてきた宿かりは、自分の今までの努力のむなしさ無意味さに気付き、生きる力をすっかり失ってしまったから。

オ　自分の仲間たちをけいべつし、さざえやほら貝のように大きくなりたいと、不自然な努力をし続けた宿かりは、とうとう精神も肉体も全くまいってしまったから。

カ　ただの宿かりでいられない欲望のために、あんまり大きくなり過ぎた宿かりは、もう入れる貝がらがなくなり、きょくたんにゆううつになり、やりきれなくなってしまったから。

（一部改題）

## 4　▽スタインベック『赤い小馬』

ラ・サール中学校

（解答は23ページ）

■ 次の文章を読んで後の問いに答えなさい。

あたりが暗くなってから、ようやく父親がビリー・バックといっしょに帰ってきたとき、ジョウディは、二人の吐《は》く息がおいしそうなブランデー（注洋酒の一種）のにおいを帯びているのに気がついて、内心うれしく思った。というのは、父親はブランデーのにおいをさせているときには、よく自分からことばをかけてくれたし、いまほど開けていなかった時代に、子供であった父親がやったいろんなことを、話してくれることさえ、ときにはあったからだ。

晩の食事がすむと、ジョウディは炉《ろ》ばたに座って、はにかみ屋らしい、そのおとなしい目で部屋のすみずみを眺めながら、父親が胸にたたんでしまってあることを話しだすのを、いまかいまかと待ちうけた。町から持ち帰ったなにか耳よりな話があるにちがいない。しかし、かれは失望した。父親は、例のきびしい態度で、人さし指をつきつけるようにして言った。

「ジョウディ、もう寝《ね》るがいい。あしたの朝、おまえにちょっと用があるんだ。」

そんなら、まあ、ありがたい。ジョウディは、きまりきった仕事というのでなければ、なにを言いつけられても、[a]それをするのを少しも苦にしなかった。床《ゆか》に目を落とし、じっと見つめているうちに、べつだん[b]そのつもりはなかったのに、口がかってに動いてことばが飛び出してしまった。

「あしたの朝、なにをするの？　ブタをころすの？」とかれは静かにたずねた。

「そんなことはどうでもいい。さっさと寝るんだ。」

ドアをうしろ手に閉めながら、ジョウディは、父親とビリーがくつくつ笑うのを聞き、きっとなにか冗《じょう》談を言ったのだろうと思った。しばらくして、ベットに横になりながら、向こうの部屋のひそひそ話に聞き耳を立てていると、「いや、ルース、そんなに大した金を出して買ったわけじゃないんだ。」と、父親が弁解するのが聞こえた。

翌朝、食事をしらせる打ち金が鳴りひびいたとき、ジョウディはいつもよりもいっそう手早く着がえをすませた。台所へ行って、顔を洗い、髪《かみ》をかきあげていると、母親はいらいらした調子で言った。「ごはんを十分食べてからでないと、出て行っちゃいけないよ。」

かれは食堂にはいって、白いクロスをかけた長いテーブルについた。父親とビリー・バックがはいってきた。父親は、もう夜が明けていたので、石油ランプを消した。例によって、厳格そのもののような顔をしている。ビリー・バックは、ジョウディの方をちらとも見ようとしない。ジョウディのおずおずした、もの問いたげな目を避《さ》けながら、トーストをまるごとコーヒーにひたした。

カール・ティフリンは不きげんそうに言った。「食事がすんだら、わしたちといっしょに来るんだ。」

そう言われて、ジョウディは食事がのどにつかえてしまった。あたりの空気の中に、運命のようなものを感じたからだ。ビリーは受け皿をかたむけて、こぼれたコーヒーを飲み終えると、両手をズボンでふき、主人といっしょに食卓《たく》を離れ、朝の光の中へ出て行った。ジョウディは、少し離れて、恐《おそ》る恐るあとからついて行った。かれは、自分の心が先へかけ出して行こうとするのをぐっとおさえた。ぜんぜん動かないようにしっかりおさえつけた。

「あなた、ジョウディが学校におくれないようにしてくださいね。」母親がうしろから声をかけた。

　三人は、ブタ小屋への別れ道に立っているイトスギのそばを通りこし、大きな真黒な鉄の湯わかしのところも通り過ぎて先へ行った。してみると、ブタをころすのではなさそうだ。太陽はおかの上にのぼり、木木や建物は長い黒い影を投げていた。一同は、近道をして切り株畑を横切り、納屋へ行った。父親が入口のかぎを外し、三人は中にはいった。ここにくるまで、太陽の光をまともに受けてきたので、納屋の中はやみ夜のように真暗で、ほし草と馬のいきれとで、むっとするほどだった。父親は、仕切りの一つへ歩み寄って、「ここへくるんだ。」と命じるように言った。ジョウディは、ぼつぼつあたりのものが見えてきた。かれはその仕切りの中をのぞきこんだが、次の瞬《しゅん》間、はっとしてとびのいた。

　赤毛の子供の小馬が、仕切りの中からジョウディをじっと見つめているのだ。耳をぴんと立てて前に出し、強情そうにその目を光らせている。厚ぼったい毛、そのたて髪は長くもつれている。ジョウディはのどがつまって息ができなくなってしまった。

「こいつをよく手入れしてやるんだ。」と父親は言った。「いいか、おまえ、まぐさをやるのを忘れるとか、寝床をよごれたままにほうっておくとか、そんなことがもしあったら、すぐに売りとばしてしまうからな。」

　ジョウディは、小馬の目を見るのが、もう耐《た》えられなくなった。目をふせ、しばらくじっと自分の手を見つめていたが、やがておずおずたずねた。

「これ、ぼくの?」父親からもビリーからも、なんの答えもなかった。ジョウディは、片手を小馬の前へ差し出した。小馬は灰色の鼻面を近づけ、ふんふん音たててにおいをかいだ。それから、歯をむき出し、ジョウディの指を強くかんだ。そして首を上下にうち振《ふ》り、いかにもおかしそうに笑うように見えた。ジョウディは傷ついた指をつくづくと眺めた。

「ふうん、こいつ、だいじょうぶかめるんだな。」かれは□言った。

　父親とビリーは、なんとなくほっとしたらしく、笑い声を立てた。カール・ティフリンは一人っきりになるために、馬小屋を出て、おかを上って行った。照れくさかったのだ。だが、ビリーはあとに残った。ビリーのほうが話しやすいので、ジョウディはいま一度たずねてみた。「これ、ぼくの?」

**問一**　——線部a・bはどんなことを意味していますか。それぞれ一〇字ぐらいで答えなさい。

**問二**　□に適するのは次のどれですか。符《ふ》号で答えなさい。

イ　痛そうに　　ロ　憎《にく》らしげに　　ハ　怖《こわ》そうに

ニ　誇らしげに　　ホ　心配そうに

**問三**　右の文章全体をまとめると、けっきょく、どんなことがあった話ですか。「ジョウディが」ではじめて二〇字以内で答えなさい。

**問四**　右の文章の中で、ジョウディの母親が、ジョウディについて望んでいることはどんなことですか。三〇字以内にまとめて答えなさい。

**問五**　文章全体から感じられるところでは、ジョウディの父親は、ジョウディに対しては、どんな人であるようですか。四〇字ぐらいで説明しなさい。

（一部改題）

# 5　『風の中の瞳』

▽新田次郎

灘中学校

(解答は28ページ)

■ 次の文章を読んで、後の問いに答えなさい。

静かな顔をして、なでるような微風《びふう》を送っていた山も、一度おこりだすと、様相が変わった。飛塚《とびつか》中学校三年生の一団が、蓼科《たてしな》山の頂上にひきかえしたときには、雷雲《らいうん》の頂が彼《かれ》らをつつみかくしていた。横なぐりの風と濃《こ》い霧《きり》、十メートル先は見えなかった。

寺島先生が生徒たちを、風あたりの弱い岩のかげに集めて、人員を点呼した。落伍《らくご》者はいなかった。どの顔も、不安な目で寺島先生の口もとを見つめていた。

「これがほんとうの山の姿なのだ。下山するにしたがって、あらしはますます激《はげ》しくなるだろうが、けっして恐《おそ》れてはならない。みんなで協力して山を下るのだ。登るときもいったように、列から離《はな》れてはいけない。こんどこそ列を離れてはいけないぞ」

寺島先生は防風衣を着こんで、ずきんをすっぽりかぶっていた。ずきんの中から目が光っている。出発前、先生にいわれたとおり、ビニールのレインコートは全員用意していたから、生徒たちはそれを着こんでいた。

小牧義春《こまきよしはる》が先頭、寺島先生が最後尾《さいこうび》になって、下山道へ向かって動き出した。頂上は濃い霧だったが、山の中へはいると雨になった。強い向かい風の雨である。

「ちぇっ、雨が下から降ってきやがる」

川村広三《かわむらこうぞう》がいった。山の頂上に向かって吹《ふ》きあげてくる風は、傾斜《けいしゃ》面にそって、上昇《じょうしょう》気流を起こしている。彼らは山の傾斜にそっておりて行くのだから、ちょうど、その上昇気流に逆らう形にいた。川村広三のいったとおり、足もとから吹きあがってくる風雨は、下界から山へ向かって、雨が吹きあげているようだった。

雨は足もとから彼らをぬらした。くつがぬれ、ズボンがぬれ、首筋から流れこんだ雨は胸をぬらした。風はぬれたからだから熱を奪《うば》っていった。

(寒い)

みんなそう感じていながら、だれも口には出さなかった。足がすべって、しばしば道へころんだ。女生徒たちは、そのたびに大きな声をあげた。だが、それも初めのうちで、やがてころんでも声を立てたり、おおげさにさわがなくなった。

〔　A　〕という気持ちが、動きだしたのだ。

小牧義春は、先導者としてりっぱに行動した。彼は先頭に立って、帰途《きと》の道をまちがわずに歩くことと、彼のあとについてくる全員の歩調に合わせることが、大きな任務だった。急ぎすぎると列はばらばらになるし、足のおそい女生徒たちに、より以上の負担をかけることになる。小牧はそれをちゃんと知っていて、ときおりは足を止めて、あとに従う者を待った。

下山するにしたがって風雨はますます激しくなった。遠くで雷鳴がした。風雨というよりも豪雨《ごうう》であった。雨の音は彼らの足音を消し、呼び声を消した。周囲が暗くなって、足もとがあぶなくなった。下山道が、小川に早変わりしていた。どろ水が、音を立てて足下を流れ落ちていった。

「おい、小牧、もっと急いだらどうだ」

小牧義春の次を歩いている川村広三がいったが、その声は雨の音に消されて、小牧には聞こえない。川村は小牧の肩をたたいて、※

「　B　」

寒さは、からだのしんまで通りそうになっていた。寒さをのがれるためには、雨にあたらない所をさがして、雨のやむまで待つのがいいが、そんな所はなかった。木のかげでも、岩のかげでも、遠慮《えんりょ》なく風雨が吹きまくって、いたるところに水しぶきが白く立っていた。こうなると、寒さをのがれるためには、からだを動かすことが、唯一《ゆういつ》の方法でしかなかった。

「へばったんだな、小牧。先頭をやるぞ」

川村広三が前に出ようとした。

「みんないっしょに行くだ。ひとり勝手はあぶねえからな」

小牧義春は、別におこった顔も見せずにそう答えた。雷鳴が近づいているようすだった。それにもかかわらず、おちつきはらっている小牧義春の態度が、川村広三の気にさわった。川村広三は、小牧なんか相手にしていないぞという態度で、彼を追いぬいて前へ一歩出た。小牧義春が川村広三の腕《うで》をつかんでぐっと引いた。川村がすべってころんだ。

「なにをするんだ――」

川村広三は倒《たお》れたときによごれた手を固く握《にぎ》りしめて、いきなり小牧の顔をねらって横にはらったが、小牧義春がちょっと身をかわすと、げんこつは雨の中を水平に切った。その拍子《ひょうし》に、川村広三のからだがよろめいた。

「あぶねえことをするな」

C小牧義春は平然としていた。川村広三は自分の怒《いか》りをどう処置していいかわからなかった。小牧という男には、とうていたち打ちができないことだけは、身にしみて感じていた。川村広三はあきらめて、小牧のあとにつくと、Dぶつぶついいながら、やたらにつばをはきちらした。

そんなふたりのもめごとがあったかどうか、だれも知らなかった。それほど雨と風が強く、だれもが自分の身を動かすことでせいいっぱいだった。目のくらむような光が走った。と同時に、山のくずれるような音がした。気がつくと、ひとり残らず、どろ水の流れている道の上にしゃがみこんでいた。近くに落雷があったのだ。

「だいじょうぶか、みんなだいじょうぶか」

寺島先生の声が聞こえた。第二の光と雷鳴は背後で起きた。第三、第四と電光・雷鳴が続いた。

「持っている金物は全部遠くへ捨てろ」

先生の声が雨の中にひびいた。

「遠くへ……なるべく遠くへ捨てるのだ」

Eだれかが投げ捨てたナイフに、電光があたってピカッと光った。それ以上動くことは危険であった。一行十名は、大雷雨の中に閉じこめられたまま、時間の経過だけを願っていた。

望月《もちづき》さかえが泣きだした。どうして泣きだしたのか、その理由はだれも知らなかったが、電光と雷鳴の中に叫《さけ》ぶように泣く望月さかえの声は、一行十名を恐怖《きょうふ》の底に突《つ》き落とすのに十分であった。

電光のするときだけ、原生林の奥《おく》深くまで見えた。光が消えると、森は夜のように暗かった。雷雨に閉じこめられたまま、夜が訪れようとしているのであった。

**問一** [A]に最もよくあてはまる文を次の1〜4の中から選んで番号で答えなさい。

1 声を出しても誰《だれ》も助けてくれない
2 さわぐとみんなに迷惑《めいわく》がかかる
3 声を出すと、それだけ疲れが増す
4 自分の身は自分で守らねばならない

**問二** [B]に入る会話文として最も適当なものを次の1〜5の中から選んで番号で答えなさい。

1　遅いよ、びしょぬれじゃないか
2　もっと急げよ、寒くてしようがない
3　おい、小牧、もとへもどろうか
4　疲《つか》れたのか、呼んでいるのに聞こえないのか
5　走れよ、もっと早く歩けないのか

**問三**　――線部D、川村広三が「ぶつぶついいながら、やたらにつばをはきちらした」のはなぜですか、句読点とも三〇字以内で書きなさい。

**問四**　――線部Eの「ナイフ」が「ピカッと光った」という表現が暗示しているものを次の1～6の中から二つ選んで番号で答えなさい。

1　不快　2　不明　3　不吉《きつ》　4　不満
5　不安　6　不思議

**問五**　短い文をたたみかけるように続けて、さしせまった感じを出している段落を、問題文の前半（※の行まで）からさがしなさい。答えはそのはじめの一〇字を抜《ぬ》き出して示しなさい。句読点も字数に数えます。

**問六**　――線部Cのように、対照的な描《えが》き方をして状況《じょうきょう》を強く印象づけている部分を問題文の後半（［B］の行以降）からさがしなさい。答えはそのはじめの一〇字を抜き出して示しなさい。句読点も字数に数えます。

**問七**　問題文を四つの大段落に分けたいと思います。第二～第四段落のはじまりの各七字を書いて示しなさい。句読点などは字数に数えません。

**問八**　小牧義春と川村広三の性格をそれぞれ一〇字以上、一五字以内（「…性格」の形）で書きなさい。句読点も字数に数えます。

（一部改題）

## 《論述・作文演習 ⑶》　甲陽学院中学校

**次の文章を読んで、後の問いに答えなさい。**　（解答は34ページ）

早いものでもう三月、あすは雛《ひな》まつりとなった。美しい日本の行事である。「お節句に飾《かざ》ってあげないと、お雛さんは一年じゅう、箱《はこ》の中で泣いていなさる」という母から娘《むすめ》への言い伝えも、心やさしい。

正岡子規《まさおかしき》に①「雛あらば娘あらばと思いけり」の句がある。男ばかりの家、子のいない親の雛節句のさびしさをうたったものだが、こんな解釈はどうだろう。妻が嫁《よめ》入り道具にもってきた雛を、いまも毎年忘れずに飾る。三月がくるたびに雛はあるのに娘のいないという夫婦の嘆《なげ》きなのではないか。

あるいは先立たれた娘、遠くで暮《く》らす娘をなつかしむ気持ちではないのか。

俳人《はいじん》のKさんにうかがったら「解釈のつけすぎでしょうね」と言われた。「雛あらば」はやはり雛のない話だし、それに子規に妻子はいなかった。「文学上の空想は無用の事」といった子規なのだから、やはりお雛さまを持っていなかったのだろう。

②「雛ありて娘あらばと思いけり」とすれば、またちがった意味になるかも知れぬ。お雛さまといえば年々高くなるばかりで、若い親には手がとどきにくくなっているという。③「娘ありて雛あらばと思いけり」の嘆きをもつ親も少なくないだろう。

雛まつりで、ただ一つきらいなことは、家々のお雛さまに上下の差がありすぎることである。子どものための楽しい行事が ア華美《かび》をきそう行事になっている。イ人形のよしあしにあらわれる貧富が、ウこれ見よがしで心ない。

(問一) ①の俳句を、俳人K氏の考えに従って解釈しなさい。

(問二) ②のような表現になった場合は、娘のいない事情がいく通りか考えられます。筆者は三通り考えていますが、それぞれについてわかりやすく説明しなさい。

(問三) ③のような表現にした場合、この俳句にこめられている親の嘆きはどういうことなのでしょう。よくわかるように説明しなさい。

(問四) ――線 ア・イ・ウはどういう意味ですか。

## 《漢字・語句の問題 ①》

一 次の1～6の漢字について、例にならって(1)・(2)に答えなさい。

**1 重　2 細　3 苦　4 負　5 着　6 治**

(1) 送りがなを含めて、それぞれ訓読みを二つずつ書きなさい。ただし、漢字そのものの読み方が同じであってはいけません。(左の例で、×のような答え方はいけません。)

(例) 覚 ○ おぼ―える / さ―める　× さ―ます / さ―める

開 ○ あ―ける / ひら―く　× あ―ける / あ―く

(2) それぞれの漢字を用いた二字熟語を作りなさい。(1～6の漢字は、熟語の上下どちらに用いてもよい。)

(例) 覚 視覚　開 開始

(筑波大駒場中)

二 例にならい、次の1～6の字に共通して付けられる「へん・つくり・かんむり・あし・かまえ・にょう」などを考え、またそれをなんというのか答えなさい。

**例 月・召・寺・青** **(答え)「日・ひへん」** **(参考) 明・昭・時・晴**

1 央・何・者・楽　2 干・半・貝・倉

3 己・十・司・果　4 大・寸・井・古

5 化・分・加・任　6 占・付・車・廷

(灘中)

三 次の①～⑤は漢字に、⑥～⑩は、その読みがなを書きなさい。

①フイに現れる。②会社にツトめる。③ブキヨウな人。④他人のチュウコクをきく。⑤ノウリツが上がる。⑥放置 ⑦治水 ⑧貸借 ⑨収拾 ⑩早業

(桜蔭中)

四 次のカタカナの語を漢字で書きなさい。

A 1イショクの政治家としての彼の 2ジッセキについては定評があるにしても、長年 3センネンしてきたその政治史研究の 4セイカについては 5サンピ両論あるようだ。

B 6ゾウキの 7イショクが彼の得意とする 8リョウイキだったが、その論文が今も 9チョメイである理由の一つに、彼の文章の平明さ、10キチに富む語り口を挙げることができよう。

(ラ・サール中)

五 次のカタカナの語を漢字で書きなさい。

①勢いにアットウされる。②効果的なモンクが浮かぶ。③人のケハイで分かる。④セットク力がある。⑤デンピョウを整理する。⑥フベンな町 ⑦人物をホショウする。⑧病人をカンゴする。⑨家をルスにする。⑩アイヨウの自転車。

(麻布中)

(解答は39ページ)

## 6　▽安岡章太郎『幸福』

フェリス女学院中学校

（解答は39ページ）

■ 次の文章を読んで、後の問いに答えなさい。

自分の手の中に、自分の使っていい五円札《さつ》がある――。改めてぼくが、そんなことをはっきりと考えられるようになったのは、もう高架《か》線のガードが完全に町の建物のかげにかくれて見えなくなってからだ。それまでのあいだ、ぼくはただ駅員がつり銭《せん》のまちがいに気がつき、追いかけてくることだけをおそれた。しかし、もうここまで来れば、その心配はなかった。曲がり角の店で、赤いとんがり帽《ぼう》をかぶった甘栗《あまぐり》屋の人形が、電気じかけで首をふりながら、それといっしょに手に持った鈴《すず》を鳴らしていた。

――思いがけないことって、あるものだな。駅員はぼくの出した紙幣を十円札だと思いこんだ。それで五円のつりに七円何十銭かをよこしてしまった。ぼくは窓口の石の台の上に、五十銭、十銭、五銭の銀貨、白銅貨が投げ出すように置かれていったありさまを、もう一度思いうかべて楽しんだ。ぼくの想像の中で、次から次へ投げ出された貨幣が山になって、無限に高く積み上げられてゆくように思われた。（ア）、その銀貨、白銅貨の山は、どれほど高くなっても、まだそのかたわらに手つかずのままに置かれた五円紙幣にはおよびがたい。こいつはぼくが完全に自由に使える金だからだ。

チャリン、チャリーン……。

甘栗屋の人形の鈴の音は遠くなった。だがもちろん、ぼくはこの五円で甘栗を買おうなんて気にはなれない。どうせ買い物をするなら、ウォーターマンの万年筆か、ゾリンゲンのしかの角の柄《え》のついたナイフでも買ったほうがいい。しかし、いまさらぼくはそんなものも欲しくはなかった。それよりもぼくは最近、すしの立ち食いの味を覚えていた。九段《くだん》の中学校から歩いて二十分ばかりのきょりの、せまい横町を入った所に、小さな屋台を出したすし屋がある。ぼくは学校の帰りにそこへ寄り、中とろのすしを食うのがなんとなく好きになった。竹の茶こしで入れたお茶を大きな湯飲みで飲んでいると、もう中学生ではなくなった気分になる。帰りがけにしょうゆでよごれた指を、のれんのはしでふいて出てくる。そしてすました顔でかばんをかかえ、ほんとうは飯田橋《いいだばし》から乗る電車に市《いち》が谷《や》から乗って家へ帰る。

しかし、そのすし屋では、いちばん高いえびだの赤貝だのをにぎったすしでも一個五銭で、ほかのはみな一個三銭だ。えびも悪くないが、ぼくはしゃこのほうがえびよりうまいと思うときがあるし、赤貝よりはとり貝のほうがずっと好きだ。五円でいったいしゃこや、こはだや、中とろのすしが、どれぐらい食えるかと思ったら、問七とたんにいささかぎょっとした。とにかく、今晩はこれで帰ることにしよう。金の使いみちは後でゆっくり考えたらいい。ぼくは、心豊かにそう思い、私鉄の駅の階段を上った。ちょうど電車が出たばかりで、ホームはすいていた。ベンチにねんねこで赤んぼうをおぶった女の人が一人で座っていたが、そのかたわらへ行ってこしかけようとすると、竹ぼうきとちり取りを持った駅員がやってきたので、ぼくはベンチから遠のいた。駅員は制服がぶかっこうに大きすぎ、だぶだぶのえりから細い首がのぞいていた。年齢はぼくより下らしかった……。そのとき、どうしたことかぼくの目の前に急に、問四アさっきのS駅の窓口にいた駅員の顔がうかんだ。ぶっきらぼうだった横顔のほおのあたりの黄色いはただの色が、なんだかひどくつかれきった感じで思い出され、問四イふとあの駅員が家に帰ると、病気の母親が待っていそうに思われた。駅員は、だいだい色のうす暗い電灯に、母親がわきの下にはさんだ体温計をかざして見るだろう。いくら注意してながめ直して見ても体温計は昨晩と同じ目もりを指しており、破れたふとんに熱くさいにおいがこもっているのをかぎながら、「ああ、おれもつかれた。」とつぶやく……。ぼくは、そんなことをほんの一瞬《しゅん》のあいだに空想した。そして、いったん入った私鉄の改札口を出ると、まっすぐ駅のほうへ向かった。

S駅の切符《きっぷ》売り場の周りに、人かげは（イ）なっていた。ぼくは窓口に近づきながら、さっきの駅員がまだ同じ所に座っていてくれることをいのった。陰《いん》気な鉄ごうしからのぞきこむと、まだそこに彼《かれ》はいた。ぼくは、さっき五円札を出して買った寝《しん》台券のつり銭に五円札が入っていたことを話し、ただしそれは売り場をはなれてしばらくたってから気がついたことにして、

「これ、お返しします。」

と、紙幣を窓口に差し出した。

最初、駅員はなんのことか分からなかったらしく、問三ア けげんそうにぼくを見返していたが、やがて、「あれ、そうでしたか？」と、自分の過ちに気がつくと、たちまち 問五 A 笑いを顔いちめんにうかべながら、「や、どうもすいません、わざわざ……。」と、礼を言って五円札を受け取り、紙幣をぴんと伸ばして指先ではじいたついでに、その指で自分のおでこも軽くたたいて、「陽気のかげんか、ここんところ、おれもどうもいけねえや。ほんとに、すみませんでした。」

と、もう一度、ぼくにおじきをした。――思いがけないといえば、問八 こういうぼくの気持ちこそほんとうに思いがけないことだったのかもしれない。そんなに礼を言われて、初めはにげ出したい気持ちばかりだったが、S駅の切符売り場をはなれて、また私鉄の駅の階段を上るころから気分が落ち着いてきたせいか、頭の中がすっきりとして、すがすがしい心持ちになってきた。いつのまにか雨は上がり、ぼくはホームの真ん中より先のほうへ出て、夜空をあおぎながら胸いっぱい空気を吸いこんだ。肺の中で一つ、

「カーン」

と、すんだ鐘《かね》の音が聞こえるような感じだった。ぼくは心の底からわいてくる喜びに満足した。電車が走り出し、目の下に家々の小さな灯がまたたいているのを見ても、この満足感は新しい形で、よみがえった。

ああよかったな――。

ぼくはなによりも、窓口の鉄ごうしの向こう側に座っていた駅員の横顔が、こっちをふり返って笑ったとたんに、問九 一人のふつうの青年の顔になって感じられたことが、意外でもあったし、うれしい気もした。

この喜びは（ウ）、家へ帰り着いても消えずに続いた。

「ただいま。」

げんかんの戸を勢いよく開けると、ぼくはたたきに立ったまま、出むかえた母に寝台券とつり銭をわたしながら、今晩の出来事の 問三イ てんまつを話して聞かせた。「いやあ、そのときの駅員の顔つきったら、なかったよ。こっちも照れくさかったけれど、問十 向こうはそれ以上にすっかり照れて、逆上しながら喜んでやがんのさ。」

だが、母はぼくの話にいっこう、なんの感動も表わさなかった。のみならず、ぼくのわたしたつり銭とぼくの顔とを不思議そうに何度も見比べたあげく、とうとう、

「ばかだねえ、おまえは――。」と、問三ウ 世にも腹立たしげな声で言った。

「さっきおまえにわたしたのは、あれは十円札なんだよ。」

ぼくは、問六（　　　）気がした。

あれから、もう三十年近くたつ。あのころから見るとS駅の周りも、ぼく自身もすっかり変わった。あのころはまだS駅の近くには八階建てのデパートが一軒《けん》建っているのがめずらしかったぐらいで、いなかのにおいの

する郊《こう》外電車との接続駅にすぎなかったが、今は林立した高層ビルが駅の周りをいくえにも取り囲み、切符売り場の前の広場の辺りに、地下道が張りめぐらされて、冷たい変なにおいのする商店街になっている。そしてぼく自身はしらが混じりのおやじになった。けれどもぼくの中身はどう変わったか、変わらないか、自分ではさっぱり分からない。

　あんなことがあってからも、たびたびぼくはあれと同じようなとんまな失敗をくり返しながら、今日まできた。あのころでもぼくは、けっして純な正直な心持ちであったわけではなく、けっこうずるくて、意地きたなく、そのくせときどき変な空想癖《へき》を発揮して、常識では考えられないまぬけなことをしでかす少年だった。それは今でも変わりないように思う。しかし、この空想癖がなかったとしたら、ぼくは今よりいっそうどうしようもなくとりえのない人間になっていたかもしれない。あの晩、返す必要もなかったつりの五円札を、夜おそくS駅まで取りにやらされたときのぐあいの悪さと、情けない気持ちとを、昨日のことのように思い出しながら、そう思う。

　それ以後、あのS駅の窓口の駅員とは一度も会っていないが、あのときの彼の笑顔はまだ忘れられない。そして、問五［B］と考えて、ぼくは自分で自分をなぐさめてみることにしている。

**問一**　この文章を三つの段落に分けた場合、第二段落、第三段落はそれぞれどこから始まりますか。最初の五字を書きなさい。

**問二**　(ア)・(イ)・(ウ)に入るものとして最も適切なものを、それぞれ次の中から選び番号で答えなさい。

ア　1　つまり　2　ただし　3　しかも　4　だから

イ　1　まばらに　2　多く　3　おぼろげに　4　長く

ウ　1　やはり　2　むろん　3　結局　4　案の定

**問三**　――線部ア「けげんそうに」イ「てんまつ」ウ「世にも」の意味として最も適切なものを、それぞれ次の中から選び番号で答えなさい。

ア　1　疑わしそうに　2　不愉《ゆ》快そうに　3　めんどうくさそうに　4　不思議そうに

イ　1　結末　2　あらすじ　3　一部始終　4　過ち

ウ　1　たいそう　2　もっとも　3　いささか　4　とにかく

**問四**　〰〰線部ア・イはそれぞれどの部分を修飾《しょく》していますか、番号で答えなさい。

ア　さっきの　　イ　ふと

ア　1　S駅の　2　窓口にいた　3　駅員の顔が　4　うかんだ

イ　1　駅員が　2　帰ると　3　待っていそうに　4　思われた

**問五**　［A］・［B］に入るものとして最も適切なものを選び、それぞれ番号で答えなさい。

A　1　楽しそうな、それでいて照れくさそうな
　　2　心配そうな、それでいて満足そうな
　　3　気まずそうな、それでいてうれしそうな
　　4　恥《は》ずかしそうな、それでいて愉快そうな

B　1　その後も失敗をくり返したが、人は空想によって良い心を持つことができる

2　五円札を返してもらったので、べつに損をしたわけではない
3　あの笑顔を見ることの幸福は、五円札では買えないものだ
4　駅員の喜びを思い出すたびに、いつでも正直な心を持つことが大切だ

**問六**　（　　）の部分を自由に想像して、二〇字以内で書きなさい。

**問七**　――線部「とたんにいささかぎょっとした」のはなぜですか。四〇字以内で書きなさい。

**問八**　――線部「こういうぼくの気持ち」とはどんな気持ちですか。五〇字以内で書きなさい。

**問九**　――線部「一人のふつうの青年の顔になって感じられた」とありますが、「ぼく」は初めに切符を買いに来た時は、この駅員をどのように感じていたのですか。番号で答えなさい。

1　乱暴でいばった人
2　無愛想で親しめない感じの人
3　気が弱く恥ずかしがりな人
4　もの静かで落ち着いた感じの人

**問十**　――線部「向こうはそれ以上にすっかり照れて」とありますが、駅員の照れているようすはどんな動作からわかりますか。簡単に書きなさい。

**問十一**　「ぼく」がお金を返しに行ったのはなぜですか。六〇字以内で書きなさい。

**問十二**　「空想癖」を持っていた自分をふり返って、作者はどのように思っていますか。

## 《論述・作文演習 (4)》　ラ・サール中学校

**(問)　左の文章で□の部分に入れることばを考えて、句読《とう》点を入れて八〇字以内で書きなさい。**

（解答は49ページ）

一行《いっこう》は、予定通り翌日の巳《み》の時（午前十時）ばかりに、高島の辺へ来た。ここは琵琶《びわ》湖に臨んだ、ささやかな部落で、昨日に似ず、どんよりとくもった空の下に、幾戸《いくこ》のわら屋が、まばらにちらばっているばかり、岸に生えたまつの木の間には、灰色のさざ波をよせる湖の水面が、みがくのを忘れた鏡のように、さむざむと開けている。――ここまで来ると利仁《としひと》が、五位《ごい》をかえりみて言った。

「あれをご覧なさい。男どもが、むかえに参ったようでござる。」

見ると、なるほど、二匹の鞍置馬《くらおきうま》を引いた、二、三十人の男たちが、馬にまたがったのもあり徒歩《かち》のもあり、皆水干《すいかん》のそでを寒風にひるがえして、湖の岸、まつの間を、一行の方へ急いで来る。やがてこれが間近くなったかと思うと、馬に乗っていた連中は、あわただしく鞍を下り、徒歩の連中は、路傍《ろぼう》にうずくまって、いずれもうやうやしく、利仁の来るのを、待ちうけた。

「やはり、あのきつねが、使者を勤めたと見えますのう。」

「生まれつき、神通力を持ったけものじゃて、あの位の用を勤めるのは、何でもござらぬ。」

五位と利仁とが、こんな話をしているうちに、一行は、郎等《ろうどう》たちの待っている所へ来た。「ご苦労。」と利仁が声をかける。うずくまっていた連中が、せわしく立って、二人の馬の口を取る。急に、すべてが陽気になった。

「昨夜、ふしぎなことが、ございましてな。」

二人が、馬から下りて、敷《しき》皮の上へ、こしを下ろすか下ろさないうちに、ひわだ色の水干を着た、白髪《はつ》の郎等が、利仁の前へ来て、こう言った。

「何じゃ。」利仁は、郎等たちの持って来た酒やべんとうを、五位にも勧めながら、おうように問いかけた。

「さればでございます。昨夜、戌《いぬ》の時(午後十時)ばかりに、奥方《おくがた》がにわかに、人心地《ひとごこち》をお失いなされましてな。「わたしは、坂本のきつねだ。今日、殿のおおせられたことを、言づてしたいから、近う寄って、よく聞きなさい。」と、こうおっしゃるのでございます。さて、一同がお前に参りますと、奥方のおおせられますには、『　　　　』と、こうおっしゃるのでございます。」

## 《漢字・語句の問題 ②》

一　「田舎《いなか》」のように、一続きの漢字で特別の読みをするものを熟字訓《じゅくじくん》といいます。次の熟字訓をひらがなで書きなさい。

1　果物　2　小豆　3　五月雨　4　木綿　5　七夕
6　海原　7　日和　8　若人　9　名残　10　師走

（慶應義塾中等部）

二　次のカタカナの語を漢字で書きなさい。

（1）友人に手きびしく ①ヒハンされる。
（2）道路の ②カクチョウ工事をおこなう。
（3）日本列島 ③ジュウダンの旅に出る。
（4）両国の ④シンゼンに力をつくす。
（5）服装で男女を ⑤シキベツする。
（6）あの課長は、いつも的確な ⑥シジを与えるので、部下の ⑦シジを得ている。

（女子学院中）

三　次の1～5で、ア～エの熟語の中から―線部の読み方の異なるものを一つずつ選んで、記号で答えなさい。また、その熟語の読み方を、ひらがなで答えなさい。

1　ア　本家　イ　分家　ウ　家来　エ　家屋
2　ア　有名　イ　名声　ウ　名字　エ　氏名
3　ア　世紀　イ　世間　ウ　時世　エ　処世
4　ア　灯明　イ　明示　ウ　明白　エ　平明
5　ア　形体　イ　主体　ウ　体格　エ　体裁

（筑波大駒場中）

四　次のカタカナの語を漢字で書きなさい。

・1オンに 2キせる。　・えんぎを 3カツぐ。　・4アオナに塩。
・へやの 5サイコウに注意する。　・6マドギワに寄る。
・緑を 7キチョウとした絵。　・対策を 8コウじる。
・9ネットウをかける。　・呼吸 10キカン。
・国連に 11カメイする。　・ビルが 12リンリツする。

（フェリス女学院中）

五　次のカタカナの語を漢字で書きなさい。

1　犬にランボウをしてはいけない。
2　彼は人生のゼッチョウ期にある。
3　まことにケイソツなふるまいである。
4　君のセイイを行動で示しなさい。
5　人生のショウガイを乗り越える。
6　せっかくの努力もトロウにおわった。
7　交通事故でいのちのチヂむ思いがした。
8　一定のセイカをあげる。
9　師の恩にムクいる。
10　人形をたくみにアヤツる。

（駒場東邦中）

（解答は52ページ）

# 7 ▽真鍋和子『土のにおいは朝のにおい』武蔵中学校

（解答は52ページ）

■ 次の文章を読んで後の質問に答えなさい。

けんちゃんが転校してきたのは、四年生の新学期がはじまって、まもなくのことでした。コンクリートの校庭のすみにある、たった一本のサクラが、まだあかるい花をつけていました。

「きょうは、あたらしい友だちをしょうかいします。」

たんにんの森先生につれられて教室にはいってきたのは、両ひじにつぎのあたった、くろいつめえりすがたの、こがらな男の子でした。

「いとうけんいちくん。おとうさんのしごとのつごうで、こんど東京にひっこしてきた。一日もはやく、あたらしい生活になれるよう、力をかしてあげよう。」

いとうくんは、黒板のまえにたって、ふかぶかと頭をさげました。

「おら、いとうけんいちです。よろしくおねがいします。」

みんなが、どっと笑いました。東北なまりのことばだったからです。「いなかっぺ。」と、ばかにしたようなひそひそ声もきこえました。いとうくんは、どうしてみんながわらうのだろうといったようすで、きょとんとしました。

（ああ、なんでみんな、あんなひどい態度をとるんだろう。）

わたしはこの転校生がきのどくで、耳をふさいでしまいたいくらいでした。

ところが、いとうくんは、つぎのしゅんかん、いがぐり頭をかきながら、いたずらっぽそうにくびをすくめて、みんなといっしょに、クスッとわらいだしたのです。まるでじぶんがわらわれたことなんか、ちっとも気にとめないかのように。

わたしは、この、おせじにも、いいみなりをしているといえない、いなかからの転校生に、すっかりきょうみをもってしまいました。でもいとうくんは、窓側のいちばんまえの席になり、ろうかがわの、いちばんうしろにすわっているわたしには、はなしかけるきっかけがありませんでした。

いとうくんは、たしかにこれまでの転校生たちとは、毛色がちがっていました。なんといってもことばがめずらしく、先生にさされても、早口でしゃべると、なにをいっているのか、さっぱりわかりません。

ぼうず頭に、けがをしたあとのはげが三つ四つ。かかとのやぶれたズックをはいた、いとうくんの席は、都会っ子の教室のなかで、そこだけが、とおいはなれ島みたい。

それでもいとうくんは、ぜんぜん気にしないようすで、まい日ゆかいそうに学校にやってきます。はんぶんばかにして、はんぶんしたしみをこめて、いつのまにか、けんちゃんは〝やまざる〟というあだ名がつけられました。

「給食費をあつめます。名まえをよんだら、もってきてください。」

こんな朝、わたしは教室をとびだしてしまいたい、にげだしたいようなきもちにおそわれます。わたしの集金ぶくろは、からっぽのままなのです。わたしの家では、四百円の給食費が、なかなかもらえませんでした。おしつぶされそうな思いでいると、わたしのばんがきます。

「わすれました。」

うそをつくと、じぶんの顔がまっかになるのがわかりました。いつも給食費がおくれるのは、わたしだけなのです。

ところが、きょうはちがいます。

「いとうくん。」

けんちゃんのばんがきました。

「おらんち、おかねがないで、もうちょっとまってもらえって、とうちゃんがいっただ。すまんの、先生。」

ごくあたりまえという顔をして、けんちゃんは、へいぜんというのです。うらやましいような、かんしんするような、とってもちがう世界にいるようなけんちゃん。わたしは、この不思議な転校生に、ますますとらえられてしまいました。

（どうしてわたしって、こんなことでくよくよするんだろう。それにくらべて、いとうくんは。）

わたしは校舎のまどにひとりもたれて、みんなとたのしそうにキックボールをやっているけんちゃんのうしろすがたを、おいかけていました。

わたしの家は、そのころ食堂をやっていました。学校からかえると、わたしはよく店員のくみちゃんのあとについて、出前にいったものです。

冬になったある日、わたしとくみちゃんは、ちかくのビル工事場にあるはん場にラーメンをとどけにいきました。

「おまちどおさま。」

工事場ではたらく人たちのすむはん場は、プレハブでできていて、なかは火の気もなく、さむざむとしていました。

八階だてのビル工事は、すでに鉄骨がくまれています。クレーン車がうなり声をたてて、てつざいを八階までつりあげています。わたしはくみちゃんとわかれ、コンクリート管の上にこしかけました。

うすい日ざしのなかで、ヘルメットをかぶった男の人たちが、もくもくとはたらいています。そのなかに、だぶだぶのセーターをきた小さな子どもが、うずたかくつまれた土をスコップで手おし車にうつしかえていました。ずっとはなれたところでみていると、まるで一人まえのおとなのように、きびきびうごいているのに、やはりどこか、子どもっぽいところがあります。

（こんなところではたらいている子どもって、どんな子だろう。）

その子が、こっちをふりかえりました。

「アッ。」

けんちゃんじゃありませんか。こちらが気づくとどうじに、けんちゃんもわたしに気づいて、「オーイ。」と手をふり、やってきました。

「おらぁ、ここでとうちゃんと、ビルつくってるんだ。」

ながいセーターのそでをたくしあげたけんちゃんは、ひたいに大つぶのあせをにじませていました。それを、こしにぶらさげたタオルでシュッとぬぐいました。

わたしはただ、あっけにとられて、ことばもでません。おない年のけんちゃんが、こんな大きなビルをつくるてつだいをしている。小さなけんちゃんが、なにか、とってもたくましい、おとなのように思えました。

みんなにわらわれても、給食費をはらえなくても、ちっとも気にしないけんちゃん。そのたくましさのひみつを、のぞいてしまったようなきもちで、わたしは、ただおどろいていたのです。

それから、わたしはよくはん場にでかけました。けんちゃんはたびたび、いなかのはなしをしてくれました。

「おらがふとんでぬくもってると、おとうが草を刈ってくるだ。おいら、それを牛のチヨコにやるだよ。朝、刈った草は、朝つゆがひやっこくて、きもちいいぞ。土のにおいも、ぷーんとする……朝のにおいだ。」

けんちゃんとしたしくなっていくうちに、わたしたちの目のまえでは、てっこつビルが〝注意〟とかいてある大きなまくの下から、すこしずつ、すこしずつ、すがたをみせはじめていました。

「あなた、クラスのなかで、すきな人いる？」

まい日いっしょにかえるよう子さんが、きれながの目をわたしにむけました。

「わたしのすきな人、おしえてあげようか。」

よう子さんは、じぶんのことをうちあけたくてしかたがないのです。「クラス委員のはせがわくんをすき」と、よう子さんはいいました。はせがわくんは、べんきょうがいちばんできる、四組のにんきものでした。ほっそり背がたかく、いつも若草色のカーディガンをきていました。

「あなたは？かずこさん。」

ようこさんは、しつこくせまりました。

「そんな人……。」

といいながら、わたしの目のまえに、けんちゃんのまるい顔がうかびました。けんちゃんと、おほりのむこうまでセミとりにいったこと、とちゅう、おちていたきれいな小石をひろって、わたしの手にのせてくれたこと、そのときけんちゃんの手が、ちょっとわたしの手にふれて、せなかがむずがゆいような、くすぐったいような、ふしぎなきもちになったこと。

でも……つぎのあたっただぶだぶのセーター、てかてかひかったあさぐろい顔、やまざるけんちゃんは、どうかんがえても、すきな人というかんじではありません。

「すきな人、わたしいないわ。」

わたしは、よう子さんにいいました。


「いとうくんは、おとうさんのしごとのかんけいで転校しました。」

わたしが、かぜでいく日かやすんだあと、ひさしぶりに学校にいってみると、先生がいったのです。わたしはドキッとしました。その日は一日じゅう、授業もうわのそらでした。

学校がおわると、わたしは、はしってはん場にいきました。

けんちゃんのすんでいたはん場は、すっかりとりこわされて、かげもかたちもありません。できたばかりの、まあたらしいビルが、夕日をうけてそびえているのです。わたしはぼうぜんとたちつくしました。工事がおわって、けんちゃんのおとうさんは、またつぎのあたらしい工事現場にうつってしまったにちがいありません。

ヘルメットをかぶって、スコップをつかっていたけんちゃんのすがたが、目のまえにうかんできました。心ぞうのこどうが、ドキンドキンとはやくなるのが、じぶんでもわかります。

（よう子ちゃん、わたしすきな人いる。いとうくん。）

わたしは心のなかで、なんどもくりかえしました。茶色い目をいっそうかがやかせて、「ぷーんと土のにおい——朝のにおい。」といったけんちゃん。その後、どこでどうしているのか、まったくわかりません。でもきっと、どこにいても、あのくりくりした目で、いっしょうけんめいいきているはずです。

**問一**　「耳をふさいでしまいたいくらいでした」とありますが、「耳をふさいでしまいた」くなったのは、どのような気持ちからでしょうか。

**問二**　「いとうくんは、たしかにこれまでの転校生たちとは、毛色がちがっていました」とありますが、それはどういうことですか。

**問三**　「とおいはなれ島みたい」というのは、この場合どんなことを言っているのですか。

**問四**　「ますますとらえられてしまいました」とあります。なぜここに「ますます」という言葉が入ったのでしょうか。説明しなさい。

**問五**　「そのたくましさのひみつを、のぞいてしまったようなきもち」とありますが、かず子は「そのたくましさ」がどんなところからきていると思えたのでしょうか。説明しなさい。

**問六**　「『そんな人……。』」と言いかけてやめたのは、かず子のどんな気持ちを表わしていますか。説明しなさい。

**問七**　「（よう子ちゃん、わたしすきな人いる。いとうくん。）わたしは心のなかで、なんどもくりかえしました」とありますが、「なんどもくりかえし」たのはどんな気持ちからですか。

（一部改題）

## 《論述・作文演習⑸》　聖光学院中学校

**あなたの生活の中から、次の文章であつかわれている「くずかご」のようなものを一つ取り上げ、そのことについて一五〇字以上二〇〇字以内で説明しなさい。題名にはあなたが選んだ「ものの名前」をつけなさい。（句読点も字数に含《ふく》めます）**

（解答は59ページ）

べつにすてきなものじゃないし、大したものでもない。何でもないものにすぎないが、どんなときにもなくてはかなわぬものとして子どものころからつねに身のまわりに、かならず手のとどくところにあって、とても親しい。ひとが人生で、そんなにも長く身近に付きあう家具はほかにないといっていいかもしれない。そうではあっても、だれにもとくに大切にされているというのでもない。

くずかごはくずかごだ。いつもそこにあってそこに見えているのに、だれも見ていない。だれしもの人生のどんな一部を切りとっても日々の光景のどこかしらに、いつでもきまってくずかごが、きっと一つは置かれているはずなのに日々に欠かせぬ家具として重んじられているとはいえない。くずかごのないくらしはかんがえられないが、しかし、くずかごはやっぱりいつでもただのくずかごにしかすぎない。

あってもなくても、どうでもいいものではないのだ。くずかごは、わたしたちとつねに、日々をともにしている。だが、どうしてだろうか。どうして、くずかごはまるで日のあたらない場所に置かれたまま、いつもあたかも「ないもの」のごとくにしかおもわれないのだろうか。どんなにすばらしい部屋であっても、くずかごはみずぼらしくてかまわない。そうであってすこしも奇妙におもわれることがないということこそ、むしろ奇妙《きみょう》なことではないだろうか。くずかごは、どうあれ、もっとも親しい毎日のくらしの仲間なのだ。

わたしたちはどうかすると、くらしというのは、手に入れるものでつくられるのだとかんがえる。何かを手に入れることがくらしの物差しをつくるので、手に入れたものをどれだけいれられるか、その容積のおおきさがゆたかさの目安なのだ、と。そう期待して、いつのまにか身のまわりを手に入れたものでいっぱいにしてしまう。くずかごが片すみに追いやられてわすれられるのも、(注)むべなるかなだ。そしてある日突然《とつぜん》とんでもないことに気づいて、びっくりする。そうやって手に入れたものが、日々に欠かせぬ必要なものどころか、そのおおくはどういうわけかすでに、ただのすてるにすてられないものばかりになってしまっている。

そのときになってはじめて日々のくらしの姿勢をつくるのは、何を手に入れるかではなくて、ほんとうは何を手に入れないかなのだということに、わたしたちは気づくのかもしれない。くらしにめりはりをつけるのは、何が必要かではない。何が不必要なのかという発見なのだ。あらためて身のまわりを見わたしてみて、何をすてるか、すてられるか、すてなければならないかに思いいたって、あまりもの不必要なものにとりかこまれた日常の景色に、ほとんど呆然《ぼうぜん》としてしまう。そして、ようやく部屋の片すみに置きわすれられたままのみすぼらしいくずかごに目をとめて、どれほどこの日々に欠かせぬ仲間のことをないがしろにしてきたことか、いまさらのように思い知るのだ。

日々のくらし方、ひとの住まい方ということをいうとき、まずかんがえるのは、くずかごのことだ。くずかごはおおきなくずかごがいい。くずかごのおおきさはそのひとのこころのおおきさに正比例すると、勝手にそう決めている。部屋におおきなくずかごを一つ、こころのひろい友人として置くだけで、何かが変わってくる。くらしの姿勢が、きっとしゃんとしてくる。（長田弘の文より）

（注）むべなるかな…もっともなことだなあ、ほんとうにそうだよ、という意味

# 8

## ▽国分一太郎『カヌヒモトの思い出』

雙葉中学校

（解答は62ページ）

■ 次の文章を読んで、次の問いに答えなさい。

ちょうど、わたしが六年生の七月ごろのことだったでしょうか。お蚕《かいこ》のてつだいをよくやったというので、村のやしろのお祭りの晩には、わたしも十五銭のおこづかいをもらいました。それで、新しいくしを買おうと思いつきました。

……（中略）……

お宮の階段《かいだん》の下に出ているこまもの屋の店先で、わたしはいっしょうけんめいになって、㊟カヌヒモト、カヌヒモトをくり返していたのです。

……（中略）……

そして、ようやく、かになるも色のくしをみつけて、これにしようと心に決めたときのことでした。

「どろぼう！　こら、どろぼう！」

急に、きたないどなり声が、わたしの後ろの方でおこりました。

びっくりしてふり向くと、それは、そこから五メートルばかりはなれた所に、おもちゃの店を開いている、せの高い、顔の長いおじさんの声でした。おじさんは、人ごみの中をかきわけるようにして、だれかを追っかけているのです。

わたしは、いよいよびっくりして、手に持っていたもも色のくしを、店先のもとの場所に返しました。さっきから、あんまりいじりまわしているので、じぶんもぬすびとではないかと疑われてはいけないと、心配になったのです。

静かにイきびすを返すと、わたしは、おじさんの走っていく方についていきました。よその人々も、どやどやとついていきました。けれども、人通りが多かったので、そのどろぼうと言われた人は、つかまらなかったのでしょうか。しばらくすると、ロのみとりまなこでそこらを見まわしていた、さっきのおじさんが、

「ちきしょうめ！」

と言いながら、いまいましそうにして、店の方にもどっていきました。

そのとき、わたしは、ほんとうにびっくりしたのです。こちらは、お金を出して買うのにさえ、カヌヒモト、カヌヒモトをくり返しているのに、いったい、その「どろぼう！」と言われた人は、こんなお祭りの晩に、何をぬすんだというのでしょうか。

わたしは、ちょっと人だかりからはなれた、太いすぎの木の下に行って、今のさわぎのことを考えておりました。すぎの木のにおいが、じいんと鼻先に感じられました。

すると、どうでしょう。わたしがせを向けたすぎの幹の裏側から、フウフウという、あらい息づかいの音が聞こえてくるのです。

はっと思って近づいてみると、これはまた、どうしたことでしょう。三年生ぐらいの男の子が、すぎの木にぴったりとしがみついたまま、石のようにからだをちぢめていたのです。太いすぎの木なので、その子のしがみついている方には、店々のカーバイトの光も、道ばたにともっているお祭りのちょうちんの光もとどきません。そのうす暗がりの中に、その子は、じいっとちぢまって、大きな息をしているのです。

やがて、わたしの近づいたけはいに気がつくと、その子は、はっと顔をこちらに向けました。そのとき、その子の目つきのこわかったこと、わたしは、今になってもわすれることはできません。

（もしかしたら、この子が、さっきのどろぼうだったのかもしれない。）

わたしは、思わず、ぶるんと身をふるわせました。そして、①急いでそこからはなれようとしたのでした。

そのときです。わたしの左側から、急に、ひとりの子が近づいていき、ぎゅっと、さっきの小さな子の両かたをにぎりしめました。見れば、その人は、わたしもよく知っている、北部落の六年の子であったのです。

「ばかだな、おまえは。どろぼうなどして。」

六年生の子は、小さな子のかたをゆさぶりました。

「え？　何をとったんだ、何を？」

きかれると、小さな子は、にげようともせずに、しくしくと泣きだしてしまいました。そして、ぐったりしたようなからだをくねらして、右の手をふところに入れると、何かをにぎったこぶしを、大きい子の前に、力なくさし出しました。

「あけてみな。」

言われて広げたてのひらには、きらきらと光りかがやくものがありました。わたしは目をみはりました。ああ、それは、小さな、小さな虫めがねだったのです。

「ばかだな。こんなものをとって。」

大きい子は、その虫めがねを、じぶんの指先でつまむと、

「さあ、行こう。おれが買ってやるから。おこられないようにあやまってやるから。」

やさしくこう言って、小さな子のかたを軽くたたきました。小さな子は、しくしく泣きながら、しかたなさそうについていきました。

わたしは、それを見ていて、なみだがこぼれそうになりました。たった一銭か二銭で買える虫めがね。そんなものを、どうしてこの子はぬすむ気になどなったのでしょう。

ひとさまのものをぬすむことなどは、たしかに悪いことだけれど、それがあんまりちっぽけなものなので、わたしには、どうしてもその子をにくむことができなかったのです。

わざとゆっくり歩いて、わたしがおもちゃ屋のところに行ったときには、さっきのおじさんは、もう、にこにこ顔になっていて、

「わかったらいいよ。もういいよ。こんな小さいのでいいのかい。大きいのとかえてあげようか。」

こんなことを言って、泣きじゃくる子をだましておりました。わたしは、(あ)思わずなみだをこぼしました。

やがて、ふたりの男の子は、店からはなれて歩きだしました。わたしも、カヌヒモトの力になるくしを買うことなどはわすれてしまって、そのあとに、(い)静かについていきました。

そして、やしろの入り口の、あまり人通りのない所まで来たときのことでした。

大きい子は、ふと立ちどまって、

「おまえはどこの子だい。となりの村かい？」

こう、小さな子に問いかけたのでした。

「……」

小さな子は、②大きくうなずきました。

「こんどから、あんなことをしてはいけないよ。おれは、おまえがとるのを、早くから見ていたんだよ。みつけられて、追いかけられて、あのすぎの木のかげにかくれたのも。でも、だまっていたんだよ。それでも、あんなことをしてはいけないよ。いいかい。わかったね。こんどからしないね。そのかわり、一つだけおまえをなぐってやるよ。」

大きい子は、思わず、パーンと、小さな子のほっぺたをなぐりつけました。③けれども、小さな子は、泣きだしませんでした。じいっと、大きい子の顔を見あげて、なみだを光らせていました。

そのとき、

「いいかい、やくそくだよ。」

大きい子は、こう言ったかと思うと、こんどは、④じぶんの手でじぶんのほおを、ピーンと力いっぱいなぐりつけました。すると、小さな子は、顔をゆがめて、またしくしくと泣きだしました。

わたしは、少しはなれた所から、それをじっと見ていました。㈑そして、ハもらい泣きをしながら、どきどきと胸をふるわせていました。

その晩、わたしは、とうとうくしを買わずにしまいました。

㊟カヌヒモトは、くしの歯の数を「カヌヒモト」と言いながら数えて、どの字で終わったかによって、「カは買った、ヌはぬすんだ、ヒはひろった、モはもらった、トは取った」と決めるもの。

**問一** 〰〰線イ、ロ、ハはどういう意味ですか。

イ　きびすを返す　　ロ　のみとりまなこで　　ハ　もらい泣き

**問二** ——線①「急いでそこからはなれようとしたのでした。」について、この時の女の子の気持ちを説明しなさい。

**問三** 六年生の子に見つかっておもちゃ屋につれて行かれるまでの、小さい子の様子を箇《か》条書きでぬき出し、この時の小さい子の気持ちを説明しなさい。

**問四** このでき事を見ている女の子の心情の動きを══線㈠〜㈑にそって説明しなさい。

**問五** ——線②「大きくうなずきました。」の、小さな子の気持ちを説明しなさい。

**問六** ——線③「けれども、小さな子は、なきだしませんでした。」の、小さな子の気持ちを説明しなさい。

**問七** ——線④「じぶんの手でじぶんのほおを、ピーンと力いっぱいなぐりつけました。」とありますが、なぜこうしたのですか。

**問八** 大きい子がどのような少年なのか、その子がしたことや言った言葉から読みとって、わかりやすく説明しなさい。

（一部改題）

## 《論述・作文演習 ⑹》　大阪教育大学附属池田中学校

**あなたは、日ごろ、あなたの友だちに対して、どんな友だちでありたいと心がけていますか。これについて、原こう用紙（二〇〇字づめ）に、一八〇字以上、二〇〇字以内で、作文しなさい。ただし、次の注意を守りなさい。**

〈注　意〉

1　書く内容を二つの段落に分け、前の段落では「心がけていること」を中心に、後ろの段落では「その理由」を中心にのべること。

2　文字はていねいに美しく書き、使える漢字はすべて使うこと。

3　原こう用紙の正しい使い方にしたがって書くこと。

（解答は70ページ）

# 9 ▽井上ひさし『あくる朝の蝉《せみ》』

駒場東邦中学校

（解答は71ページ）

■ 次の文章を読んで、後の問いに答えなさい。

高校一年の「ぼく」と小学校四年の弟は、父親に早く死なれ、母親が事業に失敗したので、キリスト教の教会が経営する孤児院《こじいん》で暮らしています。夏休みになったので、ふたりは久しぶりに祖母の家を訪ねました。その家に祖母は次男（ふたりの叔父《おじ》にあたる人）と住んでいます。

おかずは冷やし汁《じる》だった。凍豆腐《しみどうふ》や青豆や茄子《なす》などの澄《すま》し汁を常時穴倉に貯蔵してある氷で冷やした食物で町の名物だった。

「おや、変な茶碗《ちゃわん》の持ち方だこと。」

しばらく弟の手もとを見ていた祖母が言った。弟は茶碗を左手の親指、人さし指、中指の三本でつまむように持っていた。もっとくわしくいうと、親指の先と中指の先で茶碗をはさみ、人さし指の先を茶碗の内側に引っかけて、内と外とから茶碗を支えているだけである。

「それも孤児院流なんだ。」

せわしく口を動かしている弟に代わってぼくが説明した。

「孤児院ではご飯茶碗もお汁茶碗も、それからおかずを盛る皿も、とにかく食器はみんな金物なんだ。だから熱いご飯やお汁を盛ると、食器も熱くなって持てなくなる。でも、弟のようにすればなんとか持てる。つまり生活の知恵《ちえ》……」

「どうして食器は金物なの？」

「瀬戸物《せともの》はこわれるからだよ。」

祖母はしばらく箸《はし》を宙に止めたまま、なにか考えていた。それからため息をひとつついて、

「孤児院の先生方もご苦労さまだけど、子どもたちも大変だねえ。」

と漬物《つけもの》の小茄子をかんだ。

「……ごちそうさま。」

弟がお櫃《ひつ》を横目でにらみながら小声で箸を置いた。

「もうおしまい？おなかがいっぱいになったの。」

弟はだまったままである。弟は孤児院のたがを外せないで困っているようだった。[1]ぼくは弟に手本を示すつもりで大声で、おかわりと言い、茶碗を祖母に差し出した。弟は一度置いた箸をまた取って、小声で、ぼくもと言った。孤児院の飯は盛切《もりき》りだった。弟はその流儀《りゅうぎ》が祖母のところでも行われていると考えて一ぜんだけで箸を置いたのにちがいなかった。食事の後に西瓜《すいか》が出た。そのときも弟は孤児院流を使った。どの一切れが最も容積のある一切れか、一瞬《いっしゅん》のうちに見くらべ判断しそれを手でつかむのがあそこでの流儀なのだ。

弟のすばやい手の動きを見ていた祖母が悲しそうな声で言った。

「ばっちゃのところは薬屋さんなんだよ。腹痛《はらいた》の薬は山ほどある。だからおなかの痛くなるほどたべてごらん。」

弟はその通りにした。そしておなかが痛くなって仏間のとなりの座敷《ざしき》に横になった。祖母は弟に蚊帳《かや》をかぶせ、吊手《つりて》を四隅のかぎに掛《か》けていった。ぼくは蚊帳をひろげるのを手伝った。蚊帳の、ナフタリンと線香と蚊《か》やりの混じったような匂いをかいだとき、ぼくは不意に、ああ、これは孤児院にない匂いだ、これが家庭の匂いだったのだな、と思った。

前の川の河鹿《かじか》のなき声がふっととぎれた。夜突《よづ》きに出ている子どもがいるらしい。ヤスで眠《ねむ》っている魚を突《つ》いてとるのだ。河鹿と申し合わせでもしたように、すぐ後を引きついでドドンコドンドコドンと太鼓《たいこ》の音が聞こ

えてきた。途中《とちゅう》のどこかで風のわたるところがあるのか、太鼓の音はときどきふるえたり弱くなったりしていた。

　ぼくは座敷の隅の机の前にどっかりとすわってトランクをしばっていた細ひもをほどいた。[2]持ってきた本を机に並べて、座敷を自分の部屋らしくしようと思ったのだ。

「そのトランクは死んだ父さんのだろう。」

祖母がトランクの横にすわった。

「よくおぼえているんだなあ。」

「わたしが買ってやったんだもの。」

祖母はトランクを指でなでていた。

「死んだ父さんが東京の学校へ出かけて行ったときだから、三十年ぐらい前のことかしらね。」

　トランクをなでていた指を、祖母はこんどは折りはじめた。

「正しくは三十一年前だねえ。」

「もうすぐお祭りだね。」

ぼくは太鼓の聞こえてくる方を指さした。

「あれは獅子《しし》舞《ま》いの太鼓だな。」

「そう、あと七日でお祭り。」

「ぼくたち、祭りまでいていい？」

[3]ほんのわずかの間だが祖母は返事をためらっていた。

「だめかな、やっぱり。」

「いいよ。」

返事をためらったことをはじていているような強い口調だった。

「おまえたちはわたしの長男の子どもたちだもの、本当ならおまえがこの家をつぐべきなのだよ。大いばりでいていいよ。」

　この祖母の言葉で勇気がついて、当分言わないでおこうと思っていたあのことを口に出す決心が出た。

「ばっちゃ、お願いがあります。」

　急にぼくが正座したので祖母がおどろいた眼《め》をした。

「母が立ち直ってぼくと弟を引き取ることが出来るようになるまで、ぼくたちをここへ置いてください。」

「……でも高校はどうするの。」

「この町の農業高校でいいんだ。店の手伝いでもなんでもするから。」

祖母はぼくと弟をかわるがわるながめ、やがて膝《ひざ》に腕《うで》を乗せて前かがみになった。

「孤児院はいやなのかね、やはり。」

「あそこにいるしかないと思えばちっともいやなところじゃないよ。先生もよくしてくれるし、学校へも行けるし、友だちもいるしね。」

「そりゃそうだねぇ。文句を言ったら罰《ばち》が当たるものねぇ。」

「で、でも、ほかに行くあてが少しでもあったら一秒でもがまんできるようなところでもないんだ。ばっちゃ、考えといてください。お願いします。」

　店で戸じまりをする音がしはじめた。祖母はトランクのそばから腰《こし》を上げた。

「叔父さんの食事のしたくをしなくっちゃ。今のおまえの話はよく考えておくよ。」

　祖母が出て行った後、ぼくはしばらく机の前に、ぼんやりすわっていた。[4]この話をいつ切り出そうかとじつはぼくは迷っていたのに、それが思いがけなくすらすらと口から出たので自分でもおどろいてしまったのだ。気が軽くなって、ひとりで笑い出したくなった。ぼくはその場に仰向《あおむ》けに寝《ね》転《ころ》んで、ひょっとしたらぼくと弟が長い間寝起きすることになるかもしれない部屋をぐるりとながめまわした。そして何日ぐらいで、弟の孤児院流の茶碗の持ち方が直るだろうかと考えた。弟は蚊帳の中で規則正しい寝息《ねいき》を立てている……。ぼくは蚊帳の中にはっていって、出来るだけ大きく手足を伸ばして、あくびをした。

縁側《えんがわ》から小さな光がひとつ入ってきて、蚊帳の上にとまった。それは蛍《ほたる》だった。

〽行手示す　明けの星
　船路示す　愛の星
　空の彼方《かなた》で　我等《われら》守る……

孤児院で習った聖歌をつぶやいているうちに、光が暗くなって行き、ぼくは眠ってしまった。

どれくらいたってからかわからないが、叔父の声で目を覚ました。蛍がまだ蚊帳の上で光っていたから、どっちにしてもそう長い間ではなかったことはたしかだった。

「……いいかい、母さん、おれは母さんが、親父《おやじ》が借金を残して死んだから学資が送れない、と言うから学校を中途《ちゅうと》でよしてここへもどってきたんだ……」

叔父の声はふるえていた。

「店をついでくれないと食べては行かれないと母さんがたのむから薬種業の試験を受けて店もついだ。借金をどうにかしておくれと母さんが泣きつくから必死で働いている。これだけ言うことをきけば十分じゃないか。これ以上おれにどうしろというんだよ。」

「大きな声を出さないでおくれ。あの子たちに聞こえるよ。」

「とにかく母さんのたのみはもう願いさげだよ。」

叔父の声がすこし低まった。

「今年の暮れは裏の畑を手ばなさなくちゃ年がこせそうもないっていうのに、どうしてあの二人を引き取るよゆうなんかあるんだ。」

祖父はだいぶ大きな借金を残したらしかった。それにしても裏の畑を手ばなすことになったら祖母の冷やし汁の味もずいぶん落ちるにちがいないと思った。冷やし汁に入れる野菜はもぎたてでないとおいしくないからだ。

「子ども二人の食いぶちぐらいどうにかなると思うんだけどねぇ。」

「そんなことを言うんなら母さんが店をやるんだな。薬九層倍《くそうばい》なんていうけど、この商売、どれだけもうけがうすいか母さんだって知ってるはずだよ。とくにこんな田舎《いなか》じゃ売れるのはマーキュロか正露丸《せいろがん》だ。母さんと二人で食って行くのがかっつかつだぜ。」

「でも、長い間とはいわない。あの子たちの母親が立ち直るまででいいんだから。」

「それがじつは一番腹が立つんだ。」

叔父の声は前よりも高くなった。

「あの二人の母親は親父の、舅《しゅうと》の葬式《そうしき》にも顔を出さなかったような冷血じゃないか。そりゃあの二人の母親は親父や母さんにいじめられたかも知れない。でも相手がこの世から消えちまったんだ。それ以上うらんでもはじまらないだろ。線香の一本もあげにくればいいじゃないか。向こうが親父を許さないのなら、そのことを今度はおれがゆるさない。おれはいやだよ。あの女の子どものめんどうなど死んでも見ないよ。」

「でもあの子たちはおまえの甥《おい》だろうが……」

(注1)箱膳《はこぜん》のひっくり返る音がした。

「そんなにいうんなら、なにもかもたたき売って借金をはらい、余った金で母さんが養老院にでも入って、そこへあの二人を引き取ればいいんだ。おれはおれでひとりで勉強をやり直す。」

叔父のろうかをける音が近づき、座敷の前を通ってその足音は店の二階へ消えた。いまの話を弟が聞いていなければいいな、と思いながら、弟の様子をうかがうと、彼《かれ》は大きく目を見開いて天井《てんじょう》をにらんでいた。

「……ぼくたちは孤児院に慣れてるけど、ばっちゃは養老院は初めてだよね。」

弟はぼそぼそと口を動かした。

「そんならなれてる方が孤児院にもどったほうがいいよ。」

「そうだな。」

とぼくも答えた。

「ほかに行くあてがないとわかれば、あそこはいいところなんだ。」

蚊帳にはりついていた蛍はいつの間にか見えなくなっていた。つい今し方の叔父の荒《あら》い足音におどろいてにげだしたのだろうとぼくは思った。

ぼくはそれから朝方まで天井をながめて過ごした。これからは祖母がきっと一番つらいだろう。「じつはそろそろ帰ってもらわなくちゃ……」というやな言葉をいつ口に出したらいいかとそればかり考えていなくてはならないからだ。店の大時計が五時を打つのをしおに起き上がって、ぼくは祖母あてに[6]書き置きを記した。ごく簡単な文面だった。

「大事なことを忘れていました。今夜、ぼくら孤児院のハーモニカ・バンドは米軍キャンプで慰問《いもん》演奏をしなくてはならないのです。そのために急いで出発することになりました。ばっちゃ、お元気で。」

書き置きを机の上にのせてから、ぼくは弟をゆり起こした。

「これから孤児院に帰るんだ。」

弟はうなずいた。

「ばっちゃや叔父さんが目を覚ますとまずい。どんなことがあっても大声を出すなよ。」

「いいよ。」

弟は小声で言って起き上がった。

ぼくらはトランクとボストンバッグを持って裏口から外へ出た。裏の畑にはもう朝日がかっと照りつけていた。足音をしのばせて庭先へまわった。

注1　箱膳＝食器を入れておく箱。食事のときは箱のふたをお膳として用いる。

---

**問一**　――線1に「ぼくは弟に手本を示すつもりで大声で、おかわりと言い、茶碗を祖母に差し出した。」とありますが、その時の「ぼく」の気持ちとして最も適当なものを次のア～オから選び、記号で答えなさい。

ア　せっかく祖母の家に来たのに、夕食の時も緊張《きんちょう》しつづけている弟をたしなめようとした。
イ　孤児院でのクセが抜《ぬ》けないでいる弟に、祖母の家では遠慮《えんりょ》しなくてよいということを教えようとした。
ウ　久しぶりに祖母の家に来たのに、叔父のことが気になってしかたがない弟をはげまそうとした。
エ　せっかく祖母がご飯のおかわりをすすめてくれているのに、だまっているのは失礼だということを伝えようとした。
オ　祖母の好意に応えるには、無理をしてでもたくさん食べなければならないということを表そうとした。

**問二**　――線2に「持ってきた本を机に並べて、座敷を自分の部屋らしくしようと思ったのだ。」とありますが、それは「ぼく」のどういう気持ちのあらわれですか。次のア～オの中から最も適当なものを選び、記号で答えなさい。

ア　死んだ父が愛読していた本を並べて、父を喜ばせてあげたいという気持ち。
イ　孤児院の自分の部屋と同じふんいきにして、はやく落ち着きたいという気持ち。
ウ　本を並べてしまえば、叔父は出ていけと言いにくくなるだろうという気持ち。

エ　ここは自分の部屋なのだから、だれも入れさせたくないという気持ち。
オ　孤児院では味わえない自分の部屋だという気分にひたりたいという気持ち。

**問三**　――線3で「ほんのわずかの間だが祖母は返事をためらっていた。」とありますが、それはなぜですか。次のア〜オの中から最も適当なものを選び、記号で答えなさい。
ア　二人を養う経済的よゆうが全くないから。
イ　二人の母親への怒りが忘れられないから。
ウ　二人を引き取りたがらない叔父のことを考えたから。
エ　二人の不安定な将来のことを心配したから。
オ　すぐに自分が養老院に行くかもしれないから。

**問四**　――線4に「この話をいつ切り出そうかとじつはぼくは迷っていたのに、それが思いがけなくすらすらと口から出た」とありますが、それはなぜですか。次のア〜オの中から最も適当なものを選び、記号で答えなさい。
ア　ここはお前たちの家だと、好意的に「ぼく」たちを思ってくれる祖母の言葉に勇気づいたから。
イ　父のトランクを指でなでて思い出にふける祖母を見て、今がチャンスと直感したから。
ウ　祭りの太鼓の音を聞いているうちに、孤児院の生活からぬけ出たいという思いが急に強くわいてきたから。
エ　はらいっぱいの食事や、家庭の匂《にお》いに、孤児院にはない満足感ややすらぎが感じられたから。
オ　店の手伝いや農業高校への進学など、将来への希望がふくらんできたから。

**問五**　――線5に「いまの話を弟が聞いていなければいいな」とありますが、なぜそう思ったのですか。二〇字以内で答えなさい。

**問六**　――線6の「書き置き」を、「ぼく」はどのような思いで書いたのですか。本文全体をふまえて、八〇字以上、一〇〇字以内で説明しなさい。

**問七**　この話では、弟はどのような子どもとしてえがかれていますか。六〇字以内で説明しなさい。

（一部改題）

## 《論述・作文演習 ⑺》　東京学芸大学附属世田谷中学校

**私たちのまわりでは、さかんに地球環境を守ることがさけばれています。その中で、「紙ゴミを減らそう」という提案があります。これに対するあなたの意見を次の指示に従って、文章に書きなさい。**

⑴　この提案に対するあなたの立場を明らかにして、提案を実現するための方法や問題点などを具体的に書きましょう。
⑵　文章は、一二〇字から一八〇字までで書きなさい。
⑶　原稿用紙の正しい使い方にしたがって、文字やかなづかいなどを正しく書くこと、また漢字を適切に使うようにしましょう。

（解答は79ページ）

## 10 ▽生源寺美子『きらめいて川は流れる』

栄光学園中学校

（解答は82ページ）

■ **次の文章を読んで、後の問いに答えなさい。**

裏のじゃがいも畑は、花ざかりの時を過ぎようとしていた。それでもまだ、黄いろいしべを持つ白い小花は、いきいきと夏風にゆれている。種いもをおろしたのが、すこしおくれたせいだろう。

引っ越《こ》して間もなく、家じゅう総出で植えたじゃがいもだ。花の好きな柊子《しゅうこ》は、花が咲《さ》きだすと何度か畑のうねにしゃがんでは楽しんだ。土のなかではぼくぼくしたおいしいおいもが、日に日に育っているのかと思うと、柊子は自然とこの畑に来てしまうのである。

だが、きょうは少しばかりそれとはちがっていた。ひとりになりたくて、ここへ来たのだった。白い花々がさわさわと風にゆれるのを、じっと見つめてしまう。

きのうの土曜日、学校から帰る途中《とちゅう》のことだった。

「校長先生の家って、なんぼかいい家だべなあ。みんなぎょうぎがよくて、けんかだのだれもしねえべなあ。わんわんぎゃあぎゃあさわぐおらの家とは、まるでちがうべなあ。」

とんでもない、柊子はぎょっとした。「そんなことないよう。」あわてて首をふったのに、たよちゃんは見もしないでまた言うのだ。「校長先生て月給いっぺえもらうんだべな。いいなあ、金持ちいいなあ。」

金持ちだなんて！柊子は思わずとびあがりそうになった。わが家は食べるに困るほどでないにしても、けっして金持ちではない。夕食にすき焼きを囲む時だって、みんなの好きなお肉がじゅうぶんでないから、箸《はし》のつつきあいでけんかはしじゅうだ。そうするとたよちゃんのうちは、もっとお金がないのかな。そう言えばたよちゃんは、学校へ来るのにはかまもはいてこない。そんな女の子は、たよちゃんを入れて組には三人ぐらいである。

以前住んでいた郡山《こおりやま》の菅野台《すがのだい》の長屋に住む人びととは、全くわけへだてなくつきあってきた。とけあってしまえば外見のちがいなどは問題ではなかった。たよちゃんともそれは同じようなものだった。

が、今、①たよちゃんの言葉が眠《ねむ》っていた柊子の眼をよびさました。そして柊子はなんだかいたたまれなくなった。悪いことでもしたように気が重くなった。

柊子はふと思いついて、べつの話にきりかえようとした。「あのさ、うちへ帰ってごはん食べたらさ、なんかしてあそぼうよ、ねっ。」つられてたよちゃんは、すぐにっこりした。「うん、あそぼ、あそぼ。」「じゃあさ、わたし、お寺さまの境内《けいだい》で待ってるからね。」お寺さまというのは、英松寺《えいしょうじ》という小さなお寺であった。どちらの家からもそう遠いところではなかったから、時々はそこで石けりなどをして遊んだ。まっ平らにはき清めてある参道はやりやすかったし、広い縁先《えんさき》はおはじきにももってこいであった。

家で昼ごはんをすませると、さっそく手さげ袋《ぶくろ》に遊び道具をおしこんだ。「あたしがさそったんだから、さきに行ってなくちゃね。」むらさき色の短い（注1）元禄袖をひらひらさせながら、柊子ははずんで家を出た。

境内は、しいんと静まっていた。たよちゃんはなかなかやってこない。手さげからお手玉をとりだして、かるくもてあそんだ。ときおりお手玉をとめて、道をうかがう。「まだかなあ、おっそいなあ。」そのときだ。息をきらせてたよちゃんが駆《か》けよってきた。「しゅっこちゃあん、ごめんな、おそくなっちまって。」

「おやっ！」柊子は目を見はった。たよちゃんはよそゆきの着物に着かえていたのだ。紺《こん》いろの地にモミジがちらしてある（注2）銘仙の着物だ。「たよちゃん。どっかへいくの、これから?」たよちゃんは、ぴくりと肩《かた》をすくめた。「やんだなあ。どこさ行くって、あんたの家さ行くなえし(いくんじゃない)。母ちゃがな、校長先生の家さよばれたんだから、着物とっけえていげって、これ着せてけだのよ(着せてくれたのよ)。」「ええっ!」柊子は息をのんだ。

「校長先生の家だば、なんでもぎょうぎよくしてねばなんねえぞ。あとで笑われっからなって、母ちゃたら、なんべんもなんべんもいうだもの、あはは、くくく……。」ほっぺたをまっ赤にして、うれしそうに笑うたよちゃん。校長先生、校長先生ってなにか特別なように言うたよちゃん。柊子は目の前がまっ暗になった。

ぎょうぎがよいどころか、けんかなんかもしないどころか、うちは年中あのとおりだ。わめきあってはやりあっているではないか。とてもたよちゃんを家に連れていく勇気はなかった。たよちゃんが、勝手にきめている父の月給のこともいやだった。もしかして、いやたぶん、たよちゃんの家より自分の家のほうがいいのかもしれない。そのたよちゃんに家のなかを見せるのは、どうにも気が重い。だいいち、自分は「お寺で待ってるね。」と言ったけれど、うちへおいでとは言わなかったのだ。けど、たよちゃんはこうしてよそゆきの着物まで着てうれしがっている。たよちゃんのかんちがいだったとしても、②やっぱりうちへ連れて行かなきゃならないのだろうか。ああ、どうしよう。柊子のほおは、青ざめた。

柊子はとっさに手にしていた手さげ袋を、たよちゃんの胸におしつけた。「これあげる。おはじきも石けりもお手玉もみんなはいってる。」言うなり柊子は、くるりとうしろをふりむいて、いっさんに参道を駆けだした。うしろでたよちゃんがなにか言ってる。どんな顔で自分を見おくっているのだろうか。考えただけで目がくらくらした。

その夜も、つぎの日になった日曜日のきょうも、柊子はつらかった。

「③あたしは、たよちゃんをだましちゃったんだ。」その思いは心の壁《かべ》にはりついて、とうてい消えそうにはなかった。手さげ袋をおしつけたことも、今となってはきりきり胸がいたむ。「あんなことで、ゆるしてもらおうなんて……。」何度目かのため息をついた時、折からの風に、白い小さな花が、いっせいにゆれた。柊子ははっと息をつめた。「④白いなあ、きれいだなあ、じゃがいもの花って。」なぜかまた胸がいたんだ。

注1　元禄袖＝着物の袖の形の一つ。たもとが丸く短い。
注2　銘仙＝絹織物の一種。

**問一**　――①「たよちゃんの言葉が眠っていた柊子の眼をよびさました。」とはどういうことですか。

**問二**　――②「やっぱりうちへ連れて行かなきゃならないのだろうか。」とありますが、柊子がたよちゃんを家に連れて行くことをいやがる理由をふたつ答えなさい。

**問三**　――③「あたしは、たよちゃんをだましちゃったんだ。」とありますが、どうして柊子はだましたと思ったのでしょうか。

**問四**　――④「白いなあ、きれいだなあ、じゃがいもの花って。」とありますが、そこには柊子のどんな気持ちがこめられていますか。

# 11 ▽長谷川四郎『子どもたち』

筑波大学附属駒場中学校

（解答は91ページ）

■ 次の文章を読んで、後の問いに答えなさい。

K君は詩人だ。「働かざるものは食うべからず」だが、K君がおおいに働いて一日にひとつ詩を作ったところで、これでは食えない。詩は魂《たましい》のめしにはなるが、米のめしにはならないからである。わけてもK君のばあい、せいぜい友だちのあいだで朗読《ろうどく》して、酷評《こくひょう》を買うくらいのものだ。だからK君はある化粧品《けしょうひん》会社の宣伝部につとめている。世の中には天職《てんしょく》では食えないので、雑役《ざつえき》で食っている人がたくさんいるものだ。ところで、もともと朝寝坊《あさねぼう》のK君が二時間もかかって、どうやら出勤時間に間に合うというのも、実はといえば、納豆《なっとう》売りのおかげなのである。それもある朝、たまたま納豆売りが来なくて、その結果、朝寝坊をして、その結果、会社に遅《ち》刻《こく》して、(1)そこでよくよくその原因を考えてみて、やっと気がついたような次第であった。

その納豆売りは女の子で、毎朝六時半前後にK君の窓の外を通る。「ナットー、ナットー」と女の子は大きな声で呼《よ》ぶ。時にはK君の窓のすぐ前を通りながら、「ナットー、いりませんか」と小さな声で言うこともある。K君は昼間はときどきぼんやりして夢《ゆめ》でもみているような顔つきをしているが、夜はぐっすりねむる男で、夢をみないが、それこそ夢うつつにその声を聞いて眼《め》をさます。まるで眼ざまし時計《どけい》のようなものだ。だが、この眼ざまし時計は、いつなんどき〈家庭の事情〉で来ないかも知れない。それに、女の子はどんどん大きくなるだろう。であるから、ゼンマイ仕掛けの眼ざまし時計を買うことがK君の急務になっている。ゼンマイ仕掛けとなるとすべてはK君の意志にかかってくる。きちんとネジをまいて、自分の命令した時刻にきちんと起きなくてはならぬ。実際、K君はそれを買うべく三百円という金を準備していた。それも(2)それこそ眼のさめるような、真新しいぱりぱりの百円札《さつ》三枚であった。

K君の間借りしている家は、木造のわりと大きなアパートで、K君のほかにも何人か住んでいるが、みんなK君のような外食者で、納豆など買うものはいない。家主は家主で、駅近くのマーケットに食料品店をもっていて、これまた女の子の納豆など買うこともない。

日曜日だった。この日はK君はゆっくり朝寝坊をしてもよいはずであった。それが、ぱっと眼をさましたのである。遠くの方から納豆売りの女の子の声が聞こえてきた。初冬で、フシ穴《あな》だらけの雨戸の外は、まだうす暗いのがわかった。部屋《へや》の中はもちろん真暗だった。女の子の声がだんだん近づいてきた。あたりが暗いのにひきかえて、その日は特にその声が明るくすんでいるように思われた。「ナットー、ナットー」そしてちょうどK君の窓のところまで来たとき「ナットー、いりませんか」と言って、通りすぎていった。その時(3)K君はいたずらを思いついたのである。かれはむっくり起きあがると、父親のお古の、黒く染《そ》めた長い兵隊外とうを着て、頭からすっぽりずきんをかぶり、家から出た。角をまがると、(4)うす暗い道路を歩いてゆく小さな後姿が見えた。K君はすたすたと近づいていった。そしてすぐ背後《はいご》までせまった。女の子は少しうつむいていた。「ナットー……」と言いかけて、ふりむいた。見ると、そこには(5)黒い外とうを頭からかぶって大男が立っていた。

——おい、ナットーくれ、とその大男はまるで命令するように言った。

——いくつ？

——ぜんぶだ。

K君は大きなフロシキをひろげた。納豆は十五あった。K君はそれに対し、三百円支払《しはら》ったのである。女の子はあっけにとられて、ありがと、とも言わなかった。K君はいたずらした子どものようにあとも見ずに逃《に》げ帰った。

それから何日かたって、K君は例の外とうを着て、ずきんをかぶり、家へ帰るべく駅の近くの暗い路地を歩いていた。雪が降《ふ》り、風が吹いていた。突然《とつぜん》、うしろから女の子の声が聞こえたようだった。

——おじさん、あの納豆、どうした？

ふりむくと、誰《だれ》もいなかった。K君は納豆がきらいで、買った納豆をみんな腐《くさ》らしてしまった。

注　酷評=手きびしい批評《ひひょう》　天職=生まれつきの性質にあった職業

**問一**　——(1)「そこでよくよくその原因を考えてみて、やっと気がついた」とありますが、このことについて次の問いに答えなさい。

①　どのようなことに気がついたのですか。そのことが述べられている文のはじめの四文字を書きなさい。

②　また、①でぬき出したようなことに、それまで気がつかなかったのはなぜですか。そのことを述べていると思われる部分を、二〇字以内で書きぬきなさい。

**問二**　——(2)「それこそ眼のさめるよう」なというたとえは、ユーモラスな（おもしろい）表現といえますが、それはどのような点ですか。説明しなさい。

**問三**　——(3)「K君はいたずらを思いついたのである」とありますが、このことについて次の問いに答えなさい。

①　K君の思いついたいたずらとはどのようなことですか。

②　そのようないたずらを思いついたのは、K君の、女の子に対するどのような気持ちからですか。短いことばで二つ書きなさい。

**問四**　——(4)「うす暗い道路を歩いてゆく小さな後姿が見えた」と、——(5)「黒い外とうを頭からかぶって大男が立っていた」は、それぞれ、だれの目を通して見たようすですか。

（一部改題）

## 《論述・作文演習 (8)》　東京学芸大学附属世田谷中学校

**次は「年賀状は必要ではない。」ということについての意見です。この二人の意見を読んで、あなたはどう思いますか。あなたの意見を一二〇字以上一六〇字以内で書いて下さい。その際、次の点に注意して下さい。**

（1）自分の立場をはっきりとすること。

（2）自分の意見の理由を明らかにすること。

（3）題名は必要ありません。

〈Aさん〉

私は、年賀状は必要ではないと思います。なぜなら、無駄《むだ》が多いと思うからです。たしかにお正月に友達や遠い親類の人から年賀状が届くと嬉《うれ》しいのですが、今年お父さんの所に届いた年賀状を見て驚きました。一〇〇枚以上届いた年賀状の七割までが仕事関係のものなのです。しかもきまりきったあいさつが印刷されているだけのものでした。

〈Bさん〉

僕は、年賀状が必要でないという意見に反対です。やっぱり、年賀状がなくなるとお正月が何となく物足りないと思います。形だけの年賀状は確かに無駄かもしれないけど、一年に一回みんなで葉書を書いてお互いのことを思いやるというのはいい習慣だと思っています。

（解答は96ページ）

## 12 ▽ラフカディオ・ハーン（小泉八雲）

# 『赤い婚礼』

麻布中学校

（解答は99ページ）

■ **次の文章を読んで、後の問いに答えなさい。**

　太郎が六つになったとき、両親は、村のすぐ近くに建てられた新しい小学校へ通わせることにした。太郎の祖父が、筆やら、紙やら、本や、石板《せきばん》などを買いあたえて、ある朝早く、手を引いて学校へ連れて行った。太郎は非常にうれしかった。石板や、ほかのいろんなものが、まるで新しいおもちゃのように、彼《かれ》をよろこばしたし、かねていろんな人から、学校は遊ぶ時間がたっぷりある、たのしい所だと聞かされていたからである。そのうえ、母親は、学校から帰ってきたら、お菓子《かし》をたくさんあげると約束《やくそく》していたのである。

　学校へ着いてすぐに――それはガラス窓のある大きな二階建てだった――小使《こづか》いに案内されて大きながらんとした部屋へ行くと、しかつめらしい顔をした人が机の前にすわっていた。太郎の祖父は、そのしかつめらしい顔をした人にむかって深くお辞儀《じぎ》をして、先生と呼びかけ、ひとつこの坊主《ぼうず》をよろしくお願いします、とうやうやしく頼《たの》んだ。先生は立ち上がり、礼を返して、老人にていねいにあいさつした。それから、太郎の頭に手をおき、いろいろやさしいことを言った。しかし、太郎は突《とつ》然《ぜん》こわくなった。(1)祖父がさようならというと、彼はますますこわくなり、家へとんで帰りたくなった。しかし先生は、彼を男の子や女の子がいっぱい椅子《いす》に腰《こし》かけている、大きな、天井《てんじょう》の高い、白い部屋へ連れて行って、腰かけの一つを指すと、すわるようにいった。男の子や女の子はいっせいに顔を向けると、たがいにささやきあって、笑った。太郎は、自分を笑っているのだと思い、(2)ひどくみじめな気持ちになってきた。大きな鐘《かね》が鳴った。すると、部屋の一方の高い壇《だん》の上に席をとっていた先生が、太郎もびっくりするほどのでっかい声で、静かにするように命じた。みんな静かになると、先生はしゃべりだした。その話のしかたが、たいそう恐《おそ》ろしいように太郎には思われた。先生は、学校がたのしい所だとはいわなかった。それは遊ぶ所ではなく、一生懸命《いっしょうけんめい》に勉強する所だと、はっきりと生徒にむかっていった。勉強はつらいものだが、つらくても難しくても勉強しなければならないといった。みんな従わなければならない規則や、それを破ったりうっかりしていたときの罰《ばつ》について説明した。みんながこわくなって静かになると、今度は先生はがらりと声を変えて、やさしい父親のように――自分の子供たちと同じようにかわいがることを約束する、とみんなにいった。それから、親を愛すること、みんなを学校へやるために親たちが働いているのだから、勉強の時間になまけるのは、悪い恩知らずになるといった。それから、一人一人、名前を呼んで、いま言ったことについて質問した。

　太郎は、先生の話を一部しか聞いていなかった。彼の小さなこころは、さっき部屋にはいってきたとき、男の子も女の子もみんな彼のほうを見て笑ったことで、ほとんどいっぱいになっていたのである。そして、何のために笑われたのか分からないことが苦痛になって、ほかのことは何も考えられなかったので、先生が彼の名を呼んだときは、まったく不意をくらった。

「内田太郎、お前は、この世でなにが一番好きかね」

太郎は、驚《おどろ》いて立ち上がると、無邪気《むじゃき》に、「お菓子です」と答えた。子供たちはみな、またもや彼のほうへ顔を向けて、どっと笑った。先生は叱《しか》るようにたずねた。

「内田太郎、お前はお父さんやお母さんよりも、お菓子のほうか好きか」

⑶そこで、太郎ははじめて、大きな間違《まちが》いをしでかしたことに気づいた。顔がまっ赤になり、みんな子供たちが笑うと、とうとう泣きだした。それが、ますますみんなを笑わせた。先生が、また静かにといって、次の生徒に同じ質問をするまで、笑いはやまなかった。太郎は、そでを目にあてたまま、すすり泣いた。

鐘が鳴った。先生は子供たちに、次の時間にはほかの先生から習字の授業があるが、まず部屋を出て、しばらく遊んでよろしいといった。それから、先生は教室を出て行った。子供たちはみな、太郎のことなんか目もくれずに、校庭へ遊びに走り出た。こう無視されて太郎は、さっき皆《みな》の注目の的になったときよりも驚いた。先生のほか、まだだれもひと言も声をかけてくれない。⑷その先生でさえ、もう彼の存在を忘れてしまっているように思われた。彼は、また小さな椅子に腰を下ろすと、泣きじゃくった。子供たちがもどってきてまた笑われないよう、できるだけ声をたてないようにしながら。

フイに、肩《かた》に手がかけられた。やさしい声が耳もとに聞こえた。振《ふ》り向くと、これまで見たことのない思いのこもった目が――彼より一つぐらい年かさの娘《むすめ》の目がのぞいていた。

⑸「どうしたの」彼女《かのじょ》はやさしくたずねた。

太郎は、ちょっとのあいだすすり泣き、頼《たよ》りなげに鼻をくすくすいわせてから、ようやく答えた。「こんなとこ、おもしろくない。家へ帰りたいよ」「どうして？」と彼女は、片腕《うで》を彼のくびへまわしながらたずねた。

「みんな、おれがきらいなんだ。声もかけてくれないし、遊んでもくれない」

「いえ、ちがうわ！」と、娘はいった。「だれもあんたを、きらってやしないわ。ただ、初めての人だからよ。わたしも、去年、初めて学校へ来たとき、ちょうどそっくりだったわ。ぐずぐず言っちゃだめよ」

⑹「でも、ほかの子ら、みんな遊んでいる。それなのに、おれはここにいなくちゃいけない」と、太郎は抗議《こうぎ》した。

「だめ、だめ、そんなこと言っちゃ。さあ、いっしょにきて、遊びましょう。あたしが、お相手よ。さあ、おいで！」

太郎は、たちまち大きな声を上げて泣きはじめた。自分があわれになったのと、感謝と、⑺新たに得た同情にたいする喜びとが、小さい胸をいっぱいにして、ついにこらえることができなかったのである。泣いているのをなだめられるほど、うれしいことはなかった。

しかし、娘はただ笑うだけで、すぐさま部屋から彼を外へ連れ出した。⑻彼女のなかの小さい母性愛が、その場のなりゆきを察知したのである。「もちろん、泣きたいときは、泣いてもいいわよ」彼女はいった、「でも、遊ばなくちゃ！」こうして、二人はいっしょに、たのしく遊んだ！

しかし、授業がおわり、太郎の祖父が迎《むか》えにくると、遊び相手と別れなければならなくなったので、太郎はまた泣き出した。

祖父は笑って、大声でいった、「おや、これはよし坊《ぼう》ではないか！――宮原のおよしだ！　およしもいっしょに来て、家に寄っていくがいい。道もいっしょだから」

太郎の家で、二人の遊び友達は約束のお菓子を食べた。およしはいたずら半分に先生の威厳《いげん》をまねていった、「内田太郎、お前はわたしより、お菓子のほうが好きなのかね」

(注)　石板＝絵や文字を書くための石の板。石盤。

〔設問〕（句読《とう》点は、すべて一字分とします。）

**問一**　この文章を内容の上から二つの段落に分け、二段落目のはじめの五文字を記しなさい。

問二　——線(1)「祖父がさようならというと、彼はますますこわくなり、家へとんで帰りたくなった」(16行目〜17行目)とありますが、このときの「太郎」の心はどのような状態であったのか、説明しなさい。

問三　——線(2)「ひどくみじめな気持ちになってきた」(21行目)のはなぜですか。

問四　——線(3)(47行目)について、

(イ)「大きな間違い」とは、どのような「間違い」ですか。わかりやすく説明しなさい。

(ロ)「大きな間違いをしでかした」のはなぜですか。「太郎」の気持ちを考えて五〇字以内でまとめなさい。

問五　——線(4)「その先生でさえ」(57行目)とありますが、「さえ」と強調しているのはなぜですか。わかりやすく説明しなさい。

問六　——線(5)「『どうしたの』彼女はやさしくたずねた」(64行目)とありますが、どうして彼女だけは「太郎」に話しかけてあげたのですか。

問七　——線(6)「『でも、ほかの子ら、みんな遊んでいる。それなのに、おれはここにいなくちゃいけない』と、太郎は抗議した」(74行目〜75行目)とありますが、どのような気持ちから「太郎」は「抗議」したのですか。次の中から最も適当なものを一つ選び、記号で答えなさい。

(ア)　いかにもものわかった年上の娘らしくふるまうので、子供あつかいされるのがいやだった。

(イ)　表面ではやさしくしながら、彼女がほかの者たちの味方をするので、思わずいかりを感じた。

(ウ)　彼女が自分の気持ちをほんとうは理解していないのに、なぐさめるので反発を感じた。

(エ)　彼女のやさしさに甘《あま》える気持ちから、ほかの者に対する不満を彼女にぶつけた。

問八　——線(7)「新たに得た同情」(79行目)とは何のことですか。簡潔に答えなさい。

問九　——線(8)「彼女のなかの小さい母性愛」(83行目)について、その「母性愛」とは、母親のようなやさしい気持ちのことですが、その「母性愛」が具体的なことばや動作となって表われている部分を、一箇所《いっかしょ》ぬき出しなさい。

問十　「太郎」の心理をたどりながら、この文章の内容を二〇〇字以内でまとめなさい。

(一部改題)

## 《論述・作文演習 (9)》　栄光学園中学校

「ぼく(わたし)の宝物」という題の作文を、句読点も入れて二〇〇字以内で書きなさい。(題名は書く必要はありません。)

(解答は109ページ)

## 13 ▽川端康成『掌の小説〈バッタと鈴虫〉』

灘中学校

（解答は110ページ）

■ 次の文を読んで後の問いに答えなさい。

前方の土手のすそに、かわいらしい五色の提灯《ちょうちん》の灯《ひ》の一団が寂しい田舎《いなか》の稲荷祭《いなりまつり》のように揺《ゆ》れていた。近づかなくとも子供たちが土手の叢《くさむら》の虫を捕《と》っているのだとわかる。提灯の灯は二十ばかり。そして提灯の一つ一つが紅《べに》、桃《もも》色、藍《あい》、緑《みどり》、紫《むらさき》、黄などの灯をともしているばかりでなく、一つの灯が五色の光をともしている。けれども多くは子どもらが思案を凝《こ》らして自分の手で作ったかわいらしい四角な提灯である。

町の子どもの一人がある夜この土手で鳴く虫を聞いた。次の夜は紅提灯を買って鳴く虫の居所《いどころ》を捜《さが》した。その次の夜は、子どもが二人になった。子どもが五人になり七人になった。紙箱を切り抜いて明かり取りにはる紙に色どり、絵を書くことを覚えた。そして知恵のある小さい[　　]たちは紙箱のところどころをまるく三角に菱《ひし》形に木の葉形に切り抜き、小さい明かり窓を一つずつ違った色に彩《と》り、さらに円や菱形や紅や緑をつかって一つのまとまった装飾《そうしょく》模様とした。紅提灯を買った子どもも店で買える趣のない提灯をすて、自作の提灯を持つ子どもも単純な意匠《いしょう》の提灯をすて、昨夜携《たずさ》えた光の模様は翌日もう不満足で、昼は紙箱と紙と絵筆とはさみと小刀と糊《のり》を前に日々新しい提灯を一心につくり、わが提灯よ！　最も珍しく美しかれ！　と夜の虫取りに出かけるのであろう。そうして私の目の前の二十人の子どもと美しい提灯とになったのではあるまいか。

私はA目を見張ってたたずんだ。四角な提灯は古代模様ふうに切り抜かれ、花模様に切り抜かれているばかりでなく、たとえば「ヨシヒコ」とか「アヤ子」とか製作者の名が片仮名で刻《きざ》み抜かれているのである。紅提灯に絵を書いたのと違って、厚紙の箱を切り抜いてそれに紙をはったのであるから、その模様だけが窓になって模様どおりの色と形でろうそくの光が洩《も》れているのである。そうした二十の灯が叢に射《さ》し照らされて子どもたちはことごとく一心に虫の声をたよりに土手にしゃがんでいるのである。

「だれかバッタほしい者いないか。バッタ！」と、一人だけはほかの子どもから(注)四、五間《けん》離れたところで草をのぞいていた男の子が伸《の》び上ると突然言った。

「おくれ！　おくれ！」

そして駆けつけた子どもたちが差し出す手を払いのけ、虫のいる叢を守るような姿で両手を広げて突っ立った男の子は右手の提灯を振ると、ふたたび四、五間かなたの子どもたちに叫んだ。

「だれかバッタほしい者いないか。バッタ！」

「おくれ！　おくれ！」

四、五人走って来た。まったくバッタでもとうといほどに虫は捕れないらしい。男の子は三たび叫んだ。

「バッタほしい者いないか。」

二、三人近寄った。

「ちょうだいな。ちょうだい。」

男の子はすぐ立ち上がると握った拳《こぶし》を、それ！　というふうに女の子の前に突き出した。女の子は左の手にさげていた提灯の紐《ひも》を手首にかけ両手で男の子の拳を包んだ。男の子が静かに拳を開く。虫は女の子の親指と人差し指のあいだに移っている。

「あら！　鈴虫だわ。バッタじゃなくてよ。」と女の子は褐《かつ》色の小さい虫を見て目を輝かせた。

「鈴虫だ！　鈴虫だ！」

子どもたちはうらやましそうな声を合わせた。

「B鈴虫よ。鈴虫よ。」女の子は明るい知恵の目をちらと虫をくれた男の子にそそいでから腰につるしている小さい虫篭《むしかご》をはずしてその中に虫を放した。

「C鈴虫よ。」

「ああ鈴虫だよ。」と鈴虫を捕えた男の子はつぶやき、虫篭を顔の間近に掲《かか》げてながめ入っている女の子に自分の五色の美しい提灯をさげて明かりを与えてやりながらちらちらと女の子の顔を見た。

そうか！　と私は男の子がちょっとD憎くなるとともに、初めてこのとき男の子のEさっきの所作《しょさ》が読めたわが愚《おろ》かしさを嘆《なげ》いたのである。さらに、あっ！　と私は驚いた。見たまえ！　女の子の胸を。これは虫をやった男の子も虫をもらった女の子も二人をながめている子どもたちも気がつかないことである。

けれども女の子の胸の上に映《うつ》っている緑色のかすかな光は「不二夫《ふじお》」とはっきり読めるではないか。女の子が持ち上げた虫篭の横に掲げた男の子の提灯の明かり模様は、提灯が女の子の白いゆかたに間近なため「不二夫」と男の子の名を切り抜いた所へ緑の色をはった形と色そのままに女の子の胸に映っているのである。女の子の提灯はと見ると、左の手首にかけたまま垂《た》れているので、「不二夫」ほど明らかではないが、男の子の腰のあたりに揺れている紅《あか》い光を読もうなら「キヨ子」と読める。このF緑と紅の光のたわむれを――Gたわむれであろうか――不二夫もキヨ子も知らない。

注　一間は約一・八メートル。

**問一**　文中から次の四つの文が抜いてある。それぞれどこへ入れたらよいか。よいと思う場所の直前の三文字を句読点なしで書きなさい。

イ　新しい子どもは提灯が買えなかった。小さい紙箱の表と裏を切り抜いて紙をはり、底にろうそくを立て頭に紐をつけた。

ロ　六、七人がすぐ駆け寄って虫を見つけた子どもの背に重なるようにしながら叢をのぞきこんだ。

ハ　この寂しい土手に二十人の子どもが集まり美しい灯が揺れるまでには一つの童話がなければならない。

ニ　店で買ったらしい小さい紅提灯もある。

**問二**　文中の□の中に入れることばとしてもっともよいと思うものは次のうちのどれか。符号で答えなさい。

イ　職人　　ロ　美術家　　ハ　わんぱく
ニ　提灯屋　　ホ　専門家

**問三**　傍線部Aの「目を見張って」について。目を見張って何を見たのですか。答えになるところを、ひとまとめで、二〇字以内で、句読点も含めて抜き出しなさい。

**問四**　傍線部Bの「鈴虫よ。鈴虫よ。」と傍線部Cの「鈴虫よ。」の表現にみられる少女の気持ちは次の答えのうちのどれか。Bの方は四つ、Cの方は二つ、符号であげなさい。ただし、BとCで同じ答えもあるかもしれない。

イ　不信　　ロ　いくぶんかのおちつき　　ハ　抗議
ニ　念を押す　　ホ　あざけり　　ヘ　たかぶり
ト　よびかけ　　チ　うれしさ　　リ　けいべつ
ヌ　得意

**問五**　傍線部Dの「憎くなる」について。「私」はこの男の子のどういう

点が憎くなったのですか。本文に則して具体的に書きなさい。（二つあげること）

**問六**　傍線部Eの「さっきの所作」とはどんな所作ですか。三段落に分けて順番に書きなさい。

**問七**　傍線部Fについて。これはどういうことをこのように言ったのであろうか。次の中から最もよいものを選び、その符号を書きなさい。

イ　「不二夫」と映った文字は明らかに読めるが、「キヨ子」の方は揺れ動いていて、それがたがいにたわむれているように見えたから

ロ　片方は緑で、もう一方は紅で、色のとりあわせが偶然ではあるけれどもとても似つかわしく、おもむきを深めていたから

ハ　たがいに相手の体に自分のなまえが映るようにして、わざと二人の仲よしをじょうだんにしても強調しているかのようになっていること。

ニ　字が映っていることを二人とも知らないのだから、映そうと思って映しているのではないことは言うまでもない。こういう偶然は滅多にないことだから、やはりたわむれである。

**問八**　傍線部Gについて。「たわむれであろうか」と疑っているが、「たわむれ」でなければ、その結果としてどういうことが今後予想されますか。（一五字以内）

---

## 《論述・作文演習 ⑽》　慶應義塾湘南藤沢中等部

**次の詩を読んで、感じたことを一〇〇字以内で自由に書きなさい。**

未確認飛行物体　　入沢康夫

薬缶《やかん》だって、
空を飛ばないとはかぎらない。

水のいっぱい入った薬缶が、
夜ごと、こっそり台所をぬけ出し、
町の上を、

畑の上を、また、つぎの町の上を
心もち身をかしげて、
一生けんめいに飛んでいく。

天の河の下、渡《わた》りの雁《かり》の列の下、
人工衛星の弧《こ》の下を、
息せき切って、飛んで、飛んで、
（でももちろん、そんなに早かないんだ）
そのあげく、
砂漠《ばく》のまん中に一輪咲いた淋《さび》しい花、
大好きなその白い花に、
水をみんなやって戻《もど》って来る。

（解答は123ページ）

## 14 ▽横光利一『面』

洛星中学校

（解答は126ページ）

■ 次の文は、横光利一の『面』という作品です。よく読んで後の問いに答えなさい。

吉《きち》を、どのような人間にしたてるかということについて、吉の家では晩《ばん》餐《さん》後、毎夜のように論議せられた。またその話がはじまった。吉はうしにやる雑炊《ぞうすい》をたきながら、しばの切れめからぶくぶく出るあわをじっとながめていた。

「やっぱり吉を大阪へやるほうがいい。十五年もしんぼうしたなら、のれんがわけてもらえるし、そうすりゃ、あそこだからすぐに金ももうかるし。」

そう父親がいうのに母親はこう答えた。

「大阪は水がわるいというからだめだめ。いくらお金をもうけても、早く死んだらなんにもならない。」

「百《ひゃく》姓《しょう》させればいい、百姓を。」

と、兄はいった。

「吉は手工《しゅこう》（工作）が甲《こう》だから、信楽《しがらき》へお茶わん作りにやるといいのよ。あの職人さんほど、いいお金もうけをする人はないっていうし。」

そう口を入れたのは、ませた姉である。

「そうだ、それもいいな。」

と、父親はいった。

母親はだまっていた。

吉は、流しのたなの上に光っているガラスの酒びんが目につくと、庭（土間）へおりていった。そして、びんの口へじぶんの口をつけて、あおむいて立っていると、まもなく、ひと流れの酒のしずくが舌の上でひろがった。吉は口を鳴らして、もういちどおなじことをやってみた。こんどはだめだった。で、びんの口を鼻へつけた。

「またっ。」

と、母親は吉をにらんだ。

吉は、「へへへ。」とわらって、そで口で鼻と口とをなでた。

「吉を酒屋のこぞうにやるといいわ。」

姉がそういうと、父と兄がわらった。

その夜であった。吉はまっくらな、果てのない野の中で、口が耳までさけた大きな顔にわらわれた。その顔は、どこか正月に見た、ししまいのししの顔ににているところもあったが、吉を見てわらうときのほおの肉や、ことに鼻のふくらぎまでが、人間のようにぴくぴくと動いていた。吉は必死ににげようとするのに、足がどちらへでもおれまがって、ただあせがながれるばかりで、けっきょく、からだはもとの道の上から動いていなかった。けれどもその大きな顔は、だんだん吉の方へ近よってくるにはくるが、さて、吉をどうしようともせず、いつまでたっても、ただにやり、にやりとわらっていた。なにをわらっているのか吉にもわからなかった。とにかく、かれをばかにしたようなえがおであった。

よく朝、ふとんの上にすわって、うすぐらいかべを見つめていた吉は、ゆうべゆめの中でにげようとしてもがいたときのあせを、まだかいていた。

その日、吉は学校で三度教師にしかられた。

最初は算数の時間で、仮分数を帯分数になおした分子ときかれたときに、だまっていたので、

「そうれ見よ。おまえはさっきからまどばかりながめていたのだ。」と、教師ににらまれた。

二度めのときは習字の時間である。そのときの吉の草紙《そうし》の上には、字が

一字も見あたらないで、お宮の前のこまいぬの顔にもにていれば、また人間の顔にもにつかわしい三つの顔が書いてあった。そのどの顔も、わらいをうかばせようとほねおった大きな口の曲線が、いくども書きなおされてあるために、まっ黒くなっていた。

三度めのときは学校のひけるときで、みんなの学童が包みをしあげて礼をしてから出ようとすると、教師は吉をよびとめて、もういちど礼をしなおせとしかった。

家へ走り帰るとすぐ吉は、鏡台の引き出しから油紙《ゆし》につつんだかみそりを取り出して、人目につかない小屋の中でそれをみがいた。とぎおわると軒《のき》へまわって、積みあげてある割り木をながめていた。それからまた庭へはいって、もちつき用のきねをなでてみた。が、またふらふら、ながしもとまでもどってくると、まないたをうらがえしてみたが、きゅうに井戸ばたのはねつるべの下へ走っていった。

「これはうまいぞ、うまいぞ。」

そういいながら吉は、つるべのしりのおもりにしばりつけられた、けやきの丸太を取り外して、そのかわりには石をしばりつけた。

しばらくして吉は、そのまるたを三、四寸も厚みのある、はばひろい長方形のものにしてから、それといっしょに、えんぴつとかみそりとを持って屋根うらへのぼっていった。

つぎの日も、またそのつぎの日も、そしてそれからずっと吉は、まいにちおなじことをした。

一月もたつと四月がきて、吉は学校を卒業した。

しかし、すこし顔色の青くなったかれは、まだかみそりをといでは屋根うらへ通いつづけた。そしてそのあいだもときどき家のものらは、ばんめしのあとの話のついでに吉の職業をえらびあった。が、話はいっこうにまとまらなかった。

ある日、昼めしをおえると父親は、あごをなでながらかみそりを取り出した。吉は湯をのんでいた。

「だれだ。このかみそりをぼろぼろにしたのは。」

父親は、かみそりの刃《は》をすかして見てから、紙のはしを二つにおって切ってみた。が、すこしひっかかった。父の顔はすこし険しくなった。

「だれだ。このかみそりをぼろぼろにしたのは。」

父はかたそでをまくって、うでをなめると、かみそりをそこへあててみて、

「いかん。」といった。

吉は、のみかけた湯をしばし口へためて、だまっていた。

「吉がこのあいだといでいましたよ。」

と、姉はいった。

「吉、おまえどうした。」

やっぱり、吉はだまっていた。

「うむ、どうした？」

「ははあ、わかった。吉は屋根うらへばかりあがっていたから、なにかしていたにきまっている。」

と、姉はいって庭へおりた。

「いやだい。」

と、吉はさけんだ。

「いよいよあやしい。」

姉は梁《はり》のはしにつりさがっているはしごをのぼりかけた。すると吉は、はだしのまま庭へおりて、はしごを下からゆすぶりだした。

「こわいよう、これ、吉ってば。」

かたをちぢめている姉は、ちょっとだまると、口をとがらせてつばをかけようとした。

「吉っ。」

と、父親はしかった。

しばらくして屋根うらのおくの方で、

「まあ、こんなところに面がこさえてあるわ。」

という姉の声がした。

吉は姉が面を持っておりてくると、とびかかった。姉は吉をつきのけて面を父にわたすと、父はそれを高くささげるようにして、しばらくだまってながめていたが、

「こりゃよくできとるな。」

また、ちょっとだまって、

「うむ、こりゃよくできとる。」

といってから、頭を左へかしげかえた。

面は父親を見おろして、ばかにしたような顔でにやりとわらっていた。

その夜、納戸《なんど》で父親と母親とは、ねながら相談をした。

「吉をげた屋にさそう。」

最初にそう父親がいいだした。母親はただだまってきいていた。

「道路に向いた小屋のかべをとって、そこで店を出さそう、それに村にはげた屋が一けんもないし。」

ここまで父親がいうと、いままでだまっていた母親は、

「それがいい。あの子はからだがよわいから遠くへやりたくない。」

といった。

まもなく吉はげた屋になった。

吉の作った面は、その後、かれの店のかもいの上でたえずわらっていた。むろん、なにをわらっているのかだれも知らなかった。

吉は二十五年、面の下でげたをいじりつづけてびんぼうした。

ある日、吉はひさしぶりでその面を見た。すると面は、いかにもかれをばかにしたような顔をしてにやりとわらった。吉ははらがたった。つぎにはかなしくなった。が、またはらがたってきた。

「きさまのおかげで、おれはげた屋になったのだ。」

吉は面をひきおろすと、なたをふるってその場でそれを二つにわった。しばらくしてかれは、げたの台木をながめるように、われた面をながめていたが、なんだかそれでりっぱなげたができそうな気がしてきた。

---

**問一**　本文三行目に、しばの切れめからぶくぶく出るあわをじっとながめていた。とありますが、そのときの吉はどんな気持でいるのでしょうか。次のア～エの中から適当するものを一つ選んで、記号で答えなさい。

ア　自分のことでみんな集まっているため仕方なくそこにいるけれど、もうねむいので早くねたい気持でいる。
イ　牛にやる雑炊をたくのがいつも自分の仕事にさせられているので、もうあきあきしてつまらない気持でいる。
ウ　今夜もあの酒びんを口にしてみたいので、家族の話し合いが早く終わらないかと待ちどおしい気持でいる。
エ　自分の将来のことが家族で相談されているので、何となく落ち着かずどうなるのか不安な気持でいる。

**問二**　本文十四行目に、ませた姉とありますが、この姉のおませぶりは、吉の職業を何にするのかの考え方の中にも現れていて、父の考え方と一致《いっち》している点と異なっている点とをみるとよくわかります。
(1)　父の考え方と一致しているのはどういう点でしょうか。
(2)　父の考え方と異なっているのはどういう点でしょうか。

本文中のことばを使わないで、それぞれ二〇字以上二五字以内で書きなさい。（句読点は一字と数える、以下同じ）

**問三**　本文二十五行目には吉は、「へへへ。」とわらってとあり、二十七行目には父と兄がわらった。とありますが、この二つの「わらい」について考えましょう。

(1)　吉はなぜわらったのでしょうか。その気持を書きなさい。

(2)　父と兄とはなにをわらったのでしょうか。

本文中のことばを使わないで、それぞれ二〇字以上二五字以内で書きなさい。

**問四**　本文百九行目に、頭を左へかしげかえた。とありますが、このときの父はどんな気持でいるのでしょうか。次のア～エの中から適当するものを一つ選んで、記号で答えなさい。

ア　本当に吉がほった面だとはとても思えないので、あれこれと見つめながら、疑わしい思いでいる。

イ　面のほり方がとても子どものものと思えないほどのできなので、吉の手の器用さにすっかり感心している。

ウ　吉をしかりつけようと思っていたけれど、面を見ていると吉がいじらしくなってきて、しかれない気持でいる。

エ　かみそりぐらいのことで吉をしかるのがかわいそうなので、面のできをほめて、吉を許そうと思っている。

**問五**　本文百二十四行目に、吉ははらがたった。つぎにはかなしくなった。が、またはらがたってきた。とありますが、これはそのときの吉の心のうごきを表しています。はじめのはらだちとかなしみとは、その面の「わらい」の中に今まで気づかなかったものを感じ取った心のうごきであり、「またはらがたってきた。」のは、「きさまのおかげで、おれはげた屋になったのだ。」というはっきりとした意識にもとづいていると思われます。

では、はじめのはらだちとかなしみとは、どのようなことを感じ取ったがための心のうごきでしょうか。本文中のことばを使わないで、九〇字以上一〇〇字以内で書きなさい。（改行をしてはいけません）

**問六**　本文百二十九行目に、なんだかそれでりっぱなげたができそうな気がしてきた。とありますが、作者はここで何を言おうとしたのでしょうか。あなた自身の考えを、自由に、九〇字以上一〇〇字以内で書きなさい。（改行をしてはいけません）

（一部改題）

## 《論述・作文演習 ⑾》　開成中学校

**「ぼくのいたずら」という題で、二〇〇字（テン、マル、カッコなども一字と見なします）以内の文章を書きなさい。なお、次のことを守りなさい。**

1、解答らん（省略）の「ぼくはあるとき、」につづくように書きなさい。題名や、自分の名前を書いてはいけません。

2、自分のいたずらの経験にもとづくのが原則ですが、他人のいたずらや想像によるものを自分のいたずらとして書いても、いっこうにかまいません。

3、反省などは、特に書く必要はありません。

（解答は135ページ）

# 15 ▽宮沢賢治『なめとこ山の熊』

麻布中学校

（解答は136ページ）

■ 次の文章を読んで、後の問いに答えなさい。

小十郎は山刀《やまがたな》と大きな重い鉄砲をもって、たくましい黄色い犬をつれて、なめとこ山から、しどけ沢《さわ》から、三つ又《また》から、サッカイの山から、マミ穴森から、白沢から、縦横に歩いた。木がいっぱい生えているから、谷をのぼっているとまるで青黒いトンネルの中を行くようで、時には、ぱっと緑と金色に明るくなることもあれば、そこら中が花が咲いたように日光が落ちていることもある。そこを小十郎が、まるで自分の座敷《ざしき》の中を歩いているというふうで、ゆっくりのっしのっしとやって行く。そこであんまりいっぺんに言ってしまって悪いけれども、なめとこ山あたりの熊《くま》は小十郎をすきなのだ。その証拠《しょうこ》には、熊どもは、小十郎がぼちゃぼちゃ谷をこいだり谷の岸の細い平らなとこを通るときは、だまって高いとこから見送っているのだ。木の上から両手で枝《えだ》にとりついたり崖《がけ》の上で膝《ひざ》をかかえて座《すわ》ったりして、おもしろそうに小十郎を見送っているのだ。まったく熊どもは小十郎の犬さえすきなようだった。けれどもいくら熊どもだってすっかり小十郎とぶつかって、犬がまるで火のついた毬《まり》のようになって飛びつき、小十郎が目をまるで変に光らして鉄砲をこっちへ構えることはあんまりすきではなかった。そのときはたいていの熊は迷惑《めいわく》そうに手をふって、そんなことをされるのを断った。けれども熊もいろいろだから、気のはげしいやつならごうごうほえて立ちあがって、犬などはまるでふみつぶしそうにしながら小十郎のほうへ両手を出してかかって行く。小十郎はぴったり落ち着いて木をたてにして立ちながら、熊の月の輪をめがけてズドンとやるのだった。すると(1)森までが、があっとさけんで熊はどたっと倒《たお》れ、赤黒い血をどくどくはき鼻をくんくん鳴らして死んでしまうのだった。小十郎は鉄砲を木へたてかけて注意深くそばへ寄って来てこう言うのだった。

(2)「熊。おれはてめえを憎《にく》くて殺したのでねえんだぞ。おれも商売ならてめえも撃《う》たなきゃならねえ。ほかの罪のねえ仕事をしてえんだが、畑はなし、木はお上《かみ》のものにきまったし、里へ出ても誰《だれ》も相手にしねえ。しかたなしに猟師《りょうし》なぞするんだ。てめえも熊に生まれたが因果《いんが》なら、おれもこんな商売が因果だ。やい。この次には熊なんぞに生まれんなよ。」

そのときは犬もすっかりしょげかえって、目を細くして座《すわ》っていた。

ところがこの豪気《ごうき》な小十郎が(3)町へ熊の皮と胆《きも》を売りに行くときのみじめさといったらまったく気の毒だった。小十郎が山のように毛皮をしょって、町の中ほどにある大きな荒物屋《あらものや》のしきいを一足《ひとあし》またぐと、店ではまた来たかというようにうす笑っているのだった。店の次の間《ま》に大きな火鉢《ひばち》を出して主人がどっかり座っていた。

「旦那《だんな》さん、先頃《せんごろ》はどうもありがとうごあんした。」

あの山では主《ぬし》のような小十郎は毛皮の荷物を横におろして、丁寧《ていねい》に敷板に手をついて言うのだった。

「はあ、どうも、今日は何のご用です。」

「熊の皮また少し持って来たます。」

「熊の皮か。この前のもまだあのまましまってあるし、今日はまんずいいます。」

「旦那さん、そう言わないでどうか買ってくんなさい。安くてもいいます。」

「なんぼ安くてもいらないます。」主人は落ち着きはらって、きせるをたんたんとてのひらへたたくのだ。あの豪気な山の中の主の小十郎は、こう言われるたびにもう心配そうに顔をしかめた。なにせ小十郎のとこでは、山には栗《くり》があったしうしろの少しの畑からは稗《ひえ》がとれるのではあったが、米などは少しもできなかったから、九十になるとしよりと子供ばかりの七人家族にもって行く米はごくわずかずつでもいったのだ。

小十郎はしばらくたってから、しわがれたような声で言ったもんだ。

「旦那さん、お願いだます。どうかなんぼでもいいから買ってくんなさい。」小十郎はそう言いながらあらためておじぎさえしたもんだ。

主人はだまってしばらくけむりをはいてから、(4)にかにか笑うのをそっとかくして言ったもんだ。

「いいます。置いてお出れ。じゃ、平助《へいすけ》、小十郎さんさ二円あげろじゃ。」

店の平助が大きな銀貨を四枚小十郎の前へ座って出した。小十郎はそれをおしいただくようにして、(5)にかにかしながら受け取った。それから主人はこんどはだんだん機嫌《きげん》がよくなる。

「じゃ、おきの、小十郎さんさ一杯《いっぱい》あげろ。」

小十郎はこのころはもううれしくてわくわくしている。主人はゆっくりいろいろ話す。小十郎はかしこまって山のもようや何かもうしあげている。まもなく台所のほうからお膳《ぜん》ができたと知《し》らせる。小十郎は半分辞退するけれども、結局台所のとこへ引っぱられてってまた丁寧なあいさつをしている。

いくら物価の安いときだって熊の毛皮二枚で二円はあんまり安いと誰でも思う。実に安いし、あんまり安いことは小十郎でも知っている。けれども、どうして小十郎はそんな町の荒物屋なんかへでなしに、ほかの人へどしどし売れないか。それはなぜかたいていの人にはわからない。日本では狐《きつね》けんというものもあって、狐は猟師に負け、猟師は旦那に負け、旦那は狐にばかされるときまっている。けれどもここでは[A]は[B]にやられ、[C]が[D]にやられる。[E]は町のみんなの中にいるから、なかなか[F]に食われない。けれども(6)こんないやなずるいやつらは世界がだんだん進歩するとひとりで消えてなくなって行く。ぼくはしばらくの間でもあんなりっぱな小十郎が、(7)二度とつらも見たくないようないやなやつにうまくやられることを書いたのが実にしゃくにさわってたまらない。

ある年の夏こんなようなおかしなことが起こった。小十郎が谷をばちゃばちゃわたってひとつの岩にのぼったら、いきなりすぐ前の木に大きな熊が猫《ねこ》のようにせなかを円くしてよじのぼっているのを見た。小十郎はすぐ鉄砲をつきつけた。すると木の上の熊はしばらくの間、おりて小十郎に飛びかかろうか、そのまま撃たれてやろうか思案しているらしかったが、いきなり両手を木からはなしてどたりと落ちて来たのだ。小十郎は油断なく銃《じゅう》を構えて撃つばかりにして近寄って行ったら、熊は両手をあげてさけんだ。

「おまえは何がほしくておれを殺すんだ。」

「ああ、おれはおまえの毛皮と胆のほかにはなんにもいらない。それも町へ持って行ってひどく高く売れるというのではないし、ほんとうに気の毒だけれどもやっぱりしかたない。けれどもおまえに今ごろそんなことを言われると、もうおれなどは何か栗かどんぐりでも食っていて、それで死ぬならおれも死んでもいいような気がするよ。」

「もう二年ばかり待ってくれ。おれも死ぬのはもうかまわないようなもんだけれども、少しし残した仕事もあるし、ただ二年だけ待ってくれ。二年目にはおれもおまえの家の前でちゃんと死んでいてやるから。毛皮も胆もやってしまうから。」

小十郎は変な気がしてじっと考えて立ってしまいました。熊はそのひまに足うらを全体地面につけてごくゆっくりと歩き出した。小十郎はやっぱりぼんやり立っていた。熊はもう小十郎がいきなりうしろから鉄砲を撃ったりはけっしてしないことがよくわかってるというふうで、うしろも見ないでゆっくりゆっくり歩いて行った。そして(8)その広い赤黒いせなかが木の枝の間から落ちた日光にちらっと光ったとき、小十郎は、う、うとせつなそうにうなって谷をわたって帰りはじめた。それからちょうど二年目だったが、ある朝小十郎が外へでてみると、かきねの下のところに始終見たことのある赤黒いものが横になっているのでした。ちょうど二年目だし、あの熊がやって来るかと少し心配するようにしていたときでしたから、小十郎はどきっとしてしまいました。そばに寄って見ましたら、ちゃんとこの前の熊が口からいっぱいに血をはいて倒れていた。小十郎は思わずおがむようにした。

　小十郎は白沢の岸をのぼって行った。白沢から峰《みね》をひとつ越《こ》えたとこに一ぴきの大きなやつがすんでいたのを夏のうちにたずねておいたのだ。小十郎は谷に入って来る小さな支流を五つ越えて、なんべんもなんべんも右から左、左から右へ水をわたってのぼって行った。そこに小さな滝《たき》があった。小十郎はその滝のすぐ下から尾根のほうへかけて、のぼりはじめた。やっと崖を登りきったら、そこはまばらに栗《くり》の木の生えたごくゆるい斜面の平らなとこで、雪はギラギラ光っていたし、まわりをずうっと高い雪の峰がにょきにょきつったっていた。小十郎がその頂上でやすんでいたときだ。いきなり犬が火のついたようにほえだした。小十郎がびっくりしてうしろを見たら、あの夏に目をつけておいた大きな熊が両足で立ってこっちへかかって来たのだ。

　小十郎は落ち着いて足をふんばって鉄砲を構えた。熊は棒のような両手をあげてまっすぐに走って来た。さすがの小十郎もちょっと顔色を変えた。

　ぴしゃというように鉄砲の音が小十郎に聞こえた。ところが熊は少しも倒れないで、嵐《あらし》のように黒くゆらいでやって来たようだった。犬がその足もとにかみついた。と思うと小十郎はがあんと頭が鳴ってまわりがいちめんまっ青《さお》になった。それから遠くでこういうことばを聞いた。

　(9)「おお小十郎おまえを殺すつもりはなかった。」

　もうおれは死んだと小十郎は思った。そしてちらちらちらちら青い星のような光がそこらいちめんに見えた。

「これが死んだしるしだ。死ぬとき見る火だ。熊ども、ゆるせよ。」と小十郎は思った。それからあとの小十郎の心持ちはもう私にはわからない。

　とにかくそれから三日目の晩だった。まるで氷の玉のような月が空にかかっていた。雪は青白く明るく水は燐光《りんこう》をあげた。スバルや参《しん》の星が緑やだいだい色にちらちらして呼吸をするように見えた。(10)その栗の木と白い雪の峰々にかこまれた山の上の平らなとこに、黒い大きなものがたくさん環《わ》になって集まって、おのおの黒い影を置き、回回教徒《フイフイ》の祈《いの》るときのようにじっと雪にひれふしたまま、いつまでもいつまでも動かなかった。そしてその雪と月のあかりで見ると、いちばん高いとこに小十郎の死骸《しがい》が半分座ったようになって置かれていた。思いなしか、その死んで凍えてしまった小十郎の顔は、まるで生きてるときのようにさえざえして、何か笑っているようにさえ見えたのだ。ほんとうにそれらの大きな黒いものは参の星が天のまんなかに来ても、もっと西へ傾《かたむ》いてもじっと化石したように動かなかった。

注　因果＝避《さ》けることのできない、ひどい状態。不幸。不遇。
参の星＝オリオン座の三つ星。
回回教＝イスラム教。マホメットによってはじめられ、唯一の神アラーを信仰する。

〔設問〕（句読点《くとう》は、すべて一字分とします。）

**問一**　――線(1)「森までが、があっとさけんで」（21行目）とはどういうことですか。

**問二**　——線(2)「熊。おれはてめえを憎くて殺したのでねえんだぞ。」(25行目)、——線(9)「おお小十郎おまえを殺すつもりはなかった。」(127行目)とあるのに、なぜ殺し合わなければならなかったのですか。「小十郎」・「熊」それぞれの立場にたって答えなさい。

**問三**　——線(3)「町へ熊の皮と胆を売りに行くときのみじめさ」(31行目)とありますが、それと対称的な「山」での「小十郎」のようすについて、比喩《ひゆ》(たとえ)を使って表現したもっとも適当な部分を文中からそのままぬきだしなさい。

**問四**　——線(4)「にかにか」(54行目)、——線(5)「にかにか」(58行目)について、それぞれどのような気持ちを表していますか。簡単に答えなさい。

**問五**　[A]〜[F](71行目〜73行目)に、適当な文中の語を入れなさい。ただし、同じ語が入る場合があります。

**問六**　——線(6)「こんないやなずるいやつら」(73行目)、——線(7)「二度とつらも見たくないようないやなやつ」(75行目)とありますが、この場合、どのようなことをさして、「いやな」とか、「ずるい」とか言っているのですか。自分のことばで具体的に説明しなさい。

**問七**　——線(8)「その広い……帰りはじめた。」(100行目〜102行目)とありますが、このときの小十郎の気持ちはどうだったでしょうか。一〇〇字以内で書きなさい。

**問八**　——線(10)「その栗の木と……動かなかった。」(135行目〜139行目)とありますが、この部分を読んで、君はどのようなことを考えましたか。一五〇字前後で書きなさい。

(一部改題)

## 《論述・作文演習 (12)》　筑波大学附属駒場中学校

**次の詩を読んで、後の問いに答えなさい。**

金魚がぼやけてゆれました

サトウ　ハチロー

金魚が㈠ぼやけてゆれました
叱《しか》られて
池をみているわたしです

金魚が沈んで消えました
いつのまにか
かァさんの顔になりました

うしろから
のぞいて㈡泣いてる母でした

**問一**　——線㈠「ぼやけてゆれました」とありますが、なぜですか。説明しなさい。

**問二**　——線㈡「泣いている」とありますが、その時の母親の気持ちを説明しなさい。

**問三**　母親に対する「わたし」の気持を説明しなさい。

(解答は147ページ)

## 《ことば・ことわざ・文学史　補充①》

（解答は34ページ）

(1) 「上」・「金」という漢字には次のA群にあげたような意味があります。B群の語句に出てくる「上」・「金」はそれぞれA群のどの意味にあてはまるでしょうか。記号で答えなさい。なお、同じ記号をくりかえし用いてもよろしい。

「上」　A群
ア　一層高い方。
イ　おもて。そとがわ。
ウ　すぐれている。ねうちがある。
エ　順序で、早く現れる方。
オ　場所。ほとり。あたり。
カ　問題の範囲《はんい》。……に関して。
キ　あがる。あげる。

B群　1　身の上　2　上巻　3　頂上　4　上等　5　席上　6　上着

「金」　A群
ア　金属。　イ　おかね。　ウ　こがね色。
エ　かたいものの形容。　オ　美しいものの形容。
カ　貴重なものの形容。

B群　1　金髪《きんぱつ》　2　金言　3　金殿《きんでん》　4　金管　5　沈黙《ちんもく》は金　6　金品

（灘中）

(2) 次のA四字熟語、B二字熟語の空欄に、それぞれ同じ音の漢字を入れ、完成しなさい。

A　①　健□管理　②　優勝□補　③　電□石火　④　文芸復□
B　①　政□　②　検□　③　熱□　④　□場　⑤　街□　⑥　砂□

（桜蔭中）

(3) 次の1～5のそれぞれのことわざの意味をI群のア～キの中から一つずつ選び、また、それとほぼ同じ意味を表すことわざをII群のA～Gの中から一つずつ選んで、記号で答えなさい。

1　釈迦《しゃか》に説法　2　ちょうちんに釣鐘《つりがね》　3　馬の耳に念仏
4　弘法《こうぼう》も筆のあやまり　5　弱り目にたたり目

I群
ア　名人でも時には失敗することがある。
イ　欲ばりすぎると損をする。
ウ　わかりきった、ごく当然のことである。
エ　知りつくしている者に不必要なことを教える。
オ　貴重なものをもらっても、価値がわからない。
カ　比較《ひかく》にならぬほどかけ離《はな》れている。
キ　不運の上に不運が重なる。

II群
A　泣き面《つら》に蜂《はち》
B　猫《ねこ》に小判
C　月とすっぽん
D　河童《かっぱ》の川流れ
E　燈台もと暗し
F　やせ犬は吠《ほ》える
G　猿《さる》に木登り

（筑波大駒場中）

# 随筆文

# 1

## ▽向田邦子『父の詫び状』

筑波大学附属駒場中学校

（解答は152ページ）

■ **次の文章を読んで、後の問いに答えなさい。**

卵はそのときどきの暮《く》らしの、小さな〈注〉喜怒哀楽《きどあいらく》のとなりに、いつもひっそりと㈠わき役をつとめていたような気がする。

我が卵の歴史の中で、切ない思い出は何といっても戦争中の〈注〉乾燥卵《かんそうらん》であろう。どうくふうして料理しても、ざらざらして味気なかった。戦争の思い出も、どう美化してみても、ざらざらした辛《つら》いものが残る。

昔《むかし》のことばかりいうと年が知れるが、どうも昔の卵はおいしかったような気がする。にわとりがとうもろこしやこぼれた米や地虫をついばんでいたころのほうが、〈注〉混合飼料《しりょう》で〈注〉促成《そくせい》に育った昨今より、からは固く、黄身の色も濃《こ》く、こんもりともり上がっていた。

昔、卵は、ざるで買いに行った。冷蔵庫などなかったから買い置きはできなかったが、てのひらに包むと、生きている実感があった。今の卵は冷たく、死んでいるような気がする。

文句ついでに言えば、昔の卵は、もっと大きかった。㈡いや、これは思い違《ちが》いかもしれない。

死んだ父が言っていたのだが、父は子どもの時分、ひどい貧乏《びんぼう》暮らしで、冬の〈注〉七尾《ななお》の町を、よくお米を買いにやらされた。

雪の中を、こごえた手で金をにぎってゆくのだが、子ども心に、うちから米屋までずいぶん遠いと思った。ところが、大人になって、その道を歩いてみたら、意外に近いのでびっくりした、というのである。

貧しくて、おなかがすいていたこともあったろう。寒くつらかったから、よけい遠いと思ったのかもしれない。しかし、いちばん大きな原因は、「子どもは小さい。」ということだ。父はそう言っていた。

確かに、子どものころは、周りのものがみな大きく思えた。大人は背が高くりっぱに見えた。うちの天井《てんじょう》は高く、学校までの道のりも遠かった。夜、〈注〉ご不浄《ふじょう》へ行く廊下《ろうか》も長く感じた。

卵が大きかったのではないのだろう。㈢わたしのてのひらが小さかったのだ。

注　喜怒哀楽＝人間のさまざまな感情をいう言葉。
乾燥卵＝かわかして保存できるようにした卵。
混合飼料＝いろいろなものを混ぜた家畜《かちく》のえさ。
促成＝成長を人工的に早くすること。
七尾＝石川県にある町の名。
ご不浄＝便所。

**問一**　——線㈠「わき役」の反対語を漢字で書きなさい。

**問二**　——線㈡「いや、これは思い違いかもしれない」とありますが、なぜそう考えるのですか。

**問三**　□で囲んだ段落を読んで、幼稚園《ようちえん》や小学校低学年のころと現在とをくらべて、これと似たようなあなた自身の経験を三〇字以上五〇字以内（句読点も含《ふく》む）で書きなさい。

**問四**　——線㈢「わたしのてのひらが小さかったのだ」には、筆者のどのような気持ちがこめられていますか。

**問五**　昔の卵が今の卵にくらべてよかった点を、本文中から三箇《か》所ぬき出して、「昔の卵は……」という形で答えなさい。

## 《論述・作文演習 (13)》　聖光学院中学校

**左は、久川太郎氏の「心の中の大きな世界」という文章ですが、あなたにとっての「心の中の大きな世界」とはどんなものでしょうか。あなたの経験にもとづいて、一〇〇字以上、一五〇字以内で書きなさい。（箇条《かじょう》書きは認めません。また、題名は必要ありません。）**

（解答は156ページ）

二十年ぶりに子供のころを過ごした芝白金《しばしろがね》の辺りを歩く機会があった。借家であったわが家はあとかたもなく、そこには十一階建てのホテルが悠然《ゆうぜん》と建っていた。昔をしのばせるものはわが家の前にあった一本の大銀杏《いちょう》だけで、そこにわが家のあったことがうかがえた。

その時、私はわが家の跡《あと》の狭《せま》さにまずびっくりした。また道を隔《へだ》ててもっとも広い遊び場であったお寺の狭さにも驚《おどろ》いた。子供のころ一日中遊んでいても飽《あ》きなかった広大無辺な世界が、せいぜい数百メートル四方の、こんなちいさな場所だったのだろうか。墓石を倒《たお》し、それを重ねてセミや玉虫をとったこと、いたずらが過ぎて住職に追われ飛び降りて足を折った崖下《がけした》、野球をしていてトンネルすると、息せき切ってボールを追いかけねばならなかったはずの広場。それが、墓は今、建物の中に入ってしまっていて、白い壁がまぶしい。広場の跡地には、M大学のテニスコートが二面あるだけである。心の中にあったあの大きな世界が、目の前で急激《きゅうげき》にしぼんでいく。それはさびしくもあり、またたいへん快い。この目の前のちっぽけな世界を、全宇宙だと信じ込《こ》み、無我夢中《むちゅう》になって遊びまわっていた時代が私にあったことをしみじみうれしいと思う。

いまや私たちの子供たちは、テレビやラジオ、雑誌などを通して、地球のみならず宇宙の果てのことまで知っている。昨年、私は娘《むすめ》たちを連れて奄美《あまみ》大島へ行ってみた。飛行機の中から下を見て一言、「きれいな海ね」と言ったきり手に持っている雑誌に夢中になり、ホテルで私が「海の色が素敵《すてき》だよ」と言っても「そうね」と言ったきり冷房《れいぼう》のきいた部屋でテレビに見入っている娘たちに私はびっくりしたし、がっかりもした。私たちの子供のころはこうではなかった。夜汽車の窓からだって、何も見えない真っ暗やみの中を後へ後へと遠ざかる窓の外の灯を見てまんじりともしなかった。その思い出を私はうれしいと思う。

確かに子供たちの知識は増えたろう。そして確かに行動範囲《はんい》も広がった。電車に乗って、小・中学校へ通う子供たちにも数多く出会うようになった。でも、その子供たちのキラキラかがやく瞳《ひとみ》に出会うことは少なくなった。われ先にと争って空席を見つけ眠《ねむ》る子供たち、駅の売店で栄養ドリンクを飲み時計に見入る子供たち。ここからは未知にいどむ期待と不安を交錯《こうさく》させた若さは感じとることができない。路地裏から遊びが消えたことが現在問題になっているが、この子供たちが大人になって思い出す子供のころはいったいどんなものなのであろうか。

私たちは子供たちに、子供の時でなければできないことを、存分にやらせたい。大人になってからできることを、何も子供のときに急いでやることはない。三十年、いや四十年たって懐《なつ》かしく思い出せる経験を積み重ねさせてやりたいものである。それが私たち大人の務めではないだろうか。

## 《漢字・語句の問題 ③》

**次の漢字の列は、教育漢字だけを使って、「へん」と「つくり」を交互《こうご》にかえて、くさり状につないだものです。ア～クに適当な漢字を入れなさい。**

（灘中）

林…村…付…作…昨…晴…情…ア…イ…池…他…仮…坂…城…誠…ウ…エ…
往…注…浅…オ…カ…根…材…キ…ク…利

（解答は159ページ）

## 2 ▽木村尚三郎『ヨーロッパからの発想』

開成中学校

（解答は159ページ）

■ 次の文章を読んで、後の問いに答えなさい。

冬のパリは、灰色の暗い空におおわれる。その下を、毛皮のオーバーを着こんだご婦人たちが体つきの小さな犬を連れて歩いていく。犬にも胴《どう》のまわりに毛皮で編んだものを着せたりしていて、かわいい。

そこには、しかし、[1]一つのはっきりしたヨーロッパ人の考えが表されている。犬に保護は加えるが[ 2 ]な意志は認めない。犬にひもをつなぎ、その端《はし》をしっかりにぎって、犬を連れて歩くのが人間というものであり、犬に引っぱられて歩くのでは人間とはいえない。大きい犬だと、この点うまくいかないし、だいいちパリのようなアパート生活では、飼いにくい。

「お母さん、今あなたはお子さんの手を引いていますか。警視庁」などという、[3]まことに親切な看板が東京都内のあちこちに立っている。小さな子供は、たしかにパッと衝動的《しょうどうてき》に（あとさきのことを考えず、気持ちのままに）往来へと飛び出したりする。母親が魚屋や八百屋の店先で、買い物に目の色を変えているときなど、とくに危ない。つまり、小さな子は子犬みたいなものだ。

犬なら、ひもでつなぐのが、いちばんである。それが最も安全確実で、子供を死地に追いやることもなく、親も保護監督《かんとく》の義務（子供を安全にしておかなければならないつとめ）をちゃんと果たすことができる。つまりは、子供のため、親のため、ということになる。

パリの若い母親は、これを実行している。ちょこちょこ歩きはじめたわが子に「腰《こし》なわ」（罪人が逃げないように、腰にかけるなわ）を打ち、自分の胴体にそのひもをくくりつけて買い物をする。いかに目をはなし、おしゃべりに夢中になろうとも、子供には一、二メートルの行動半径しか自由がないわけだから、ぜったいに安心である。したがって、パリには警視庁のような看板は立っていない。

★「かわいそうで、そんなこと、とってもできないわ。」

と日本のお母さんがたはおっしゃるにちがいない。そこにはヨーロッパと日本の文化の差、有畜《ゆうちく》農業（家畜を重要視する農業。家畜を殺して食べる）と無畜《むちく》農業（家畜を重要視しない農業。家畜を殺して食べることはしない）の差が横たわっている。ヨーロッパ人は長い間、家畜《かちく》を大切に飼い、農耕に使い、そして殺して食べることによって生きてきた。家畜なしには、そもそも生活が成り立たなかった。

家畜のように理性（ものごとの道理を考える能力）を持たぬ生き物を人間、ないしは人間社会のルールに従わせるには、体でおぼえさせるほかはない。この家畜飼育法が、幼い子供へのしつけにも応用されている。

「おはようございます。」というまでは朝ごはんを食べさせない、道にすてたゴミを自分でひろってゴミ入れに入れるまでは[ 2 ]を与えない、といったしつけが、日常茶飯事《にちじょうさはんじ》（ありふれた、ごくふつうのこと）として、おだやかに、しかし、きびしくくり返される。

それでも言うことをきかなければ、人前だろうとなかろうと、えんりょえしゃくなく、おしりをたたく。なおだめなら、最後は裁判所にうったえ出る。すると、裁判長は、理由の如何《いかん》を問わず（理由がなんであるかに関係なく）子供に対する逮捕状《たいほじょう》を出し、少年院に強制収容する。一九七〇年までのフランスがそうであった。

ラッシュアワーは別として、昼どきの日本の電車内は、子供の遊園地と化す。子供たちはのびのびと電車内で徒競走（かけっこ）に興《きょう》じ、つりかわでブランコを楽しむ。母親は子供に、次から次へと食べ物を与えている。幸せな光景である。日本は無畜農業の国だから、家畜や子供を威厳《いげん》をもって[4]という考え方がない。日本は昔から子供に対するしつけがあまかったようである。稲《いね》や白菜《はくさい》をむちでたたいてみても、どうなるものでもない。育てるコツはただ一つ、ひたすらこやしをかけることだけだ。

ヨーロッパの子供が子犬なら、日本の子供は稲か白菜である。だから、母親は車内で子供をしかることもなく、アメだのチョコレートだのを与えている。あれはせっせとこやしをかけているのだ。土のにおいに満ちた民族の遠い記憶《きおく》が、そうさせるのにちがいない。

**問一**　――1に「一つのはっきりしたヨーロッパ人の考え」とありますが、それはどういう考えですか。その答になる一つの文が★より後にあります。「という考え」につながるように、初めと終わりのそれぞれ五字で、その文を答えなさい。

**問二**　本文中にある[2]には同じ熟語が入ります。何という熟語ですか。その答えになる漢字が本文中にあります。それを答えなさい。

**問三**　――3に「まことに親切な看板」とありますが、筆者は、どのような気持ちでこの語句を使っていますか。次の中から最も適切なものを選んで、記号で答えなさい。

ア　やはり警視庁は人々を守ることを役目としている役所だけあって、とても親切な注意を出すんだな、と、感心する気持ち。

イ　母親というのは買い物に夢中になるととかく子供のことを忘れがちだから、これはなるほど必要な注意だな、と、なっとくする気持ち。

ウ　子供を事故にあわせないために、子育ての経験にとぼしい若い母親へ向けた愛情のこもった呼びかけだな、と、ほほえましく思う気持ち。

エ　警視庁がおとなである母親に対してなにもそこまでいう必要はないのに、これはどう見てもおせっかいのしすぎだな、と、苦笑《にがわら》いする気持ち。

オ　わが子に「腰《こし》なわ」を打つなどというむごいことはしないように、と、若い母親をおどしつけるような言い方だな、と、まゆをひそめる気持ち。

**問四**　本文中の[4]にはどういう語句が入りますか。次の中から最も適切なものを選んで、記号で答えなさい。

ア　たたき、しつけながら愛情をもって育てる

イ　尊重し、すべて相手の自発的な意思にまかせる

ウ　かわいがり、きげんをとっていうことをきかせる

エ　しかりつけ、こちらの要求どおりにするようにたのむ

オ　あまやかし、進んで権威《けんい》のもとにひれふすようにする

**問五**　筆者は心の中にどういう気持ちがあってこの文章を書いたと考えられますか。次の中から最も適切なものを選んで、記号で答えなさい。

ア　フランスの親と日本の親の子供の育て方のちがいは有畜《ゆうちく》農業と無《む》畜《ちく》農業という文化のちがいから来ているもので、今さらどうなるものでもない、という、なげやりな気持ち。

イ　フランスの親に比べて日本の親の子供の育て方はあまやかしが中心で、いかにもおとっている、と、その欠点を指摘《してき》し、ヨーロッパ文化のすばらしさをほめたたえる気持ち。

ウ　フランスの親よりも日本の親のほうがあまい点はあるが、昔、多くの人が稲《いね》や白菜《はくさい》を育てていただけに、子供を育てるにも、やさしい愛情に満ちていることをほこりに思う気持ち。

エ　フランスの親と日本の親の子供の育て方のちがいにおどろき、日本の親の、それほど子供のためになっているとはいえない、あまやかしほうだいの育て方をきびしくとがめる気持ち。

オ　フランスの親の子供の育て方に実際にふれた経験から、日本の親はもう少しきびしさをもって子供をしつけたほうがいいのではないだろうか、と、みんなに考えてもらいたい気持ち。

（一部改題）

## 《論述・作文演習 ⑭》　麻布中学校

**次の文章は、「てつがくのライオン」という詩の全文です。哲学《てつがく》についてのライオンの受けとり方や、ライオンとかたつむりのやりとりに注意しながら、君の思ったことを二〇〇字以上、二五〇字以内で書きなさい。（句読点などは、すべて一字ぶんとします。）**


ライオンは「てつがく」が気に入っている。かたつむりが、ライオンというのは獣《けもの》の王で哲学的なようすをしているものだと教えてくれたからだ。きょうライオンは「てつがくてき」になろうと思った。哲学というのは坐《すわ》り方から工夫《くふう》したほうがよいと思われるので、尾《お》を右にまるめて腹ばいに坐り、前あしを重ねてそろえた。首をのばし、右斜め上をむいた。尾のまるめぐあいからして、そのほうがよい。尾が右で顔が左をむいたら、でれりとしてしまう。

ライオンが顔をむけた先に、草原が続き、木が一本はえていた。ライオンは、その木の梢《こずえ》をみつめた。梢の葉は風に吹かれてゆれた。ライオンのたてがみも、ときどきゆれた。

（だれか来てくれるといいな。「なにしてるの？」と聞いたら「てつがくしてるの」って答えるんだ）

ライオンは、横目で、だれか来るのを見はりながらじっとしていたが誰《だれ》も来なかった。日が暮れた。ライオンは肩《かた》がこってお腹《なか》がすいた。（てつがくは肩がこるな。お腹がすくと、てつがくはだめだな）

きょうは「てつがく」はおわりにして、かたつむりのところへ行こうと思った。

「やあ、かたつむり。ぼくはきょう、てつがくだった」

「やあ、ライオン。それはよかった。で、どんなだった？」

「うん。こんなだった」

ライオンは、てつがくをやった時のようすをしてみせた。さっきと同じように首をのばして右斜め上をみると、そこには夕焼けの空があった。

「ああ、なんていいのだろう。ライオン、あんたの哲学は、とても美しくてとても立派《りっぱ》」

「そう？　……とても……何だって？　もういちど言ってくれない？」

「うん。とても美しくて、とても立派」

「そう、ぼくのてつがくは、とても美しくてとても立派なの？　ありがとうかたつむり」

ライオンは肩こりもお腹すきも忘れて、じっとてつがくになっていた。

注　哲学＝人間とはなにか、人生とはなにか、などについて、おおもとになることを考える学問。

（解答は164ページ）

## 3

### ▽沢木耕太郎『コロッケと豆腐と人魚』

筑波大学附属駒場中学校

（解答は171ページ）

■ **次の文章を読んで、後の問いに答えなさい。**

先日、雨の中を濡《ぬ》れながら家に急いでいたら、途中で小さな傘《かさ》をさした女の子が肉屋に入っていくのを見かけた。店を通り過ぎると、背後から女の子のかわいい声が聞こえてくる。

「メンチカツ五枚にコロッケ五個。」

㈠忘れないうちに早く言ってしまおうという必死さが、さらにその愛らしさを増していた。

それにしても、こんなふうに子供がお使いをしているところを見るのは久し振《ぶ》りのことだな、と思った。実際、最近の東京では、子供のお使い姿を見かけることがほとんどなくなった。理由はいくつもあるのだろう。冷蔵庫があるので急の買い物は必要なくなったとか、子供が学習塾に行っているからとか、交通事故を恐れて親が出さないとか、そもそも親がそんなに忙《いそが》しくなったとか。しかし、そのような理由をすべて承知した上でも、㈡子供をお使いにやらないのはもったいなさすぎると思う。親にとってではなく、子供にとってだ。

自分の子供の頃のことを考えても、遊んでいる時にお使いに行かされるのは嬉《うれ》しいことではなかったが、行った先の店でオバサンに褒《ほ》められおまけをしてもらったり、ザルに山盛《やまも》りになっている野菜や果物のどれを選ぶかで頭を悩ませたりすることは、必ずしもいやなことではなかった。しかも、そうした時代から何十年もたってみると、その種の記憶がかなり〈注〉甘《かん》美《び》なものになっていることに気づくのだ。学校の校庭や遊び場所の原っぱなどと並んで、お使いにやらされた商店の店先がなつかしく思い出される。

中でも、私にとって最も印象深いのは豆腐屋《とうふや》へのお使いだ。家の近くにあったせいもあるのだろう、五、六歳の頃からよく行かされた。朝六時か七時に起きると、豆腐を買いに行かされる。〈注〉飯盒《はんごう》のようなものを持たされ、十円だか十五円だかを握《にぎ》り、㈢「モメンを〈注〉サイノメ、モメンをサイノメ」と口の中で呪文《じゅもん》のように唱えながら、豆腐屋へ向かう。

豆腐屋に着いて、母親に言われたことを忘れないうちに言ってしまうとホッとして、おやじが水槽《すいそう》から木綿《もめん》豆腐を掬《すく》い上げ、幅広《はばひろ》の包丁で鮮《あざ》やかに〈注〉賽《さい》の目に切ってくれるのを感心して眺《なが》められるのだ。「落とさないように持っていくんだよ。」という毎度のせりふを背に受けて、しかし、早かったわねという母親の言葉が聞きたくて、つい走ってしまう。帰ると、やっぱり「早かったわね。」と驚いてくれ、㈣それだけで嬉しくなってしまう。私が買ってきたその豆腐が朝の味噌汁《みそしる》の実になり、家族全員でふうふういながら食べることになる。

注　甘美な＝あまく快い。
飯盒＝野外で飯をたくための容器。
サイノメ・賽の目＝さいころの形。

**問一**　文章中の「お使い」とはどういうことですか。

**問二**　――線㈠の「忘れないうちに早く言ってしまおうという必死さ」とありますが、筆者は自分のどのような経験をもとにそう感じたと考えられますか。

**問三**　――線㈡の「子供をお使いにやらないのはもったいなさすぎると思う」とありますが、その理由として考えられるものを次のア～オの中から選んで記号で答えなさい。

ア　はげしい交通に慣れる必要があるから。
イ　遊んでばかりではためにならないから。
ウ　役に立つことで満足感を得られるから。
エ　言葉を暗記することの訓練になるから。
オ　実際に行ってみると楽しいものだから。

**問四**　――線(三)「『モメンをサイノメ、モメンをサイノメ』」は、なぜこういう書き方をしているのですか。

**問五**　――線(四)「それだけで嬉しくなってしまう」とありますが、
(1)「それ」とは何を指しますか。
(2)「それだけ」にはどのような気持ちがこめられていますか。

（一部改題）

## 《論述・作文演習⑮》　ラ・サール中学校

**次の文章を読んで、後の問いに答えなさい。**　（解答は177ページ）

私の少年時代は、太平洋戦争のさなかである。もう遠い日々になったが、(a)映画の一コマのように、くっきりと思い出すことがある。

昭和十九年春、小学校（国民学校）を卒業した私は、高等科へと進学した。学校においてもらえたのは一学期だけで、あとは鉄工場にかり出され、わずか十二歳《さい》なのに勤労動員にあけくれて、すぐ空襲《しゅう》の毎日となる。[A]、工場づとめがさほど苦にならなかった。

というのは、戦争も破局を迎《むか》え、学校教育は教育というのもはばかられるほど、体育と教練ばかりになっていたからである。学童というより、少国民だった。特に男子は、十四歳から志願できる少年航空兵や戦車兵を目標にさせられ、(b)ただ戦闘《とう》力だけが過大に評価されるのだった。

だから、ミニ軍隊とでもいうべきか。人並《なみ》はずれて内気で小心で、もやしのように虚《きょ》弱体質の私には、毎日が地獄《ごく》であり拷《ごう》問と変わりなかった。特におぞましかったのは、負け抜《ぬ》き相撲《ずもう》である。

これはクラス対抗《こう》の相撲競技だが、勝者はすぐ土俵を去ることができるかわりに、敗者は勝つまでたたかわせられる。私のいたクラスは、他のどのクラスと組んでもかならず敗れる宿命にあった。というのは、私がいたからだった。私は土俵に上がったとたんから負けて、最後までおめおめと負け残り、汗《あせ》と涙《なみだ》と泥《どろ》にまみれたほおに、先生からの往復ビンタがはじけ、

「お前みたいなやつは、軍人にはなれん。恥《はじ》を知れ、恥を！」

と怒《ど》鳴られるが常だった。

[B]、ビンタより、クラスの連中から冷たくあしらわれるのは、もっとつらかった。

ある日のこと、例によって、ぼろ雑巾《ぞうきん》みたいに屈辱《くつじょく》にまみれた私が、まるではいずるようにしてよろよろと昇《しょう》降口にたどりついたら、そこに音楽のS先生が立っていた。

この春、女学校を終えてきた先生は、まだしなやかな娘《むすめ》の感じで、代用教員の資格だったかと思う。セーラー服の上衣《うわぎ》に絣《かすり》のもんぺ姿で、ふっくらとした色白の顔立ちだった。彼女は、そこから土俵の様子を見ていたのだろう。

「きみ、きみ……」

と呼ぶ。私は、また怒《おこ》られるかと、ぎょっとして顔を上げた。

「あのね、きみ、知ってる？　(C)負けるが勝ちって言葉があるのを。きみは名前からして勝元、勝つ元でしょ。ほかの分野でさ、しっかりがんばるのよ。」

あの音楽の先生は、どうしただろう。私の胸に一点の赤い火をともして、それからまもなく学校も町もすべてが焼け野原となり、以来、先生の消息は不明のままである。

（注）勤労動員――戦争中に学生生徒を、いっせいに工場などで働かせたこと。
教練――学校で行う軍事に関する教育や訓練。軍事教練。

問(一) [A]に入れる、「私は」で始まり、「ので」で終わる一五字以内のことばを考えて書きなさい。

問(二) [B]に入れる、「軍人には」で始まり、「が」で終わる二〇字以内のことばを考えて書きなさい。

問(三) 傍線部(a)「映画の一コマのように、くっきりと思い出すこと」とは、どんなことですか。四〇字以内にまとめて答えなさい。

問(四) 傍線部(b)について、「ただ戦闘力だけが過大に評価され」ていることばの例を、二〇字以上三〇字以内で文中から抜き出しなさい。

問(五) 傍線部(c)について、音楽の先生は「負けるが勝ち」ということばで、どんなことを言おうとしているのですか。三〇字以内で書きなさい。

## 《漢字・語句の問題 ④》

一 次の空欄《らん》に一字ずつ入れると、例にあげたように、その漢字を使った熟語《じゅく》のしりとりができます。それぞれにあてはまる漢字を答えなさい。

(例) 安[定]…[定]休―休[養]―[養]成

1 候[ア]―[ア]欠―欠[イ]―[イ]勉　2 危[ウ]―[ウ]転―転[エ]―[エ]庭

3 終[オ]―[オ]発―発[カ]―[カ]現　4 名[キ]―[キ]内―内[ク]―[ク]器

（栄光学園中）

二 Ⓐ 次のカタカナの語を漢字に直しなさい。

Ⓑ また、その直した熟語の構成（でき方）は、後のア～エの熟語のどれと同じですか。記号で答えなさい。

1 カイドウぞいの店。　2 みかんのシュッカが多い。

3 インショク物をとる。　4 朝夕のカンダンの差。

ア 大小　イ 退去　ウ 川上　エ 求人

（桜蔭中）

三 次の1～5の漢字はいずれも二つ以上の訓よみができます。参考にあげた熟語の意味を考え、それを手がかりにしてそれぞれの熟語に合った訓よみを、送りがなの部分もふくめて、ひらがなで書きなさい。

| | 漢字 | 熟語 | よみ(訓) |
|---|---|---|---|
| 例 | 行 | 進行 | い(ゆ)く |
| | | 行事 | おこなう |
| 1 | 重 | 重大 | ア |
| | | 重複 | イ |
| 2 | 省 | 反省 | ウ |
| | | 省略 | エ |
| 3 | 著 | 著名 | オ |
| | | 著者 | カ |
| 4 | 調 | 調査 | キ |
| | | 調理 | ク |
| 5 | 省 | 優美 | ケ |
| | | 優勢 | コ |

（慶應義塾中等部）

四 つぎの――線(1)・(2)のひらがなを漢字で書きなさい。また、――線(3)・(4)・(5)の漢字の読みをカタカナで書きなさい。(正しいカタカナで書いてあるかどうかも、みます。)

品物を (1)ばいばいする。　百科 (2)じてんで調べる。

食物の (3)貯えがある。　これではたいへんな (4)損失だ。

勇気を (5)奮って立ち向かう。

（開成中）

五 次の漢字にはよみがなを書き、カタカナは漢字に直しなさい。

①新聞社が主催する。②タイサクをたてる。③つめえりのセイフクを着る。④深いセンモン知識を持つ。⑤立脚する。⑥人間のソンゲンを確立する。⑦燃料をホキュウする。⑧新記録を樹立する。⑨世間のことを知らない。⑩討論のあと、サイケツに入る。

（女子学院中）

（解答は185ページ）

# 4 ▽谷川俊太郎『「ん」まであるく』

女子学院中学校

（解答は185ページ）

■ 次の文章を読んで、後の問いに答えなさい。

父親が大学教師だったので、子どものころからぼくは本の山の中で育ちました。本は買うものというよりは、初めからそこにあるものだと思っていたようです。ですから、本屋さんで本を買う[1]をあまり感じなかった、したがって本というもののありがたみも知らなかったと言えるかもしれません。[2]現在も事情はほぼ同じで、著者や出版社からいただく本を消化することすらおぼつかない、家中があれよあれよという間に、本の洪水《こうずい》におそわれてゆくのを、どうすることもできずに見守っているというのが、いつわらぬ実感です。

[a]そういう人間にとって、本屋さんは愛憎《あいぞう》あいなかばする、いわば[b]地獄と天国のまじりあったような不思議なところです。一歩中へ入れば、欲しい本、読みたい本が山積している、けれどそれらを全部買いこんでいては、ふところよりも先に、近頃ますます乱視、老眼の度を進めつつあるぼくの眼のほうがまいってしまう。それを思うと、かずかずの目を[3]美しい新刊本の山がむしろうらめしくも思えてくるのです。

[c]それに加えてもうひとつ、ぼくも[d]物書きのはしくれですから、本屋さんは自分の本を売ってもらう大切な商売仲間でもあるわけです。作者と本屋さんとは、一種の運命共同体的なきずなでむすばれていて、そこには[e]あるやましさのような感情までふくまれてくる。[4]、共犯者的な親しみなのでしょうか。

（Ａ）、そこまで深く本屋さんと自分とのつながりを意識するようになったのは、わりあい最近の話です。具体的に言うと数年前に、「マザーグースのうた」という訳書を出してからで、そのときに出版社をなかだちにした、いわゆるサイン会、ブック・フェアなどを通して、本の小売店の御苦労というものを、初めて身近に感じたのです。

同時に（Ｂ）、売れる本は大事にされる、売れる本の作者はちやほやされるという、商業の冷徹《れいてつ》な原則を知ったのも事実で、ぼくがかつて抱いていた本屋さんのイメージはいささか修正されないわけにいきませんでした。（Ｃ）、ぼくは書店という言葉よりも、本屋さんという言葉のほうに親しみを感ずる世代のようで、いわゆる大型書店の便利さは承知の上で、町の本屋さんとの小さな人間的交流を好むというようなところがあります。

東京・杉並のぼくの家に近い本屋さんは、一昨年だったか売場を大きくひろげて、少々書店ふうになりましたが、[5]店の人たちとの交流は失われていません。小さな出版社の少部数の本でも、いやな顔ひとつせずとってくれるし、そのときどきの新刊書にくわしい人が何人かいてくれます。そしてなによりも、朝から晩まで本や雑誌の荷解きや整とんに汗を流している店の人たちの姿にじかに接しられるのが、ぼくにとっては[f]いい薬なのです。

子どものころに抱いていた本屋さんのイメージ――[6]――は当然失われましたが、それに代って、われわれ物書きの頭の中の幻《まぼろし》が、本という物に代り、それが他の人々の生活の中に入ってゆく過程で、どれだけ多くの人の力業が要求されるかということは、ぼくにも少しずつ分かってきました。

**問一** [1]にふさわしい言葉を次の中から選び、記号で答えなさい。

ア　せつなさ　イ　楽しみ　ウ　悲しみ　エ　なつかしさ

**問二** [2]・[5]にふさわしい語句を次の中から選び、記号で答えなさい。

ア　幸いなことに　イ　不幸なことに

**問三** ——線a「そういう」はどういうことをさすか、説明しなさい。

**問四** ——線b「地獄と天国」は文中のどの部分をさすか、それぞれ抜き出して、初めと終わりの三字で答えなさい。

**問五** [3]にふさわしい言葉を次の中から選び、記号で答えなさい。

ア　うたがう　イ　かすめる　ウ　うばう　エ　むける

**問六** ——線c「それ」の内容をもっともよくさしている一文はどれか、文の初めの五文字を答えなさい。

**問七** ——線d「物書きのはしくれ」とはどういう意味ですか。次の中から選び、記号で答えなさい。

ア　一人前の作家である　イ　代表的な作家である

ウ　流行の作家である　エ　一人の作家である

**問八** ——線e「あるやましさのような感情」をもつのはなぜですか。理由を次の中から選び、記号で答えなさい。

ア　少し傷のある自分の本を、だまって客に売ろうとしているから。

イ　原価は安い自分の本を、高い値で客に売ろうとしているから。

ウ　たいしたこともない自分の本を、客に売ろうとしているから。

エ　自分の本を一番見やすい所において、売ろうとしているから。

**問九** [4]にふさわしくない語句を次の中から選び、記号で答えなさい。

ア　言わずとも　イ　言わば

ウ　言ってみれば　エ　言うならば

**問十** （A）（B）（C）にふさわしい言葉を次の中から選び、記号で答えなさい。

ア　あるいは　イ　もっとも　ウ　また

エ　そして　オ　つまり

**問十一** ——線f「いい薬」だと思うのはなぜですか。理由を次の中から選び、記号で答えなさい。

ア　日ごろ肉体労働をしない筆者にとって、汗を流して働く人を見ることは、働く意欲を刺激するから。

イ　自分の本が読者に届くまでに、多くの人の労働によって支えられていることが分かって刺激されるから。

ウ　人々によって本が気持ちよく整理されてならべられていくのを見ると、気分がすっきりして書く気持ちが刺激されるから。

**問十二** [6]にふさわしい表現を次から選び、記号で答えなさい。

ア　うす暗い店の奥で主人が猫をひざにだいてすわっている。

イ　小さな窓の向こうで主人がすわって小銭をかぞえている。

ウ　みがきあげられた店の中で主人がいそがしげに働いている

**問十三** 次の[　]にあてはまる語句を本文中から抜き出して入れなさ

い。（ウとエは初めと終わりの三字を答えなさい。）

筆者は、書店と本屋はちがうと考えている。書店には［ア］（五字以内）という特長があるが、本屋には［イ］（五字以内）がある点に特長がある。この本屋の良さとは、具体的には［ウ］とか［エ］ということである。

**問十四**　著作から販売という、著者から読者までの流れを表現している部分はどこですか。初めと終わりの五字を答えなさい。

## 《論述・作文演習 ⒃》　ラ・サール中学校

**次の文章を読んで後の問いに答えなさい。**

最後の一球を投げるとともに、自分の武器である左腕《わん》をこわしてしまった、あの星飛雄馬《ま》は、今、右腕投手としてたくましくよみがえろうとしている。沖《おき》田艦《かん》長がたおれた後、古代進は、艦長代理として、あの宇宙《うちゅう》戦艦ヤマトを故国へ無事につれもどした。飛雄馬が、一度は巨《きょ》人の星をつかんだのは、父一徹《てつ》の残酷《こく》なまでのきたえ方による。そして古代には、かれに関心を持ってきびしく見守り、訓練してくれた艦長がいた。

男の子が男として成長し、その能力を発揮《き》できるようになる過程には、逃《に》げだしたい、なげだしたいと思いながらも、なみだを流してつらさ、苦しさにたえていく時期が、そして、その人のようになりたい、その人をのりこえたいと思えるような、反ぱつと同時に敬服の対象になりえる年長者の存在が、本当は必要なのだ。

昔《むかし》、といってもそれほど遠い昔ではないが、子供同士の遊びには、その遊びの、いつとはなく、なんとなくきまりきっているルールを守らせ、遊びを遊びとして成り立たせる秩《ちつ》序を作っていくリーダーがいたものだ。ガキ大将《しょう》である。

子供同士の遊びがほとんどなくなった現在、子供たちは、自分の欲望、わがままを、力でおさえつける存在、敵でもあり、敵から守ってくれる最もたよりになる味方でもあり、自分の手本でもある、力ある存在の存在を知らない。だから、そのまま大人《おとな》になった男たちは、他人のことを考えず、自分のその場の欲望に従ってルールをわきまえない行動をとったり、自分の欲望をおさえつけるものをすぐに敵とみなして、無力なままそれにぶつかっていき、ぶつかってあっけなくこわれてしまったりする。なかみは子供そのままなのである。

時間が必要なのだ。ガキ大将をのりこえるために、自分をおさえ、大将の言うままに行動し、そうすることによって力をたくわえ成長していく、そういった時間が。

それは、われわれが何をしようとしまいと、すぎていく。目標を持つことができれば、その時、時間は大きな意味を持ってくる。心の中に作りあげた目標でももちろんいいし、それが本来は最も意味があるのだけれども、そうできるには、相当高度な能力がなければならない。男の子には、手近の、はっきりしたすがたを備えた目標が必要なのだ。

「よみがえれ、飛雄馬」ではない。もはや不可能なのだろうが、「よみがえれ、一徹」である。

（一部改題）

(1)　右の文章で筆者が言いたいのは、要するに、どういうことですか。句読《とう》点も一字に数え、四〇字以上五〇字以内にまとめて書きなさい。

(2)　(1)でまとめた筆者の考えに対して、きみ自身はどう考えますか。一〇〇字以内で自由に書きなさい。

（解答は195ページ）

# 5 ▽筧久美子『款冬花—蕗のとう』

灘中学校

(解答は200ページ)

■ 次の文章を読んで後の問いに答えなさい。

私がまだ大学の二年生だったころの春休みのことである。(注)福知山に帰省していた親友から分厚い手紙がとどいた。

「あなたが(注)蕗《ふき》のとうを見たことがない、といつか言ってたのを思い出して、今朝摘《つ》みました。みそ汁《しる》などに浮かしたりします。」

添《そ》え書きの通り、草とも花とも見わけのつかぬ目だたない草花が二つばかり、しおれて入っていた。これが蕗のとうというものか――なんだか、さえない思いでその草花を掌《てのひら》にのせて私はつぶやいた。

（　　甲　　）

こういう言葉を(注)色紙に残している(注)宮本百合子の作品をあれこれ読んでいたころ、ふと、「蕗のとうってどんなの？」といった私を、親友はあきれたように見て笑い出したことがあった。

当時、下宿していた家の玄関先《げんかんさき》で、セミのぬけがらを実際に見た夏の朝のおどろきを今も忘れることが出来ない。京都の町中には、大阪にくらべてまだまだ四季折り折りの自然のいとなみを感じさせる緑が一ぱい残っていて、自然を余りにも知らない「大阪育ち」の私は何をみても心の底から感動した。セミがはい出たばかりの穴が朝の露《つゆ》でしめった土の上にポコポコあいているのも面白かった。（　　乙　　）とは、このように昼も夜も連続しているのだということを文字面でなく事実で知ったよろこびとでもいえるだろうか。

そして、この春三月、夫の郷里の(注)湖北に帰省して、私は生まれてはじめて蕗のとうの本当の姿を見た。今年の湖北の春は、まさにどっと一気に押しよせるという感じでやって来た。十数年ぶりのドカ雪に見舞《みま》われて、長い間重苦しく冬に閉じこめられていたと思ったら、急に気温が上昇して［ア］雪がとけ草がもえ立った。例年にくらべてたしかにおそい春だったが、そのおそい春のおかげで私は蕗のとうを摘めたのである。

寺である夫の生家の広い境内《けいだい》のあちこちには、まだ雪が残っていた。本堂と庫裡《くり》の間にある中庭は、とりわけ陽かげということもあって残雪が多く雪どけ水がたまったりしてしめっぽい。ふと、(注)姑《しゅうとめ》が声をあげた。

「　Ⓐ　」

そういわれて［イ］私の目には、しかしいっこうにそれらしいものは見えない。

「　Ⓑ　」

「あの木の根もとの雪の横やがな。」

あわてて玄関から履物《はきもの》をとってきて中庭におり、姑の指さす所を一しきり［ウ］、ハッと一つを見つけたとき、私は一瞬《いっしゅん》、そうだったのか！と思った。うすみどりというより白色に近い筒状《つつじょう》の花のつぼみが、雪どけの地上に斜《なな》めに頭を出していた。

宮本百合子があの色紙に托《たく》した思いは、雪の下から頭をもたげる蕗のとうのつぼみのように、理不尽《りふじん》な弾圧《だんあつ》と戦争の時代をはねかえす未来への確信でなくて何であっただろう！

よくみると蕗のとうは中庭に沢山《たくさん》頭をもたげていた。まるで、一つ摘みとったのを合図に一斉《いっせい》にふき出したかのように、足もとの雪の下から顔を出していた。

注　福知山＝京都府の北西部にある市名。地域としては山陰地方に属する。
蕗のとう＝フキの花のつぼみ。春の訪れをいち早く知らせるものとして注目される。フキは山野に生える多年生植物。

色紙＝和歌や俳句、その他、短い文句を書くための四角のあつ手の紙。
宮本百合子《ゆりこ》＝小説家。本名ユリ。大正時代から昭和二十年代まで、長期間にわたって活躍した。（一八九九―一九五一）
湖北＝滋賀県北部、琵琶湖の北方にあたる地方の呼び名。
姑＝夫または妻の母。ここでは著者の夫の母。

**問一** □ア～ウにあてはまる、動作や様子をあらわすことばを考えて、それぞれ五字以上一〇字以内で書きなさい。

**問二** 〰〰線部はどういう気持ちをあらわしていますか。その気持ちに最も近い内容があらわされている部分を文章中からぬき出して書きなさい。

**問三** （　乙　）に最もよくあてはまる語句を文章中から一〇字以内でぬき出しなさい。

**問四** □Ⓐ・Ⓑにあてはまる会話文を作りなさい。ただし、句読点も含めてⒶは一五字以内、Ⓑは五字以内とします。

**問五** （　甲　）に入れるのにもっともよいものを次の1～5の中から選び、番号で答えなさい。

1　われわれの身のまわりにおこる数々の善きものの中でも、そのもっとも善きものは春にさきがけて雪の下より萠《も》え生ずる蕗のとうである。
2　蕗のとうの緑に何故《なぜ》はない。蕗のとうの緑はあくまで緑だ。
3　うららかな春はきびしい冬のあとから来る。可愛《かわい》い蕗のとうは霜《しも》の下で用意された。
4　人間は小さな泥の原子の上で、お互いむさぼり喰《くら》い合っている虫だ。それにひきくらべてこの緑の美しさよ。
5　廃墟《はいきょ》の中から立ちあがる。おお蕗のとう！　おまえの強さのどこに真実があるのだ。

（一部改題）

## 《論述・作文演習 ⒄》　栄光学園中学校

次の詩を読んで、作者の表そうとしていることについて、感じたことを書きなさい。句読点《くとうてん》をふくめて二〇〇字以内とします。

### 足どり

竹中　郁

見しらぬ人の
会釈《えしゃく》をうけて
こちらも丁重《ていちょう》に会釈をかえした

二人《ふたり》のあいだを
ここちよい風がふいた

二人は正反対の方向へあるいていった
地球を一《ひと》まわりして
また出会うつもりの足どりだった

（解答は209ページ）

# 6 『曠野から』

▽川田順造

灘中学校

（解答は215ページ）

■次の文章は西アフリカで調査・研究した文化人類学者の書いた随筆《ずいひつ》です。これを読んで、後の問いに答えなさい。

あちこちの村を訪ねたときにもらうので、わが家にもいつのまにか、鶏《にわとり》とホロホロ鳥の混成家族ができあがった。ホロホロ鳥は西アフリカに野生種もおり、飼《か》われているものも野性がつよいのだが、わが家に来たものは、六羽の鶏のなかに一羽だけまじっているのが不安なのか、たいそう神妙《しんみょう》で、いつも鶏たちのあとをついて歩いていた。毎朝しっかりした声でときをつくる、純白の大きな雄鶏《おんどり》のあとによくついていたが、紅と白粉《おしろい》で厚化《あつげ》粧《しょう》をし眉《まゆ》をかいたような顔の、胴体《どうたい》だけラグビーの球の形にまるくふくらんだこの鳥が、毅然《きぜん》とした雄鶏におもねるアようにつきそっているさまは、A道化師を思わせた。ホロホロ鳥に卵をかえさせると、母性本能に触発されて野生時代の記憶《おく》もよみがえるのか、ひなをつれて原野に行ってしまうといわれ、ホロホロ鳥の卵は、土地の人たちはふつう鶏に抱《だ》かせる。かえったばかりのホロホロ鳥のひなは、まるで小さな砂糖菓子のイように可愛いが、ひと月ぐらいたつと、鶏のひなよりからだも大きく、頸《くび》も長くなり、やがて鶏のひなとはちがった騒々《そうぞう》しいしわがれた声で鳴くウようになる。小柄《こがら》な母鶏が、このB可愛げのない鬼子《おにこ》の一群を連れて餌《えさ》をひろって歩き、ほかの鶏でも寄って来ようものなら、健気《けなげ》に攻撃《こうげき》をしかけてひなをかばうのを見ると、C人間の手で少しばかり転用された本能にただ忠実に従っている母鶏が、あわれに思われてくる。子供たちの方も、親の世代の同類がいないためにDそうなるのかもしれないが、母鶏より身なりが大きくなってからもまだ、十羽くらい群れになってけたたましく鳴きながら、義理の母のあとを追って歩いている。雨季のはじめ、わが家の鶏の一羽が、小屋の隅に卵を産んで抱きはじめたが、三週間ちかくたち、卵がかえるというころになって新しくもらった雄鶏が病死し、その後二、三日のうちに、前からいた鶏が次々と死んだ。小屋の隅で抱卵《ほうらん》中の母鶏は、さえない顔をして、食欲もなかったが、まもなく母親になる責任感からこらえていたのであろうか、ともかく数日後に、日本でいえばちゃぼの卵くらいの小さな卵から、それこそ小さなひよこが次々と元気な声をたてて生まれてきた。ひよこたちは無心に走ったり、母鶏の羽の下にもぐったり、押《お》しあったりしていたが、ひなをかばいながら、物も食べられずにただ懸命《けんめい》に死ぬまいとしている母鶏の姿は、健気なだけにいっそう［ E ］。目をとじ紫《むらさき》色になった首をくちばしが地面につくほどに垂れ、［ F ］と思わせながら、母鶏はなお何日か生きた。人が近よると目をあけ、やっとからだを浮《う》かせて、ひなを羽の下によびいれる。私たちの飼っていた仔猫《こねこ》がひなにじゃれようとでもすれば、全身の羽毛を逆立て、必死の目つきで猫に挑戦《ちょうせん》した。病気がうつることをおそれて、ひなを母鶏からひきはなすことも考えたが、そうしたさしでがましい人間の配慮《はいりょ》が、いかにも功利的で浅薄《せんぱく》に思われるほど、母鶏の様子は［ G ］。不思議なことに、ひよこはみな元気だった。母鶏の羽毛から生気が失われ、からだ全体が妙に小さく感じられるエようになり、脚《あし》を出してからだをななめに倒《たお》していることが多くなると、ひよこたちは不安そうに、母鶏のとじた瞼《まぶた》や白い耳朶《みみたぶ》をつついたり、翼《つばさ》の下に首をいれて細い両脚をふんばり、母鶏を刺戟《しげき》しようとした。目の前にある生命が少しずつおとろえてゆくことへの不安からというより、母親が自分たちをのこして死んでしまうことへの腹立ちから、ひよこたちはそうしているのではないかと思われた。かわるがわる母の目をつつきながら、「死んじゃいけないよ、死んじゃだめだよ」そういっているオようにみえた。

**問一** ═線部イ～オの四つの「ように」のうち、═線部アの「ように」に意味が近いものを二つ選び、記号を書きなさい。

**問二** ──線部Aで、ホロホロ鳥を「道化師」にたとえていますが、それでは「雄鶏」は何にたとえたことになりますか。次の中から選んで、記号で答えなさい。

ア　召使《めしつかい》
イ　王
ウ　兵士
エ　芸術家

**問三** ──線部B「可愛げのない鬼子」は、何をたとえたものですか。問題文中から適当な語句をぬき出して答えなさい。

**問四** ──線部Cについて、「少しばかり転用」とありますが、そもそも人間がした「転用」とはどういうことですか。その内容を一五字以内で答えなさい。（ただし、「……こと。」の文章になるように書きなさい。）

**問五** ──線部D「そう」は何をさしていますか。問題文中からあてはまる部分をぬき出し、その初めと終わりの五文字ずつを書きなさい。句読点は字数に数えません。

**問六** [E]・[G]に入れるのに最も適当な語句を次の中から選んで、記号で答えなさい。

ア　わがままだった
イ　おもしろかった
ウ　わびしげだった
エ　すさまじかった
オ　心残りだった
カ　いたましかった

**問七** [F]に入れるのに適当な語句を考えて、一五字以内で書きなさい。

**問八** 問題文は二つの大段落にわけることができます。後段の最初の五文字を書きなさい。

**問九** 次の一文を、問八でわけた前段に入れるとするとどこが最も適当ですか。入れる部分の直前の五文字を書きなさい。句読点は字数に数えません。

「走り方もあわただしく直線的だ。」

（一部改題）

**問十** 後段で、筆者は母鶏のどのような姿に感動したのですか。三〇字以内で答えなさい。句読点も字数に数えます。（ただし、「……母鶏の姿。」の文章になるように書きなさい。）

## 《論述・作文演習 (18)》　慶應義塾中等部

「今朝の私《わたくし》」という題で、二〇〇字以内で書きなさい。

（解答は222ページ）

# 7 『美しき繭』

▽黒井千次

フェリス女学院中学校

（解答は222ページ）

■ 次の文章を読んで、後の問いに答えなさい。

山陰《いん》のある古い町へ出かけたときのことである。夕ぐれ、めざす土地に着いてバスを降りると、道に車のかげの少ないのがまず印象的だった。紀行文を書くのがその旅の目的であったので、ぼくは早速翌日からの計画を立てることにした。人口五万人前後の小さな町である。史跡《せき》や名高い寺が少なくないとはいえ、二、三日かけて縦に横に歩き回れば一応のものを見ることはできるだろう。

次の日、地図を片手に朝からぼくはひたすら歩き続けた。しばらく歩くうちに、せまい道に入って来る車の意外に多いことに気がついた。注意してみると、いずれも観光客を乗せたハイヤーやタクシーである。ところどころで車を止めては運転手が客に説明しているらしい。ぞろぞろと車を出た客が古いやしきあとをのぞきこんだり、老木をふりあおいだりすることもあるけれど、窓のガラスを下ろすだけでこしも上げずに見物をすませてしまう客がいる。中にはスピードをゆるめるだけで通り過ぎていく車さえある。あれで観光になるのだろうか、とぼくは首をかしげた。

次に気づいたのは、自転車に乗っている学生ふうの若者たちによく出会うことだった。春休みのシーズンだったせいかもしれない。いずれも後ろに大きくナンバーを書きこんだ観光客用の貸自転車である。彼《かれ》らはグループをつくって風のように走って来た。特に夕方、見物先に時間の制限のあるところでは、一群の鳥に似た若者たちが飛来しては自転車を道ばたに置いて目的の場所に飛びこみ、またかけもどって来ると自転車にまたがってはあわただしく次の目的地に飛び去るのだ。

そんな人々を見ていると、自動車にも自転車にも頼らなかった自分の方法の好ましさをぼくは改めて認めることができた。

つまり、自動車に乗る人は自動車の目になって物を見てしまう。自転車を利用する人は自転車の目を自分から取りはずすことができない。そしてそれらの目が歩行する目と大きくちがうとしたら、それは地上を移動していく速度が異なるからだ。

例えば、自動車で走り去る人には古い土塀《べい》の表面がはげ落ちたあとにどんな表情がうかんでいるかを楽しむことができないだろう。自転車のペダルをふむ人は、石垣《がき》のすきまからはい出している草の花を咲かせようとする気配を見落としてしまう。歩く者は、字の消えかかった看板にも、破れた垣《かき》根のおくの光景にも一つ一つ向き合うことができる。今、目の中に入れたものをゆっくりとかみくだきながら考え考え足を運ぶことができる。

それとは逆に、自動車に乗ってスピードを増せば増すほど前方視界が両側からしぼられてせまくなることも知られている。

速度によって失われるものは、ぼくらが考えている以上に大きいかもしれない。

この旅での経験を比ゆとして用いるのが最適であるか否かについては必ずしも自信がないけれど、ただ速度のもつ不自由さという点では、電波によって送られる映像や音声と、活字によって刷られた紙面との間のちがいに似た関係が、そこにあるように思われてならない。こちらの場合は見る側が動くのではなくて見られる対象のほうが動くわけであるけれど――。

実際、テレビから必要な情報を正確に得ようとするとき、その映像や音の流れる速度にそって、こちらの目や耳も働かなければいけないのだから容易ではない。クイズの答えを送るあて先はなんと書いてあったか、と子供にたずねられてまともに返事のできたためしがない。親を見限った子供たちは、次からは一行目と二行目を分担して書き取ったり覚えたりしようとテレビの前で身構えることになる。

　しかし、そのことだけから、電波情報が活字情報におとるのだなどとは言えない。幼児が最初にテレビをみるのはコマーシャルからではなかろうか。番組の内容に興味を示さなかった子供がコマーシャルになるとテレビをふり向く、といったことに気づいた人は少なくないはずだ。形と色と音とがいちだんと強烈《れつ》なコントラストをなして四角い画面をよぎっていくからだろう。その感覚的なしげきが与えるものはおそらく幼児でも大人でもさほど質的には異ならないであろうと思われる。つまり、その場合我々はまず何かを感じるわけである。形と色と音は、画面の前にいる者の感覚にひとかたまりのメッセージを投げつけて走り去って行く。そうすることによってだけ伝えることの可能な何かがあるのは確かなことだ。

　しかし他方には、そういうやり方ではどうにも伝達不能なものがあるのもさらに確かなことである。新聞広告を幼児は見ない。それに興味を示すのは少なくとも文字が読めるようになってからである。細くくねったり短く折れたりする黒い線の集まりが一つの意味を伝えてくるのだと知ったとき、初めて新聞の広告は問二紙面の上に立ち上がって話しかけてくる。写真やイラストが目をとらえることはあるけれど、新聞の広告はやはり文字によって完結する。

　つまり、電波による映像や音声が何よりもぼくらに感じさせることを主眼とするならば、活字はぼくらに読むことを要求し、考えることをさそうようである。

**問一**　「自動車の目」「自転車の目」に比べて、「歩行の目」はなぜ好ましいのですか。一〇〇字以内で書きなさい。（句読点も一字とする。）

**問二**　——線部はどんな意味ですか。次の中から選び番号で答えなさい。

1　文字がうきあがるようにあざやかに見えてくる
2　明解な文章でその意味を教えてくれる
3　読者に生き生きと積極的に内容を伝えてくれる
4　読者の欲望をしげきしぜひ商品を買いたいと思わせる

**問三**　次の各文の内容が正しければ○、正しくなければ×で答えなさい。

1　「歩行する目」は「自動車の目」と「自転車の目」の良い点をあわせ持っていて好ましい
2　速度を上げることによって失ういちばん大きなものは、視野の広さである
3　幼児がコマーシャルに興味を示すのは、直接感覚にうったえてくるからである
4　新聞広告は歩いての観光とおなじく、ゆっくり見て考えることができる
5　テレビも新聞も感じるだけでなく、よく考えなければならない
6　「活字情報」は正確に意味をとらえ、考えることを読者に要求する

（一部改題）

## 8

## ▽さだまさし『長崎BREEZE《ブリーズ》』

桜蔭中学校

（解答は228ページ）

■ つぎの文を読み、問いに答えなさい。

花という生物は不思議なもので、神様が気紛《まぐ》れに作ったとしか思えぬ形状や色をしたものがある。

ポインセチアや紫陽花《あじさい》を花と言われてうろたえた少年時代をお持ちの方もあろうし、アンセリウム（オオベニウチワ）を造花かどうか確かめようと触《さわ》った体験があるのはおそらく僕《ぼく》一人ではあるまい。鷺《さぎ》草に至っては、それが何時《いつ》飛び去るかとながめて一夜を過ごしたりするし、月下美人が人間の目に見える程の速さで開花してゆく姿は神秘的ですらある。

また名も無いサボテンの、ヴェランダで忘れ去られていた小さな鉢《はち》うえに真紅の小花などふと咲《さ》いているのを発見した時の息をのむ程の感動は言葉にするのが難しい。

桜の一斉《せい》に咲き、吹雪《ふぶき》のように舞《ま》い散る美しさもあれば、気づかぬうちに訪れ、気づかぬうちに去ってゆく、ひっそりした露《つゆ》草の、紫色のささやかな美しさもある。人とて同じである。生きようとする姿はすべて美しく、生きる姿はすべて貴い。僕の愛唱歌のひとつである若山牧水《ぼくすい》の「薔薇《ばら》は薔薇の悲しみのために花となり、青き枝葉のかげに悩《なや》める」という歌は、小さな人生を精一ぱい生きようとして思い通りにならない人の生命のための切なくて優しい応援《えん》歌なのである。

父は材木屋で、ひどく羽振《はぶ》りの良かった時代があったが、ある年の夏の台風で破産した。それまでの使用人に暇《ひま》をだし、我が家は新中川町と伊《い》良林町の丁度境目にあたる傾《かたむ》いた二軒《けん》長屋のうちの一軒を借りて住み始めた。

家の裏には二間《けん》四方程の小さな庭があったが、とても庭と呼べる代物《しろもの》ではなかった。なぜなら、そこは大きな屋敷《しき》の石垣《がき》の真下にあたる日当りの悪いじめじめした場所で、何やら気味の悪いシダ類や苔《こけ》類に始終覆《おお》われた暗い一角だった。ただ、夏になると、その高くへだてられた石垣の根の辺りに、ユキノシタの白い花が、一斉に咲いた。その花を支える海老《えび》茶色の葉の表面の柔《やわ》らかそうなうぶ毛の朝露をはじき返す姿が、何故《なぜ》かとても好きだった。

その家は、小学校に面した裏通りに玄《げん》関があった。電車通りから、中島川の小さな橋を渡《わた》り、小学校沿いにゆるやかな坂を登った突き当たりで、この学校の側にも巾《はば》一間（一・八メートル）、長さ二間（三・六メートル）程の小さな庭があり、物干しに使っていた。学校の三階の角から窓の下を見下ろすと、この小さな庭が見えた。僕や弟は、その辺りを通過する時に必ず家をのぞいた。時折洗濯《せんたく》物を干していた母が、こちらに手を振《ふ》った。

父は、かつて羽振りの良かった頃の味が忘れられぬのか、あるいは不器用でそれ以外に出来ぬせいか、山に入っては材木を買い、家を数カ月も留《る》守《す》にしては、それでまた誰《だれ》かに引っかかる、というくり返しだったようだ。

生活が苦しい、というのと、生活が辛《つら》い、というのはちがう。父は父なりに精一ぱい闘《たたか》っており、母は母で精一ぱい闘っていたのだ。

だから、苦しいが、不幸ではなかった。

ある日、学校から帰ると、母が表の方の物干しに使っている庭でスコップを持っていた。誰かからもらったのか花の種を気紛れにまいてみようとしていた。まだ小学校に上がらぬ妹と二人で、そのささやかな土地を耕していたのだった。やがて僕と、少しおくれて帰って来た弟は、その種まきを手伝わされた。

そうして、母の花壇《だん》は出来上がった。

そんなある日、丁度、東洋軒というパン屋の工場のある辺りの、石垣の下のかなり危険な付近に、大輪の薔薇が一輪、突然咲いているのを発見した。A弟は、この花を母の花壇に加えたい、と言い張った。僕は、子供には危険な場所に咲いていたので、即座《そく》にそうしよう、と言えなかったが、弟が川っぷちの手すりを乗りこえて、ずんずん降りてゆくので、あわてて後を追った。

下まで降りてみると、柔らかな、ひどく嫌《いや》な匂《にお》いがした。その泥《どろ》の中から、真紅の花が、光を放つように咲いているのが、不思議でならなかった。その花は、少年二人の力に、あっけなく根こそぎ抜《ぬ》けた。B待っていたようにだ。

こうして泥の中で咲いていた大輪の薔薇は、弟の主張で、ささやかな母の花壇の中央に移植されたのだった。

翌年の夏、祖母はその薔薇をながめる事もなく静かに他界した。僕は、一週間泣き通して親戚《せき》たちを驚《おどろ》かせた。九歳《さい》の事だ。

薔薇は、根づいた。

我が家の人々は、Cその思い出深い城を出るまでに、合計九個の真紅の薔薇を数えることが出来た。その花は、年々倍以上に数を増やして行った。長屋住まいからの脱出《だつ》。我々は決してそんなふうに思えなかった。たといそれがどんな場所であれ、そこで過ごした時間の尊さは電球の傘《かさ》ひとつ、護美箱《ごみばこ》の一個にまでしみこんでいる生命の証《あか》しである。それでも我が家は、少なくとも父の復活の喜びをわかちあうために、思い出と薔薇を後にしたのだった。

それから、あっという間に十年の歳月がたった。

春のある日のことだ。僕はおよそ十年ぶりに、かつての長屋を訪ねてみた。それは決して感傷からではなかった。偶《ぐう》然近くへ来たから。それだけの理由だった。懐かしい坂道をゆっくりと上がる。少年の頃《ころ》の風景が少し小さくなってそのままそこにある。小学校の脇《わき》を抜けて突き当たると、かつての我が家だった。

時の流れの中で風化してゆく記憶と、決して風化しない記憶がある。

十年の歳月を経て、僕と弟の薔薇は、そのささやかな母の花壇をいつか占拠《せんきょ》していたのだった。一輪だった真紅の大輪の薔薇は、いつの間にか小さな庭からこぼれるように拡《ひろ》がり、数え切れぬ程のおびただしい数の紅を歳月の中に育《はぐく》んでいたのであった。

D薔薇ノ木ニ薔薇ノ花サク。
ナニゴトノ　不思議ナケレド。　白秋

泥の中の花は、僕のうるんでゆく視界の中で静かな紅い光をはなちながら、ふと吹《ふ》き過ぎる、柔らかな風に身を任せていた。

（一部改題）

**問一**　A弟は、この花を母の花壇に加えたい、と言い張った。とありますが、弟は言い張った後でどのような行動をとったか文中から読み取り、整理して答えなさい。

**問二**　B待っていたとありますが、どのようなことを「待っていた」ように思われたのか答えなさい。

**問三**　Cその思い出深い城とありますが、小さな長屋を「城」と呼んだのはなぜでしょうか。考えて答えなさい。

**問四**　――線部Dは「薔薇の木に薔薇の花がさいている。なんの不思議もないけれど。」という意味です。この詩を心に思いうかべた時の作者の気持ちを考えて、「なんの不思議もないけれど」に続く内容を考えて答えなさい。

## 9

### ▽ラフカディオ・ハーン（小泉八雲）

# 『乙吉のだるま』

雙葉中学校

（解答は236ページ）

■ 次の文章を読んで問いに答えなさい。

〔A〕

子供たちは、大よろこびでした。というのは、昨夜大雪がふって、日本の詩人たちが美しくも名づけた「銀世界」がつくられたからです。……じっさい、これらの詩人が冬を魅力《みりょく》的にほめたたえることばには、誇張《こちょう》がありません。なぜなら、日本の冬は幻想《げんそう》のように美しいからです。冬は、「自然の死」というような、陰気な感じのものではありません。①大寒のときでさえ、自然はまざまざと生きているからです。森は、たいていは常緑樹ですから、冬になっても、②「骸骨《がいこつ》の森」のありさまになって、見る目にいやな感じをあたえるということはありません。それから、雪は、――マツの葉にやわらかにつもったり、または、その重みでタケを優美にしなわせたりして、――（ア）極東の詩人に陰気な経《きょう》かたびらを思わせたりしません。

まったく、日本の冬の特別の魅力は、森と庭園の一年中かわることないみどり色の上に、想像もつかないほど奇妙《きみょう》なかたちにつもる、この雪によってつくられるのです。

けさ、私の書生《しょせい》の光《あき》と新実《にいみ》が、雪だるまをつくって、子供たちといっしょにたのしんでいました。そして、私も、それをながめてたのしみました。

……（中略）

さて、私の庭の雪だるまは、何年か前、私が東海岸のある漁村でたのしい夏をおくったときに見つけた、③たいへん奇妙なだるまのことを思いださせます。

そこには宿屋はありませんでしたが、さかな屋をしている乙吉《おときち》という気だてのいい男が、いつも、二階を私に貸してくれて、びっくりするほどさまざまなやりかたで、料理したさかなを食べさせてくれました。

ある朝、乙吉は、たいへんみごとなホウボウというさかなを見ないかと、私を店によびました。……（中略）

「食べられますか？」

と、私は聞きました。

「へい。これを料理してめしあがっていただきますよ。」

と、乙吉が答えました。

（どんな質問をうけても、――否定の答えをしなければならない質問にでも、乙吉は、「へい」という感嘆詞《かんたんし》で、その答えをはじめるのでした。それは同情と好意にみちた調子なので、聞く人は、たちまち、この世のつらさを忘れてしまうほどでした。）

それから、私はいろいろなものをながめながら、店の中をぶらぶらしました。一方には、たなが何段もあって、ひものの箱《はこ》、食用の海草のつつみ、わらじのたば、酒どっくり、ラムネのびんなどがのせてありました。反対がわのずっと上に、神だながありました。そして私は、その神だなの下に、だるまの赤い像のある、すこし小さいたなのあることに気がついたのです。あきらかにその像はおもちゃではありませんでした。その前にはお供えもありました。

私は、だるまが一家の神としてまつられているのを見てもおどろきませんでした。（イ）、私は、日本の各地で、天然痘《てんねんとう》にかかった子供のために、だるまに祈《いの》りをささげることを知っていたからです。しかし、私は、乙吉のだるまの異様なようすにいささかおどろきました。それには、目が一つしかなかったのです。その目は大きくておそろしく、店のうす暗がりの中で大きなフクロウの目のように、にらんでいるようでした。それは右の目で、つやのある紙でつくってありました。左の目の穴は白くてうつろでした。

〔B〕

　そこで、私は、乙吉によびかけました。

「乙吉さん、子供が、だるまさんの左の目をたたきつぶしたのですか？」

「へい、へい。」

と、乙吉は、とびきり上等のカツオを、まな板の上にとりあげながら、きのどくそうにふくみわらいをして、いいました。

「はじめから左の目はございませんのです。」

「そんなふうにつくってあったの？」

と私は聞きました。

　そのとき、乙吉の長いほうちょうは、銀白のさかなの胴《どう》を、音もたてずにすーと通りぬけました。

「へい、ここでは、めくらのだるましかつくりませんです。あのだるまを買いましたときには、目がありませんでした。去年、大漁のあとで、右の目をつくってあげました。」

「でも、なぜ両方の目をつくってあげなかったのだね？　たった一つの目では、かわいそうですよ。」

　私がいうと、乙吉は、桃色《ももいろ》と銀色のさしみを、手ぎわよく、ガラスのすだれの小さな下じきの上にならべながら、

「へい、へい。またうんと運のいい日がまいりましたら、もう一つの目をつけてあげることにしましょう。」

と答えました。

　それから、私は、村の通りを歩きまわって、民家や、店の中をのぞきこみました。そして、いろいろな状態の、いろいろなだるまを見つけました。（ウ）目のないものもあり、一つしかないのもあり、また、両方ともそろっているのもありました。出雲《いずも》では、めぐみをほどこしてやって、そのかわりにお礼をうけることになっているのは、（エ）あの大きな腹をした福の神、布袋《ほてい》であることを、私は思いだしました。礼拝者のほうで何かお礼をしなければならぬ理由があると、すぐさま、安楽にもたれた布袋の像に、やわらかなざぶとんをしかせます。そして、さずかるめぐみが増すごとに、布袋のざぶとんも一つずつふえていくのです。

　しかし、だるまには、二つ以上の目をあたえるわけにはいかないことに、（オ）気がつきました。三つでは、三つ目小僧《こぞう》というお化けになるのです。……いろいろ聞いてみてわかったのですが、だるまに二つの目と、いろいろな小さなお供えがあげられると、そのだるまは、つぎの、目のないだるまに席をゆずるためにかたづけられるのだそうです。目のないだるまは、目をつけてもらうためにはたらかねばならないから、（カ）すばらしいことをしてくれるにちがいないと、みんなは期待するのです。（中略）

　私が、この村を去る前の晩に、乙吉は二か月分のごちそう代のかんじょう書きを持ってきました。そしてその額は、とんでもないほど安いのでした。もちろん、日本の心やさしい習慣にしたがって、茶代をそれにくわえねばならないでしょうが、それを考えあわせてみても、そのかんじょう書きは、ばかばかしいほど正直なのです。

　いろいろな感謝の気もちをあらわすために、私のすることのできた最少のことは、要求額を二倍にしてはらうことでした。そして、乙吉のまんぞくのようすは④まったくかざりけがなく、どうじにまた適度に品のあるものだったので、それは見る目にもうるわしく感じられました。

　あくる朝、私は、早い急行列車に乗るために、三時半に起きて着物を着ました。しかし、こんな、幽霊《ゆうれい》でもでそうな時刻にさえ、階下では、あたたかい朝食が私を待っていてくれたし、色の浅黒い乙吉の娘《むすめ》が、給仕の用意をしてくれていました。……熱いお茶の最後の一ぱい

〔C〕

をのんだとき、私の視線は、思わず神だなのほうへ動きました。そこには、小さな燈明《とうみょう》がまだ燃えていました。だるまの前にも燈明が燃えているのに私は目をとめました。と、そのとき、そのだるまが、私のほうをまっすぐに見つめているのに気がつきました。――二つの目で……。

**問一**　文中の（　）ア〜カにふさわしい語をA〜Iから選び記号で答えなさい。

A　ついに　　B　たいてい　　C　ぜんぜん　　D　きっと

E　ずっと　　F　それに　　G　決して　　H　なぜなら

I　ふと

**問二**　①大寒の読みを記し、意味を簡潔に書きなさい。

**問三**　――線②「『骸骨の森』のありさまになって、見る目にいやな感じをあたえる」と同じ内容を示す部分を文中からぬき出しなさい。

**問四**　〔A〕の部分で述べられている日本の冬の美しさとはどのような美しさなのですか。読みとって説明しなさい。

**問五**　――線③「たいへん奇妙なだるま」といっていますが、どのようなだるまですか。一〇字以内で記しなさい。

**問六**　〔B〕の部分の「私」と乙吉とのやりとりから、乙吉のどんな人がらや様子が読みとれますか。そう思うわけもふくめて書きなさい。

**問七**　――線④「まったくかざりけがなく、どうじにまた適度に品のあるものだった」とは、乙吉のどんな様子をさしていっているのか、説明しなさい。

**問八**　〔C〕の部分で、「私」はどのような思いをいだいていますか。大きく二つにわけて、その思いをていねいに説明しなさい。

（一部改題）

## 《論述・作文演習 ⑲》　お茶の水女子大学附属中学校

次の資料は、ある中学校の国語の授業に関する調査結果をグラフにまとめたものの一部です。このグラフの①と④の結果から読み取れる特色を一〇〇字以内で述べなさい。

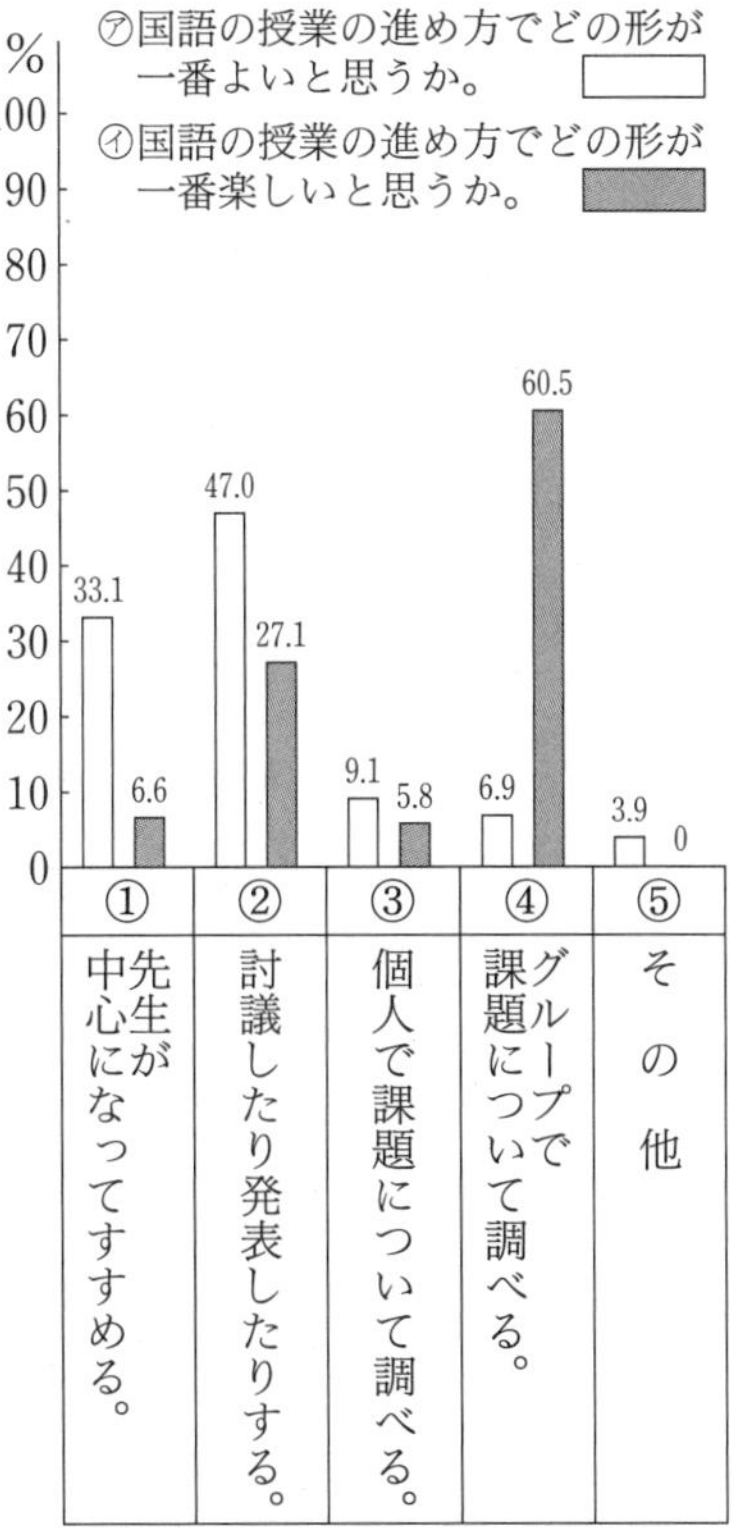


（解答は252ページ）

## 10 ▽杉みき子『がんぎの町から』

ラ・サール中学校

（解答は252ページ）

■つぎの文を読み、問いに答えなさい。

子どものころ、季節というものは、人間が待っているから訪れてくるのだとばかり思いこんでいた。人間が待つということをしなかったら、季節はどこかでちゅうぶらりんになったまま、先へ進めなくなってしまうだろう。夏が過ぎても一向に涼《すず》しくならなかったり、冬になっても雪が降らなかったり。それでは困るから、人間はみんなで切実に、次の季節の到《とう》来を待ち望まなくてはならないのだと、本気で信じていたのである。

ひとつには、待つということが楽しいからでもあった。［イ］をふくめてなにごとも、それを待っているときがいちばん楽しい。夏休みでいちばん楽しいのは、一学期の終業式の日である。春ならば早春、夏は［ロ］、秋のはじめ、冬のさきがけ。それぞれの季節の幕あきは、季節まっさかりの時期より、はるかに新鮮《せん》なよろこびにあふれているように思う。

A　その間をぬって、間奏曲のように、きんもくせいが香《かお》る。九月も終りに近い朝、窓をあけて、とつぜんこの香りに出あうとき、ああ生きていた、とただそれだけをひたすらに思う。静かな寺町の住宅街に、きんもくせいのある家がほどよく並《なら》んでいて、歩むにつれてたえまなく新しい香りの流れてくるうれしさ。夜の小路の角をまがったとたん、冷たい夜気の中から、あふれるほどの香りにつつまれるときのよろこび。このころはすでに雨風が繁《しげ》く、きんもくせいとの出会いが、ほんの数日の栄華《が》にすぎないとよくわかっているだけに、（1）、このささやかなぜいたくは、雪くる前の自然からの最大のおくりものとして、心を満たすのである。花の散ったあとは、残り香を惜《お》しみながら、また来年のめぐりあいを待つ。その待つ月日の楽しさをも勘《かん》定に入れると、きんもくせいの花は、つまり(1)一年中咲いていることになるのかもしれない。

B　待ちながら、待たれながら移ってゆく季節のなかで、わけて雪国の「待つ季節」は、多分、お盆《ぼん》からはじまる。まだ夏になりがけのころから、「盆になったら」「盆がすぎれば」ということばを、私たちは日に何度くりかえすことか。そして、お盆。もちろん、旧盆である。親類縁者たちがつぎつぎと来てはまた去ってゆき、その最後のお客が出て行ったあとは、虫の音が急に高くなり、くさむらのほおずきがしだいに色づき、枯《か》れたひまわりを鳴らして吹《ふ》きすぎる風が、心なしかさびしい。

C　さて、冬の足音はしだいに近づく。夜ふけてから急に冷えこんだと思っていると、明ければ妙《みょう》高山に初雪。南の空に、この巨《きょ》大な一輪のバラを仰ぐとき、自分は前世にどんな徳を積んだおかげで、こんなに美しいものを見る権利を得たのだろう、といつも思わずにはいられない。こんな美しいものをあんまり長く見つづけていたら、しまいには心がバランスを失ってしまうのではないかとさえ思う。

D　商店の売り出しなどで、福袋《ぶくろ》というのがある。中身は何だか表示しないままに、適当な品物を袋につめ合わせて、割安に売る。内容がわからなくては買い手もなさそうに思うが、これがけっこう売れるらしい。えんぎものだからという場合もあるが、あれはそもそも品物を買うのではなくて、袋をあけるまでの［ハ］を買うのだろう。季節のはじめというのは、大きな福袋をかかえているようなもので、天地は未知なるものへの予感でいっぱいだ。

E　このお盆をひとつの区切りとして、それまではごくおだやかに、季節の甘やかしに安住していた生活が、とつぜん目をさましたように、一つの方向にむかって動き出す。お盆前には、日々の歩みにこれという目標はなかった。しかし、お盆を越《こ》したとたん、(2)行き着く先にあるものが、はっきりと目に見えてくるのである。それに向かって、のがれようもなく進んでゆく日々だと身にしみているから、気の早い人は、まだ降らぬ雪のことを、いまから早手まわしにぐちりはじめる。「涼しくなりましたね」のあいさつが、「だんだん心細くなってきましたね」とかわるまでには、いくらの日数もない。

(3)冬がくる前のよろこびには、もうひとつ、こたつを出す日のことがある。子どものころ、こたつを出す朝というのは、障子がふしぎに明るかった。しんしんと底冷えがして、（２）、縁側には白い日ざしがさしこみ、ふと鳥かげがかすめたりする。そのころは掘《ほ》りごたつで、部屋《へや》のまん中の小さな畳《たたみ》をあげ、新しいわら灰をほっこりと入れて、炭をつぐ。やぐらを立て、ふとんをかけると、日なたくさいにおいが部屋いっぱいにひろがって、いよいよ冬がどっしりと家の中に腰をすえた、という感じになる。

子どものときは、夏になって蚊帳《かや》をつるのと、冬が来てこたつを出すのとが、季節のしたくの楽しみの双璧《そうへき》であった。いまはもう蚊帳はつらないし、こたつも電気こたつになってしまったから、昔ほど(4)わくわくする手間はかからなくなったが、（３）、こたつを出すのはうれしい。こたつにはまりこんで、すっぽりと落ちつくと、冬生まれの私にはことに、自分のいるべきところへやっと帰ってきたという思いがある。

こたつのあるくらしが、毎日の起きふしにすっかりなじんだころ、外では、いちょうの木の黄葉を最後に秋が退場して、木たちが(5)一年中でいちばん美しい姿をあらわしはじめる。その下にたたずんでいると、頭上でひそひそとささやく声がきこえるのだが、なにを話しているのかは、耳をすましても聞きとれない。しかし、かれらはおそらく、何かを待っているにちがいないという気がする。来るべきものについて、（４）、あれこれ話し合っているにちがいない。何を待っているのか。おそらく、人間と同じものを。

その、いくらか不安げにみえるささやきが、いざ［ニ］がくると、ぴたりと静まる。空いっぱいにのばした枝《えだ》々が、ひとしく重い冷たい来訪者を迎《むか》えるとき、木たちは急に巨大になり、土に根を張るものの自信にあふれて、いささかも動じない。

おもしろいことに、(6)人間にも同じことがおこる。半年の間待ち続けていたことに、ついに決着がついたことの安堵《ど》かもしれない。それを見越していながら、今はまだ、不安と期待とを半々に、ひたすら待つ季節のさなかである。

注　繁く＝しきりであって。数量が多く。
双璧＝優劣《れつ》なくすぐれている二つのもの。
安堵＝安心すること。心が落ち着くこと。

**問一**　右の文章中……線で囲んだA～Eは順序が乱れています。正しい順序にならべなおしなさい。

**問二**　［　］イ～ニにあてはまることばを、漢字一字または二字で、それぞれ書きなさい。

**問三**　（　）1～4にあてはまることばをそれぞれ次の中から選び、記号で答えなさい。

ホ　それでもやはり　　へ　そのかわり
ト　それだけを　　チ　なおのこと

**問四**　——線(1)「一年中咲いていることになる」とあるが、どういうふうに考えればそういうことになるのですか。二五字以上三五字以内で説明しなさい。（句読《とう》点も一字に数える。問八、九も同じ。）

**問五**　——線(2)「行き着く先にあるもの」とは何ですか。

**問六**　——線(3)「冬がくる前のよろこび」として筆者は「こたつを出すこと」のほかに何をあげていますか。筆者があげているものを全部、簡潔に書きなさい。

**問七**　——線(4)「わくわくする手間」とはどうすることですか。その説明にあたる部分を本文中からさがし、最初と最後の各四文字を書きなさい。（句読点は字数にいれない。）

**問八**　——線(5)「一年中でいちばん美しい姿」とはどんな姿ですか。二〇字以内で説明しなさい。

**問九**　——線(6)「人間にも同じことがおこる」とあるが、どうなるのですか。二五字以上三五字以内で説明しなさい。

**問十**　この文章に最もふさわしいと思われる題名を、五字以内でつけなさい。

（一部改題）

---

## 《論述・作文演習⑳》　桜蔭中学校

次の詩には「ミミコの独立」という題名がついています。なぜ、こういう題名をつけたと思いますか。考えて書きなさい。

ミミコの独立　　山之口《やまのぐち》　貘《ばく》

とうちゃんの下駄《げた》なんか
はくんじゃないぞ
ぼくはその場を見て言ったが
とうちゃんのなんか
はかないよ
とうちゃんの ※1かんこをかりてって
ミミコのかんこ
はくんだ　と言うのだ
こんな理屈《りくつ》をこねてみせながら
ミミコは小さなそのあんよで
まな板みたいな下駄をひきずって行った
土間では片《かた》すみの
※2かますの上に
赤い鼻緒《はなお》の
赤いかんこが
かぼちゃと並《なら》んで待っていた

※1かんこ…げたの幼児語　　※2かます…わらむしろの袋《ふくろ》

（解答は263ページ）

# 11 ▽福井謙一『学問の創造』

開成中学校

（解答は272ページ）

■ **次の文章をよく読んで、後の問いに答えなさい。**

昭和六年、私は大阪府立今宮《いまみや》中学（旧制。現在は高等学校）に入学した。入学すると同時に生物の同好会に入った。

生物同好会は、二人の生物の先生が担当するクラブであったが、実際は生徒によって自主的に運営され、その名も「博物学会」と名づけられていた。この虚喝《きょかつ》《からおどし》めいた名称については、実のところ「おこがましいから改めなさい。」という達しが校長先生のほうからあったのだが、生徒側はがんとしてこれを受けつけなかった。あいだに入っていた担当の両先生こそいい迷惑《めいわく》であったが、クラブの先輩《せんぱい》たちはそれだけに、こと生物の知識においてはそうそうたる専門家はだしの人がそろっていて、私たち新入部員としては頼《たの》もしい限りであった。そういう先輩たちだから、反面、厳しいところもあった。例えば、クラブで出しているガリ版刷りの会誌に二度投稿《とうこう》した私の小文は、いずれも先輩から手ひどい痛罵《つうば》《ひどくののしること》を受けたものである。だが、上級生の中には夏休みに台湾《たいわん》まで蝶《ちょう》採集に出かけるようなエキスパート《専門家》もいて、私はこのクラブでよき指導者にめぐまれたことを幸せに思っている。

「博物学会」では、生物の採集と観察を目的としたハイキングがひんぱんに催《もよお》された。私が一年生の時、最初に参加したのは生駒山《いこまやま》へのハイキングで、この時は日本の特産種であるギフチョウという珍種《ちんしゅ》を採集し、「おまえは案外やるやないか。」と、先輩からひやかされて、①ひどく気をよくしたものであった。これが病みつきとなって、私はハイキングには毎度欠かさず参加した。

いろいろな山に登った。奈良と大阪の県境の信貴山《しぎさん》、金剛山《こんごうさん》、奈良の吉野山《よしのやま》、兵庫の六甲山《ろっこうさん》、摩耶山《まやさん》、石楠山《しゃくなげさん》、大阪では能勢《のせ》、箕面《みのお》などである。特に箕面は、近いということもあって個人的にも何度となく足を運び、どういう木にはどういうクワガタムシが棲《す》みついているかということまで頭に入るまでに精通していた。しかし、近いといっても箕面には電車に乗って行かなければならず、夏の朝早く出発しても着いた時には大型のめぼしい甲虫類《こうちゅうるい》《カブトムシやカミキリの類》はほとんど採集し尽《つ》くされて見当たらないということもたびたびあった。徒歩でこられるところにある中学の生物好きの面々が、地の利を活《い》かして先駆《さきが》けしたのは〔　A　〕明らかであった。

私は、生物同好会の一員として活動したこの時のことを思い出すたびに、経験で学ぶことの尊さを痛感しないではいられない。例えば、生物の名にしても、そのほとんどが先輩から口移しに教えられたものばかりで、あえて図鑑《ずかん》を見て調べたりしたことはずっと後までなかった。その必要もなかった。もっとも、当時は図鑑といっても今のようなきれいで詳説《しょうせつ》されたものはなく、日本昆虫図鑑《こんちゅうずかん》が出たのがやっと昭和七年ごろのことであって、中学校の図書室の動物図鑑がほぼ唯一《ゆいいつ》の頼《たよ》りであったが、②そのような憶《おぼ》え方をしたがために、私は生物の名を今に至るまで忘れないでいられるのではないかと思う。

活字によって自然についての認識を増やすことは、もちろん大切である。が、そうした活字性の自然認識が、順序の上で、また量の上で、経験による③所与性の自然認識に先行すると、自然はその本来の姿とはまったく異なった姿に変容してその人に認識されてしまうに違いない。これは少なくとも奥深《おくぶか》い自然を科学化しなければならない自然科学者には、好ましいことではない。否、危険でさえある。中学時代、野で山で自然に直接触《ふ》れながら、そのあるがままの姿を学んだことを、私はこのような一つの信念から尊しとするのである。

ところで、子供の時からの自然と親しむ生活に加えて中学時代にこうした経験をくり返した私は、その中で後の人生にいろいろな意味で大きな影《えい》響《きょう》を与える結果となった、終生の〝心の師〟ともいうべき人にめぐり逢《あ》った。『ファーブル昆虫記』の著者アンリ・ファーブルである。

ラベンダーという、淡《あわ》いむらさき色の小花を咲《さ》かせる草がある。原産地は温暖な地中海沿岸で、夏のころのこの地方を訪れる旅人は、野のそここにむらさき色のじゅうたんを敷《し》きつめたように咲いているこの美しい花に目をとめて、しばし時を忘れてしまうに違いない。私も南フランスで、折から強い陽差《ひざ》しをうけながら風にさやぐラベンダーの野に何度も見惚《ほ》れたことがある。】

南フランスのリビエラ海岸の東端《とうたん》にマントンという小さな町がある。イタリアとの国境に接するこの町を、私はもう七度ほど訪れている。それがきまってラベンダーの花咲く夏に当たるのは、私がこの町を本拠《ほんきょ》としている「国際量子分子科学アカデミー」という学術団体の一会員で、その定例集会が毎年この季節に開かれることになっているからである。例のごとく、④自分から腰を上げての訪問ではないが、マントン、それから西方のローヌ川下流プロバンス地方などを漫歩《まんぽ》すると、やはりきてみてよかったと、しみじみ感じさせられる。南フランスは、過去に旅した土地の中で最も印象深い土地である。ここは何よりも私が頭に描《えが》き得る限りの理想的な自然条件を備えており、加えて、何にも利用されていない荒地《あれち》などを目にするにつけ、淡《あわ》い郷愁《きょうしゅう》のようなものを覚えさせられるのだ。「定年になったら、ここらあたりの海岸に小屋でも建てて住みたいな。」そんなことを、いつか一緒《いっしょ》にきた妻とまじめに話し合ったことがある。

マントンからプロバンス地方にかけての一帯には、画家にゆかりの地が点在している。まずニースの西方、カーニュはルノアールの没《ぼっ》した町であり、同じくアンティーブにはピカソが住んでいた。それからセザンヌが生まれ、そこで亡くなったエークス(マルセイユの北方)。その西方には、ビゼーの歌劇「アルルの女」で知られるアルルの町があるが、ここにはゴッホが晩年しばらくの間住んでいた、と物の本に書かれている。

私は小学生のころ、絵描きになりたいと思っていた一時期があった。小学四年の時の担任が図画の先生だった影響《えいきょう》かもしれないが、そのころ、小学生には早きにすぎる油絵の道具を買いそろえてもらったのを思うと、その志がなまなかのものではなかったことが推察されるのである。画家への道はとうに断念したわけであるが、今でも旅先で時間ができると足は自然に美術館へ向いているというふうで、殊《こと》に油絵に対する関心はいまだに失《う》せない。私が南フランスに心ひかれるのは、この地方が優れた作品を残した画家と縁《えん》の深い地であるということも手伝っているのかもしれない。

だが、その理由の最たるものを挙げよといわれれば、私は即座《そくざ》にファーブルの影響を挙げることができる。中学に入ったころからくり返し読んだ『ファーブル昆虫記《こんちゅうき》』には、南フランス、プロバンス地方の自然や風物が、まことにかぐわしい文章で描かれている。それが南フランスに特別の親しみを覚えさせる最大の理由のようである。比類まれなる昆虫研究書であり、同時に香《かお》り高い文学作品である『ファーブル昆虫記』を読み始めたのは、中学一年の時ではなかったかと思う。周知のようにこの書は長編であり、当時これを訳出して文庫版で一時に刊行するのでなく年々少しずつ出していったと記憶《きおく》している。私は新しい分冊が出るのが待ち遠しくて、出版されたのを知るとすぐに本屋に買いに行くというふうであった。それほどこの本は、その名訳も手伝って、読み進むにつれて私を心底からとりこにしていった。

なぜ、この本がそんなにも私の心をとらえたのか。理由はいろいろ考えられるが、一つは、ここに描かれた世界に自然に溶《と》け込《こ》んでいける背景が当時の私にあったからに違《ちが》いない。

　動物の糞《ふん》を食物とする「聖たまこがね」に筆を起こしたこの書には、種類は限られているが、さまざまな昆虫の名前が登場する。それらは、南フランスのアベイロン県サン・レオンの農家に生まれたファーブルが、ほとんど貧しさと隣合《となりあ》わせに送った波乱に富んだ人生の中で孜々《しし》として《よくつとめ励《はげ》んで》観察し続けた昆虫である。

　私もそうした昆虫を、奈良の押熊《おしくま》の周囲で、大阪の我が家の近くで、また中学の生物同好会の一員に加わって登った近畿《きんき》の山々で、この目で直接見知っていた。その観察はファーブルの生態観察のように精緻《せいち》《こまかく、綿密なさま》をきわめたものからは程遠かったにしても、古き南フランスと日本というふうに時代も土地も異にしながら、⑤そのことがファーブルと私を結ぶ共通の「言語」になったことは確かである。事実、『ファーブル昆虫記』に描き出されたことは、みな、私には身近なところで営まれていることのように映った。このような経験が積み重ねられていなかったとしたら、かくもファーブルを敬愛するに至らなかったはずである。

　ところで、ファーブルは、偉大《いだい》な昆虫学者であり文学者であったにとどまらず、優れた化学者でもあった。否、天才的な化学者であった、といっていいと思う。なぜなら、正規の化学教育を満足に受けていないにもかかわらず、彼《かれ》は独りで研鑽《けんさん》《研究》と創意を積み重ねながら、独創的な化学の道を拓《ひら》いていった。その器用さはよほどの才能がないと掌中《しょうちゅう》《自分のもの》にできないだろう、と同じ化学者としての立場から現在の私に推測されるからである。

　ファーブルがデュランス河とローヌ河にはさまれたアビニオンの師範《しはん》学校を卒業したのは、満十九歳《さい》の時である。ここで彼は自分を化学に向かわせる一つの事件を経験する。卒業を前にしたある日、学校の科学の先生が、「お祝い」のために、生徒たちに酸素を見せてやることになった。が、ファーブルたちが胸ときめかせて正装《せいそう》までしてその場にのぞんだにもかかわらず、実験は大失敗に終わる。しかし、ファーブルは決心するのである。「今日、運悪く拒《こば》まれた酸素を、他日、私は自身で手に入れるだろう。他日、教師もなく、私は化学を覚えるであろう。」と。

　師範学校を卒業したファーブルは、アビニオンの北東カルパントラスの小学校の先生になり、この間に彼は物理と数学の得業士、学士《両方とも学問上の階級の名称》の資格を大学で得ているし、さらにコルシカ島の中学の物理教師を経て、高等学校の教師としてアビニオンにもどる。彼《かれ》はここにおよんで理学士の試験に合格し、大学で博物学を教えるという、以前からの目的に歩一歩近づくのだが、大学で教鞭《きょうべん》をとるには研究費をまかなうための個人的な収入が必要であることを知る。七人家族の生計を捻出《ねんしゅつ》する《やりくりしてこしらえる》のにやっとだった彼は、この壁《かべ》を破るために、学校を卒業して以来、生徒に教えながら身につけていた化学の素養を活《い》かそうとするのである。

　『ファーブル昆虫記』には感動的な場面が随所《ずいしょ》に書かれているが、私が何度読み返しても感動を新たにさせられるのは、十巻の最後の章である。ここには、研究費をつくり出そうとして彼が着眼したアビニオンの主産業である茜《あかね》の工業（山野に自生する多年生蔓草《つるくさ》「あかね」から染料をとる工業）にかけた一つの⑥夢の顛末《てんまつ》《始めから終わりまでのありさま》が詩情豊かに描《えが》かれている。

　ファーブルは考えた。「古くはペルシア、インドで染料として用いられてきた茜の色素主成分アリザリンを純粋《じゅんすい》状態で抽出《ちゅうしゅつ》しよう。そうすれば、直接に布地に印刷もできることになって、これは古い染色法よりはずっと芸術的な、また迅速《じんそく》な方法となろう。」それから手がけたこの改良研究は、彼のたゆまぬ努力によって着々と成果を上げた。この間にファーブルは文部大臣に招かれてパリに行き、［ B ］「ゆでえびの肢《あし》のように」なった手で"レジオン・ドヌール"という名誉《めいよ》の勲章《くんしょう》を受け、ナポレオン三世に謁《えっ》見《けん》を許されている。パリという都会は、しかし、根っからの［ C ］であるファーブルに言い知れぬ孤独《こどく》を味わわせただけで、彼は「たちじゃこうそうの匂《にお》う丘、蝉《せみ》のいっぱいいる暗緑色のオリーブ樹のところ」南フランスにそそくさと引きあげていく。すでにアリザリンの抽出に成功していた彼は、そして、その実用化をめざして準備の整った工場に一層の望みを託《たく》すのだが、やがて、彼と、彼の関係する工場に手ひどい衝撃《しょうげき》を与える"事件"が出来《しゅったい》した。

時は一八六六年。事件とはドイツのグレーベとリーベルマンによって、アリザリンの人工合成の成功したことをいう。この人工アリザリンの進出のためにアビニオンの染料工場は閉鎖《へいさ》され、同時にファーブルの望みは絶たれてしまう。この一件は彼にはよほど衝撃的だったのであろう。『ファーブル昆虫記』の最後は次の文章で終わっている。

万事は休した。私の希望は完全に打ち砕《くだ》かれた。さて今度は何をしたものか。梃子《てこ》をかえて、そしてシシュフォス〔訳者注＝ギリシア神話に現われる人物で、死後、「幽冥界《ゆうめいかい》《あの世》」にあって、山の頂上に大石を持ち上げ、落ちたその石をまた持ち上げるという苦役を永久に続ける〕の石をいま一度転がし直すことにしよう。⑦あかねの大桶《おおおけ》が私に拒《こば》むものを、インク壺《つぼ》から取り出すよう努めよう。Laboremus!「我ら働かんかな」

ここに書かれているように、茜工業の改良に失敗したファーブルは、［ D ］にとりかかる。こうして一八七九年に『ファーブル昆虫記』の第一巻が上梓《じょうし》され《出版され》、以後巻を重ねるが、この文章を書いたのは彼八十四歳《さい》の時だといわれる。そして、この終章を収める第十巻が発行されたのは一九一〇年、すなわち九十二歳で没《ぼっ》する五年前であった。

独学で化学を修めるほどに、この学問に執心《しゅうしん》した《強く心ひかれた》ファーブルであったが、皮肉なことに、その化学における一実験の成功のために彼の宿望は絶たれてしまったわけである。が、ファーブルは力強くこう叫《さけ》ぶのだ。「Laboremus!（我ら働かんかな）」と。この一言に、当時の私はほとんど魂《たましい》を揺《ゆ》すぶられるほどに感動した。同時に、自然の"申し子"のような、この敬愛すべき人物にかような酷《むご》い仕打ちを与えた化学という学問に、かすかな敵意を覚えないではいられなかった。

---

**問一** ――①「ひどく気をよくした」のはなぜですか。その理由として適切なものを次から選び、その記号を答えなさい。

ア　自分だけ珍種《ちんしゅ》を採集できたから
イ　自分の存在が先輩《せんぱい》に認められたから
ウ　よき指導者にめぐまれたことを痛感したから
エ　これで自分もよき指導者になれると思ったから

**問二** ［ A ］に入る言葉として適切なものを次から選び、その記号を答えなさい。

ア　火を見るよりも　　イ　人を見るよりも
ウ　森を見るよりも　　エ　行って見るよりも

**問三** ――②「そのような憶《おぼ》え方」とありますが、それはどういうことですか。文章中から一〇字以内で、そのまま抜《ぬ》き出して答えなさい。

**問四** 太郎君は――③「所与性」という言葉の意味がわからなかったので、漢和辞典をひいて意味を調べることにしました。「与」は「あたえる」という意味で用いられているということがわかってきましたが、

「所」にはいろいろないくつもの意味があり、迷っています。

a　この場合の「所」の意味として適切なものを次から選び、その記号を答えなさい。

ア　道理　イ　場合　ウ　ほど・ばかり　エ　れる・られる

いちおう、漢字の意味はわかったのですが、それでも何となくすっきりしない太郎君は先生に聞きに行きました。すると、先生は、「その前の『活字性』という語と対《つい》になって用いられていることに注目して考えてみなさい。」とおっしゃいました。

b　「所与」の対としての、ここでの「活字」の意味として適切なものを次から選び、その記号を答えなさい。

ア　よく勉強すること
イ　みんなに広めること
ウ　人の考えを間にはさみこむこと
エ　文明の力をおおいに利用すること

**問五**　――④はどういう意味で用いられていますか。適切なものを次から選び、その記号を答えなさい。

ア　別の目的で行く旅である
イ　かなり束縛《そくばく》された旅である
ウ　だれかの代理で行く旅である
エ　あまり気のりのしない旅である

**問六**　――⑤「そのこと」とはどういうことですか。それにあたるものを文章中の【　】の部分からさがして、二五字～三〇字で、そのまま抜き出して答えなさい。

**問七**　――⑥に「夢の」とあるのはどうしてですか。「から。」に続くように、文章中の言葉を用いて、二〇字以内で答えなさい。

**問八**　［　B　］に入る言葉として適切なものを次から選び、その記号を答えなさい。

ア　その、年老いて　イ　その、ペンだこで
ウ　その、染剤《せんざい》のしみて　エ　その、宝石で飾《かざ》りつけられて

**問九**　［　C　］に入る言葉として適切なものを次から選び、その記号を答えなさい。

ア　自然児　イ　勉強家
ウ　はにかみや　エ　政治家ぎらい

**問十**　――⑦は何をさしていますか。文章中からさがして、一五字～二〇字で、そのまま抜《ぬ》き出して答えなさい。

**問十一**　［　D　］に入る言葉として適切なものを次から選び、その記号を答えなさい。

ア　工場の再建
イ　科学知識を普及《ふきゅう》する著作活動
ウ　科学知識を活《い》かした新しい研究
エ　人工アリザリンを上回る染料の研究

**問十二**　［否］という語が二度でてきますが、どういう意味ですか。ひらがな五字～一〇字のわかりやすい言葉にいいかえて答えなさい。

問十三　この文章の著者が南フランスに特別な感情をもっている理由が三つに分けて述べられていますが、それぞれ、三〇字〜五〇字にまとめて答えなさい。

## 《論述・作文演習 ㉑》　大阪星光学院中学校

**次の文章を読んで、あなたが思ったことを一七〇字以上、二〇〇字以内で自由に書きなさい。**

（解答は288ページ）

イラクの北部、トルコとの国境近くにシャニダールという村があります。有名なチグリス川の支流の大ザブ川の上流に面した山あいの小さな村で、地図に名前を見つけることは、まずできません。そんな辺境の地で、人間と花の交わりを、一挙に現生のヒト以前にさかのぼらせた画期的な発見がなされたのです。一九六〇年のことでした。

アメリカのコロンビア大学のソレッキー博士は先史時代の遺跡《いせき》を求めて、シャニダール村のはずれの山中にある大きな石灰岩《せっかいがん》の洞窟《どうくつ》を発掘《はっくつ》、その地下六・九メートルの地点からネアンデルタール人の化石骨を発見しました。それはシャニダールの洞窟で発見された四番目のネアンデルタール人だったので、博士はシャニダール第四号と呼んでいます。

シャニダール第四号は軟《やわ》らかい褐色の六万年ほど前の居住層に、左を下にひざを曲げた姿で、かなり完全な骨格でよこたわっていました。発掘はていねいに行われましたが、骨のまわりには他にこれといったものは何もみつかりませんでした。ところが、そのシャニダール第四号は、人類史上最初に花とかかわりあった人だったのです。どうして、そんなことがわかったのか。その謎《なぞ》解きは、土が果たしたのでした。

ソレッキー博士はこう告白しました。「その周辺の土のサンプルを採集しましたが、特別な意味はなかったんです。ただ、以前にオハイオ州で、インディオの墓を調べたとき、そのあたりの土を専門家に調べてもらって、それがいろいろと役に立ったのを思い出したんですよ。」

骨のまわりから採集された土のサンプルは、パリの古生物学者グラン夫人に送られ、七年をかけて研究された結果、考古学上前例のない事実が浮かび上がり、花の歴史を大きく書きかえました。土の中から少なくとも八種類の花粉が見つかったのです。

植物の花粉はごく小さなものですが、非常に固くて変化しにくいうえ、植物の種類によってそれぞれ特徴《とくちょう》があり、花粉だけからどの植物であるかがかなりはっきりと言えます。シャニダール第四号の骨に沿って見つかった花粉の分析《ぶんせき》から判《わか》った植物は、キク科のヤグルマギクの一種、ノコギリソウ属、セネシオ属、ユリ科のムスカリ属、アオイ科のタチアオイ属、マオウ科のマオウ属の一種、およびウマノアシガタ科のキンポウゲ類などでした。マオウ属以外は花の美しい植物で、虫によって花粉が運ばれる種類です。花粉の多くは同じ種類が十個とか百個とかかたまり、中には葯《やく》（おしべの先の花粉を作る袋）が残っているものもあったといいます。しかも、シャニダール第四号から離れた場所では花粉が少なく、また、かかとあたりからの土の花粉もそれほど多くはありませんでした。

以上の点にシャニダール第四号が洞窟の奥深い位置にあったことを考え合わせると、風や動物によって花粉が運ばれたとはどうしても考えられません。花粉を分析したグラン夫人が下した結論は、六万年前の五月下旬《げじゅん》か六月初旬のある日、一人の人物が死に、それをなげき悲しんだ人々は花を集め、死者に手向《たむ》け、葬《ほうむ》った。マオウの一種は死者をその上に乗せるために使われたと、実に生々しく、その時のようすを復原《ふくげん》しました。私はそれに加えたいと思います。葬られたのは晴れた朝であったと。

季節がいつであったということは、現在も、ヤグルマギク、ノコギリソウ、タチアオイやムスカリなど、供えられたと同じ花々がシャニダールに咲くので、その時期に当時の氷期の気候を考えに入れて割り出されました。

私の推定はタチアオイ属の花粉の分布によります。ほかの花粉とはちがい、タチアオイ属は花粉のかたまりを作らず花粉はバラバラに見つかっています。しかも、その数が多い。タチアオイ属の花粉は落ちやすいのですが、湿《しめ》っていると落ちにくいので、雨の日なら花粉のかたまりが見つかるはずです。また、タチアオイ属の花は朝開いて夕方閉じる。日中、昆《こん》虫の活動がさかんに行われた後では花粉は少なくなります。これらのことから、私は花が集められ添《そ》えられたのは晴天の朝と考えるのです。

ソレッキー博士はシャニダール第四号と彼に花を手向けた人々を、ザ・ファースト・フラワー・ピープル（最初の花人）と名づけました。六万年前の旧石器時代、ネアンデルタール人はすでに花を美しいと感じ、それを共にわかちあえる心を持っていたのです。人類の花の原点は実に古いものなのです。

# 12 ▽増田れい子『手編みのスウェーター』

武蔵中学校

（解答は294ページ）

■次の文章を読んで後の質問に答えなさい。

母は編みものが好きである。

八十歳《さい》に近いのだが、いまも好きなことに変わりはなく、羽織の下にガーター編みにした袖無《そでな》しを重ねていたりする。背中の部分だけを二本取りにしてふっくらとあたたかく編んである。ちょっといい工夫だと思った。一枚の袖無しだが、いろんな色糸を気の向くままといった感じで使ってある。深いこげ茶、エメラルドグリーン、黄味がかった白、ブルー、朱。それぞれの色糸に、極細の白糸を合わせて、霜《しも》降りのように按配《あんばい》してある。

「あんたが、小さいとき着てたセーターの糸も、混じっているんじゃないかしらね。」

と母はいった。

どの糸だろうと、さまざまな色糸がまじりあって、ちょうど冬の枯《か》れ野のように編まれた袖無しの背を見つめたことがある。

母は、どうしてそんなに編みものが好きなのだろうか。母は四人の子を持ったが、成長してその手もとを離《はな》れるまで、毛糸のセーターを編み続けた。とくに女の子である私には数多く編んでくれた。小学生のころは冬のオーバーコートまで、手編みのものであった。いまもそのコートのことはあざやかに覚えている。

黒のアストラカンに、オレンジ色の並《なみ》太毛糸をまぜたメリヤス編みの、いま思えばひどくしゃれたコートだった。おそろいの帽子《ぼうし》も編んでくれた。そのコートの下には、オレンジ色のセーターを合わせ、スカートはこれも母が手縫《ぬ》いした黒のひだつきのものだった。黒の木綿《もめん》の長靴《くつ》下に黒の革靴。

母は、そのオーバーコートをたしか、年の暮《く》れ近くから編み出したのだった。きっと、年末に何がしかの臨時の収入でもあったのだろう。母は汽車で一時間あまりかかる東京へ出かけていき、アストラカンの毛糸を買ってきた。ループヤーンといった方がいいのかも知れないが、暖かさを倍にも三倍にもする目的で、糸にたくさんの輪を持たせた面白い毛糸だ。そのころ（昭和十年代）はこれが最新流行で、母ぐらいの年齢《れい》の女性たちは、アストラカン毛糸をショールに編んで、肩《かた》を暖かくよそおっていたものだ。

もしかして、母も自分の肩かけに欲しかったのかも知れない。母の肩かけは戦争が始まり、戦後になってもなお変わらぬうすいビロード一枚きりであった。それはともかく、母は学校からかえってきた私の手首に毛糸の束《たば》をかけ、大きなまりをつくった。

毛糸の束を手首にかけて、まりをつくる手伝いをする。それは少し退屈《くつ》だが、母があまりうれしそうにまりをつくるので、イヤとはいえなかった。ときどきは、母が毛糸をかけ、私がまりをつくる役にまわったが、石ころのように固くなって、まきなおさねばならなかった。面白いことに、母と姉のつくるまりのやわらかさは似ており、父と私のつくるまりの固さは似通っていた。

「性格がでるのよ」

と、母は笑った。すると私は父親似ということだったのだろうか。父は（　）であった。入れなくてもいいところにまで力こぶを入れた。私も、どちらかというとそうで、毛糸をまいてまりにするときでも、糸に力をこめて引っ張りながらきっちりまく、それで固くなるのだった。なおそうと思ってもなかなかうまくゆかず、毛糸を手首にかける方が似合いだった。

「そんなに糸を引っ張ると、糸がかわいそうだよ。いたわってまかなければ……」

と母はいうのだったが、それがうまく出来なかった。

ふんわりとまりになった毛糸をひざのまわりに遊ばせて、母は満足げに竹の編み棒をとりあげ、目をつくっていった。あとは一気呵《か》成といいたいほどの速さで編み上げた。昼もそして夜も、その手は休みなく動いた。台所へ立つほかは、火鉢《ばち》のそばで、編み棒を動かしている。こごえのうたがその口からもれる。

母は編みもののとき、生き生きしていた。何を考えていたのか、何も考えてなぞいなかったのか。

後年、私も編みものが好きになって、棒針を動かしたとき、無念無想であった。ただ、編むことが面白かった。自分が何というか、一本の編み棒になって、果てしなく進んでゆくこころよさがあった。私の前には何のさえぎるものもなく、ひと目編めばひと目進み、手を動かしただけ、そこに確実にあたたかいものが生まれていた。

母はしかし、どのような快感を得ていたのか、それはわからない。

一月一日、学校で行われる新年の祝賀式に出る私に母はアストラカンのコートを着せた。ともだちはほとんどメリンス友禅《ゆうぜん》の上下にえび茶色のウールの袴《はかま》という正装《そう》であった。洋服の子も、セーラー服《ふく》に紺《こん》のラシャのコートというでたちで、私のように、毛糸の手編みのコートを着た子はいない。ともだちはいささか好奇《こうき》な目でその日の私を眺《なが》め、アストラカンの毛糸に手を触れ、その毛の小さい輪をつまんだりした。そして、「フーン」といった。

私はその日限り、このアストラカンのコートを着ようとしなかった。母は、寒いのにかぜをひくから着なさいとすすめるのだが、オレンジ色のセーターの上に黒のチョッキを羽織れば少しも寒くない、といい張って雪の日でも、そのコートを着ようとしなかった。

私は、母のつくる毛糸のセーターよりもコートよりも、ミシン目がきれいにそろったあのセーラー服を着たかった。胸の下に大きく光るシフォンの白いリボンも一度自分の手で、蝶《ちょう》のようにひろげてみたかった。

私のクラスには、いつも東京のデパートで仕立てさせたセーラー服をきちんと着こなしている子が一人いた。彼《かの》女は少しおとなびた口調が特徴《ちょう》で、それというのも両親が事情あって同居せず、祖父母といっしょに暮らしていた。そして、彼女の着るものや、ランドセル、ノート、えんぴつといった学用品一切は東京にいる両親のどちらかからおくられてくるのだった。

彼女には、都会のにおいがした。冬の間は紺サージのにおい、夏になると白のキャラコのセーラー服がまぶしかった。私はといえば、夏は夏で、母が手で縫ったギンガムのワンピース姿であった。彼女と並んで歩くと、私は自分が見すぼらしく見えるのではないか、とびくびくした。

「遊んでいってよ」

とよくいわれて、彼女の家に立ち寄ると、祖父母が、丁寧《ていねい》に迎《むか》えてくれた。庭に紫《むらさき》と白の桔梗《ききょう》の花が咲《さ》いていたから、あれは夏か秋のはじめだったろうか。彼女はもうすぐ、祖父母のもとを離れて、東京へ帰るのだ、と告げた。母親といっしょに暮らすことになったらしい。父親について、彼女は口に出すことがなかった。

「そうしたら、あたし、セーター編んでもらうんだ」

彼女はそういった。

「フーン」と私はいった。どうして彼女がそんなことをいったのか、私にはかなり長い間、わからなかった。

それがわかったのは、ある冬のことである。母のもとをたずねると、ちょうど正月のことで、さっきNちゃんが来たところだという。おどろいた。セーラー服の彼女はNちゃんといって、祖父母の墓参を兼ねて暮れから正月を過ごしに来たのだという。Nちゃんはいまもって独身で母親とも死別し、身内といっては祖父母の家をついだ弟一人ということだった。

「Nちゃんがどうしてわざわざ家へたずねて来たと思う?」

母はいった。

「アストラカンの手編みのコートを見せにきたんだよ。お前は忘れたかも知れないけど、いつか、編んだげたあのアストラカンのオーバー、いやだって着なかったでしょ、あれとよく似たのを、Nちゃんが着て来たの。Nちゃんはね……」

母のいうには、彼女は、子どもの時分、何がうらやましいといって、私が着て行く母の手編みのセーターやチョッキ、とりわけあの正月の式に一度着ていったアストラカンのコートが、うらやましかったのだという。

Nちゃんが結婚《こん》もせず独身を通していたのには理由があって、母親のもとに身を寄せたあと、戦争、空襲《しゅう》、戦後は栄養失調からくる胸の病気に見舞《ま》われて、ついに結婚を見送った。

いまは特定郵便局の事務員で暮らしをたてている。彼女のユメは、母親に手編みのセーターをつくってもらうことだった。そのユメはかなえられたのかどうか、そこまでは聞かなかったが、その後幾星霜《いくせいそう》、Nちゃんは自分のために、アストラカンのふんわりとしたコートを編み上げたのであった。自分自身の手でつくりあげたユメのコート。

母が編んだ、あのアストラカンのコートを私はあまりうれしがらなかった。だが、母親のいないNちゃんは、そのコートに私の見ないものを見ていたのだ。私にはただの、それもやや形の悪いコートとしかうつらなかったのが、Nちゃんは、そこに母親を見ていた。Nちゃんは、母親が欲しかったのだ。

母のひざのまわりにはやはり毛糸の玉がころがっていた。何が出来るのか。私は帰途《と》、一枚のひざかけをもらってきた。赤、紺、緑、黄、茶と、さまざまな色の毛糸で編みわけられたモチーフがつながっている。そのなかに遠い日のセーターやコートの糸をさがした。それとはっきりわかるのはなかったが、それは、毛糸をいたわるように編んだやわらかさで、私にはいまもって真似《まね》の出来ない感触《しょく》である。一人一人の編み手は独特の編み目を持つ。Nちゃんは、もしかしたらその母の独特の編み目についに触れることがなかったのかも知れない。

そう思ったとき、不意に私はNちゃんのほんとうのさびしさを探《さぐ》りあてたようにおもった。

注　アストラカン＝毛糸の一種

**問一**　「冬の枯れ野のように」とありますが、セーターのどんなようすをたとえたことばですか。

**問二**　「私は父親似」というところから考えて、（　　）にあてはまる父の性格を、ひらがな一〇字以内で書きなさい。

**問三**　「そして、『フーン』といった。」とありますが、この『フーン』を、「私」はどういう意味に受け取ったのだと思いますか。

**問四**　「私は、母のつくる毛糸のセーターよりもコートよりも、ミシン目がきれいにそろったあのセーラー服を着たかった。」とありますが、どうしてですか。説明しなさい。

**問五**　「それがわかったのは、ある冬のことである。」とありますが、どんなことがわかったのですか。

**問六**　Nちゃんは、どうしてわざわざ家に「アストラカンの手編みのコートを見せに来た」のでしょうか。そのNちゃんの気持ちを説明しなさい。

**問七**　「自分自身の手でつくりあげたユメのコート」とありますが、この場合の「ユメのコート」とは、どんな意味で使われていますか。

**問八**　「だが母親のいないNちゃんは、そのコートに私の見ないものを見ていたのだ。」とありますが、「私」に見えなかったのは、何だったのでしょう。

## 《論述・作文演習 (22)》　甲陽学院中学校

**次の文章を読んで、後の各問いに答えなさい。字数制限のある問題は、すべて句読点（くとうてん）を一字に数えます。**

（解答は304ページ）

仕事でまとまった金が入ったので外国へ行った。一週間ほど妹のいるパリに滞在《たいざい》する予定だった。妹は来ているだろうなと着陸姿勢をとってかたむきはじめた機内で座席のベルトを腹にしめながら考えた。七年ぶりのパリは夜の雨がふっているらしい。窓に顔をおしあてると真珠《しんじゅ》のたまのようにきれいにならんだ街灯が霧雨《きりさめ》にけぶって、光った路《みち》を小さな自動車が走っているのがみえた。妹といっても腹ちがいの間がらだが、それでも妹にはちがいない。別れてから五年になる。私が留学をおえて帰国した翌々年、今度はごういんに彼女が向こうに行ってしまった。勝ち気な、言いだしたらきかぬ子で父や私が知らぬ間にフランス語を習い、フランス航空に勤め、そのコネを有効に使ってフランスに行く準備を進めていたのである。「向こうに行って何をするんだ」はじめてその決心を聞いた時、こちらは少しいやな顔をして反対した。若い娘《むすめ》がパリに一人で出かけたらどんな苦労や誘惑《ゆうわく》があるかわからない。そういう常識的な反対をこちらは妹にのべたてたが、本当のところ、近ごろの青年が何となくモスクワにあこがれるように、若い娘がパリにあこがれるあの気持ちが自分の妹にまで見つけられたのが不愉快だったからだ。「演劇を勉強するわ。パリのフランス航空の事務所で働いた余暇《よか》に演劇を勉強するんだわ」「よせよ」私は声をあげた。「あの街のこわさを知らんのだな。屑《くず》のように自称芸術家がモンマルトルやモンパルナッスにうようよいるな。君と同じようなあまっちょろい考えであの街に出かけて沼にしずんだ連中なんだぜ」妹はキラキラ光る黒い眼《め》で私をじっと見つめると、「それだっていいじゃないの。自分で選んだ路に自分が敗れたんだもの。とにかく、あたし、日本が嫌《きら》いなんだ。日本にいると息がつまりそうになるもの」そのキラキラ光る妹の黒い眼にはこわいもの知らずの闘志と人生を安全に生きることをすすめた私に対する軽蔑《けいべつ》心があきらかに読みとれた。結局、あれは五年前の七月のある日だった。夏草のしげった羽田の飛行場の上に入道雲が真っ白にわいていた。もう仕方なく見送りに出た父や私に向かって妹は別れのさびしさなどを決して見せず、「ポーちゃん、あたし行くわ。さようなら」と言った。ポーちゃんというのは妹が私につけた愛称である。あたし、行くわというその言葉がこちらの心にみょうにひっかかった。ひょっとするとこいつもう日本にもどる気がないんじゃないか、そんな予感が不吉《ふきっ》な鳥のつばさのように心をかすめた。「お父さま、お体大事にね」妹が父にそう言うと、父は両手をポケットに入れて、だまったまままうなずいた。私はその時、彼《かれ》の肩《かた》がみょうにうすくなり白髪《しらが》のふえていることに気がついていやな感じがした。妹を乗せた飛行機が入道雲のなかに消えるまで父はじっといつまでも見送っていた。二年たった。三年たった。妹からは毎日の生活がすばらしいこと、パリに来て幸せだったことを書きつらねた航空便が送られてくる。最近知りあいのフランス人の家庭に下宿させてもらったこと、自分の部屋からはコンコルドの広場が見えることを得意そうにのべてある。もどるという意志を一向に言わない。そろそろ帰国して結婚してはどうかとこちらからすすめても、その返事はいつも意識的にさけて演劇の勉強を続けていることのほうをくわしく書き送ってくるだけだった。私はそんな時、妹のキラキラ光る眼と「ポーちゃん、あたし行くわ。さようなら」と言った言葉を思いだし、あいつは本当はパリで［A］のではないか、負けず嫌いなだけに自分で選んだことに弱みをみせたくないため、家族に幸福そうにふるまっているのはないかとふと想像したものだった。そのくせ私の心にはそんな彼女に一種の羨望《せんぼう》の情があった。妹の眼からみれば日本にもどって人生安全の生きかたをしている私は、やりたいことにまっすぐに進んだこの女がうらやましかったのだ。

（遠藤周作『肉親再会』による）

**問一**　［A］に適当な形容詞を入れなさい。

**問二**　妹がパリに行ったことに対する「私」の気持ちを五〇字以内でまとめなさい。

**問三**　「私」の妹はパリでどんな生活をしていると思いますか。本文の記述を参考にしてあなたの想像するところを、一四〇字以上一六〇字以内で、自由に書きなさい。

# 13 ▽向田邦子『眠る盃』

ラ・サール中学校

（解答は310ページ）

**■次の文章を読んで、後の問いに答えなさい。**

いい年をして、いまだに宿題の夢を見る。

「英語の宿題を数式で解け」という問題に、汗《あせ》びっしょりでベッドにはね起きたこともあった。私は、テレビやラジオの脚《きゃく》本を書いてご飯を頂いているのだが、時間ギリギリまで遊んでしまう自制心のなさは、小学校一年のときから少しも変わっていない。

「桃《もも》太郎《ろう》サン」の全文をノートに書き写す宿題を朝になって思い出して、あたたかいお櫃《ひつ》の上でベソをかきかき書いたこともあった。そのせいか、今でも、桃太郎というと、炊《た》き立てのご飯の匂《にお》いを思い出して困ってしまう。

①一番印象に残っているのは、風船の宿題である。

あれは小学校何年のことだったろうか。

私は、紙風船を作る宿題が出来なくて、半泣きであった。

数学で、球形はたくさんの楕《だ》円形から成り立っている、というようなことを習って、先生は例として紙風船を示していた。理数系統は大嫌《きら》いであったから、私は、窓から運動場を眺《なが》めることで時間をつぶした。そして、②家へ帰って、ハタと当惑《わく》してしまったのである。

当時はまだ、質のいい高性能接着剤《ざい》はなかったから、ひょろ長い楕円形の端《はし》と端を張り合わせて、紙風船を作ることは至難の業《わざ》であった。あちらつければ、こちらがはがれる。ついに泣き出した私に、父は「もう寝《ね》ろ」とどなった。

朝起きた私は、食卓《たく》の上に紙風船がのっているのを発見した。いびつで、ドタッとした、何ともぶざまな紙風船であった。

「いろんなものを動員したあげく、やっと小さな薬缶《やかん》が型に合って出来たのよ。お父さんにありがとうを言いなさい」

母が口をそえた。父は怒《おこ》ったような顔をして、ごはんを食べていた。

私は風船を大きな菓子《か》袋《ぶくろ》の中にいれて、意気揚々《ようよう》と登校した。

ところが――風船を作ってきたのは私一人なのである。そんな宿題は出ていなかったのだ。

その日帰って、私は嘘《うそ》をついた。

「とてもよくできましたって、ほめられた……」

今にして思えば小賢《こざか》しいはなしだが、③そういわなくてはいけないような気がしたのだろう。

「お父さんの風船」のはなしは、「邦子の盲《もう》腸とお父さんの駆《か》けっこ」とならんで、よく話題にのぼった。これは、私が盲腸手術直後、女学校の編入試験をうけた前夜に父が見た夢のはなしなのである。

学科だけで体育は勘《かん》弁してもらうという約束だったのに、なぜか試験官は私にランニングを命じた。父は激怒《ど》して、代わりに私が走ってもよろしいかと申し出て、ヨーイ・ドンでほかの女生徒とならんで走り出したところ、足がもつれて走れない。脂《あぶら》汗を流して、うなっているところを母に起こされた――というお粗《そ》末である。この二つのエピソードは頑《がん》固で気短な父が、実は子煩悩《ぼんのう》である――というPR用に、好んで母が話していたようである。私は、ますます④白状しそびれてしまった。

そして、この二月。父は突《とつ》然六十四年の生涯《がい》を閉じた。死因は心不全。五分と苦しまず、せっかちな父らしい最期であった。

葬《そう》儀やら後始末やらが一段落してほっと一息ついたら、桜が散っていた。

今年は、春らしいものは、セーター一枚買わなかった。せめてスカーフでもと思って、二月ぶりに銀座へ出て、文明堂の前まできて、足がとまった。

そうだ、父は、いつか酔《よ》っぱらって、ドラ焼きのはなしをしていたっけ。

若い時分に、酒に酔って、友人と二人、ドラ焼きをたくさん買いこんで、四丁目から銀座通りの店のガラス戸に、ドラ焼きの皮を、ペタンペタンとはりつけて歩いたというのである。

⑤やってみようかな、ふとそう思った。

一万円ほど、ドラ焼きを買いこむ。いくつあるかな。皮は上下二枚だから倍になる。それを、和光のウインドーからはじめて……ペタンペタンとはってゆく。

道ゆく人は、変な人と思うだろうか。

それとも、今はやりのパフォーマンスと見るかしら？

何分ぐらいでお巡《まわ》りさんがとんでくるか？

その前に、店の人が出てきて私は……「すみません、父の供養《くよう》をしているんです」といったら許してくれるかな……□空想はこのへんで女店員さんの「いらっしゃいませ」の声で破られた。結局、私は何も買わずに歩き出していた。

**問一**　傍《ぼう》線部①の「一番印象に残っている」という「風船の宿題」とはどんな思い出ですか。一〇〇字以内で説明しなさい。（句読点も一字に数えます。以下の設問も同じです。）

**問二**　傍線部②「家へ帰って、ハタと当惑してしまった」のはなぜか。次の中から最も適当なものを選んで記号で答えなさい。

イ、球形が楕円形から成り立つことと風船とのつながりがよく飲み込《こ》めていなかったから。

ロ、紙風船を作る宿題は私の大嫌いな理数系統の宿題だったから。

ハ、風船作りは学校で思っていたよりもはるかに難しい仕事だったから。

ニ、授業中窓から外を眺めていて、風船の作り方を聞きもらしていたことに気づいたから。

ホ、当時はまだ、質のいい接着剤などのない時代だったから。

**問三**　傍線部③「そういわなくてはいけないような気がした」のはなぜか。次の中から最も適当なものを選んで記号で答えなさい。

イ、宿題ではなかったなどと言おうものなら、どんな目に遭《あ》わされるか分かったものではないから。

ロ、どんなぶざまな風船でも愛する父の苦心の作であることに変わりはないから。

ハ、どなったり、怒ったような顔をしたりしていた父をなだめる必要があったから。

ニ、苦心して風船を作ってくれた父の労には嘘をついてでも報いるべきだと思ったから。

ホ、「ほめられた」と言うことで父の心を自分に引き付けておきたかったから。

**問四**　傍線部④「白状しそびれてしまった」について次の問いに答えなさい。

Ⅰ、何を「白状しそびれ」たのか、二〇字以内で答えなさい。

Ⅱ、なぜ「白状しそびれてしまった」のか、二五字以内で説明しなさい。

**問五**　傍線部⑤「やってみようかな、ふとそう思った」とは、どういうことを、何のために「やってみ」たかったのですか。五〇字以内で説明しなさい。

**問六**　筆者の家族の中で母親はどんな役割を果たしていますか。父親がどんな人であったかも分かるように五〇字以内で説明しなさい。

**問七**　文中の□にあてはまる最も適当なことばを次の中から選んで記号で答えなさい。

イ、多彩《さい》な　　ロ、たわいない　　ハ、恥《はじ》知らずな

ニ、ふてぶてしい　　ホ、面白い

## 《論述・作文演習 (23)》　開成中学校

**つぎの文章を読んで、後の問いに答えなさい。**　（解答は320ページ）

寒い冬になって、雪が札幌《さっぽろ》の町をおおうころになると、円山《まるやま》公園のたくさんの木々がカラスのねぐらとなる。日中、町の中で、えさをさがしまわっていたカラスは、夕方になると、しだいに集まってきて、木という木の枝にとまっている。雪が木に積もっているとき遠くから見ると、カラスがちょうど油煙《ゆえん》（油をもやしたときに出るすす）でも積もっているかのように見えることがある。近くによって見ると、ときによって、みな一方を向いていることがある。それは風に向かってとまる性質があるからである。しかし風が静かな時には、□の向きにとまっている。

このように夕方集まったときは、枝から枝へと飛んで鳴き、鳴いては飛ぶので、なかなかやかましい。平安時代の随筆《ずいひつ》、枕草子《まくらのそうし》に「にくきもの――からすが集まって、飛びちがい、鳴いているのなど。」というふうに記してあるように、この黒い鳥がたくさん集まって、あたりかまわずカアカアと鳴くのは、たしかに「にくきもの」である。これらカラスは暗くなる前に静まってしまうが、朝四時半ごろ、まだまったく暗い時刻に目ざめて、カアカアと鳴きだす。はじめ少しのカラスが鳴きだすと、枝にねていたカラスが、しだいに起きてくるのであろう。声はだんだん大きくなってくる。この時分《じぶん》、枕《まくら》もとの空気は冷たい。ふとんの中で耳をすましていると、鳴きながら群をつくっては、どこかへ飛びさる勢ぞろいをしているらしい。まだ暗いが夜明けが近いのだと思えてくる。

カラスという鳥は、かわいげのない鳥でありながら、原野や山林の多い北海道では、冬の景色《けしき》を代表するものとなっている。しかも、それが大きな群れとなっているので、まことにすさまじい。枕草子に「（秋の夕暮《ゆうぐ》れに）夕日がさして、山のはしがぐっと近づいて見えるころ、からすがねぐらへ帰ろうとして、三羽《わ》とか四羽《わ》とか、また二羽、三羽、というふうにして、急いで飛んでいくのを見ると、しんみりした感じがする。」とあるようなのとは、まったくちがうものなのである。

円山の林にいるカラスは数千におよぶであろう。これらの中には、冬じゅうの飢《う》えと寒さに、たえることができないのもある。雪が、ふんぷんと降って風のない静かな夜、木の下の雪を分けてゆくと、ときどき木の下で、力なくカアとカラスが鳴いているのを聞くことがある。ほかのカラスは木の上でねむっているのに、どうしたのだろうと思いながら帰路を急いで、あくる朝、その木の下を通ると、なかば雪にうもれたカラスのしかばねをみることが、よくある。

**問一**　□の中に、いちばんよくあてはまることばを考えて、ひらがな四字で書きなさい。

**問二**　つぎの二点をあわせて、八〇字以内で、感想を書きなさい。（句読点も一字分に数えます。）

●この文章を読んで君の感じたこと

●これまでカラスについて君の思っていたこと

## 14 ▽宮本 輝『二十歳の火影』

甲陽学院中学校

（解答は322ページ）

■ **次の文章を読んで、後の各問いに答えなさい。字数制限のある問題は、すべて句読点《くとうてん》を一字に数えます。**

五年前、私は住み慣れたアパートの一室から、いまの家に引っこしてきた。住み慣れたといっても、母と二人でわずか三年程くらしたにすぎない部屋《へや》であった。引っこしの準備のため、私はかべにとりつけた三段のたなを外した。粗末《そまつ》な木のたなである。積んである物を降ろし、一番上のたなを外してさて真ん中のを取り外す段になり、私はふとたなのはしに目をやった。[1]その瞬間《しゅんかん》、私の体が鳥肌《とりはだ》立った。たなとかべの間に一匹《いっぴき》のトカゲがななめになってはさまっている。トカゲの体は、かべとたなに打ちこんだ太いくぎによってつらぬかれていた。しかも、トカゲは［ A ］。私はくぎぬきを持ったまま、二、三歩あとずさりし、母を呼んだ。私の声が少々異常だったのであろう。あわてて近寄って来た母も、[2]息をのんでトカゲを見ていた。そのたなは、確かに三年前、私がとりつけたものであった。「なんで生きてるんやろ……」と母がつぶやいた。必死になってたなをとりつけていた私は、たまたまそこにいたトカゲもろとも、板をかべにおして、そのままくぎを打った。くぎは、板とトカゲとかべをつらぬいたのである。[3]そうとしか考えられなかった。くぎを打った[4]時、どうしてトカゲの存在に気づかなかったのかという疑問よりも、その三年の間、どうやってトカゲが生きてきたのかという思いが、一種の不気味さとともにこみあがってきた。「……そういうたら」と母が言った。「ときどき、たなのおくからトカゲがはって出て来るのんを見たことあるわ……」母はため息混じりに、[5]このトカゲの妻か、あるいは夫が、三年間ずっとえさを運びつづけていたのにちがいないと言った。「……ようもまあ、こんなめにあったまま、生きてこれたなあ」私も母もしばらく茫然《ぼうぜん》とトカゲを見つめていた。私はどうやってこのトカゲにつぐないをしたらいいのかと思った。「［ B ］」と私は言った。「死んでしまえへんか？」と母が[6]制した。くぎは肉や内臓とくっついて、トカゲの体の一部になってしまっているであろう。再び激痛《げきつう》がトカゲの体をおそうはずである。だがたとえそのために死んでしまうことになっても、トカゲはきっと自分の体をつらぬいているこのくぎをぬいて欲しいに違いない。それは私の勝手な感傷でもあった。私は力まかせにくぎを引きぬいた。トカゲは体を弓なりに反らせ、大きく口を割ってたたみに転がった。背と腹には穴があき、そこから血が出ていた。ああ、やっぱり［ C ］と思った時、トカゲは動いた。あたりをうかがうようにして、懸《けん》命《めい》にはおうとしていた。私は新聞紙にそれを乗せ、表に出ると、土の上に置いた。いつものようにえさを運んで来た妻か夫が、きっとあわてて探しまわるだろうと考えているうちに、そのトカゲは右にはい左にはい、ゆっくりと草むらの中に去っていった。それ以後、何かつらいことがあると、私はそのトカゲのことを思うようにしてきた。すると意志の弱いあまえん坊《ぼう》の私は、たなとかべにはさみつけられ、くぎで射ぬかれたまま、それでもじっと生きつづけていたトカゲから、何かとてつもなくはげしいむちをあびせられるような気がして頭を上げるのであった。自分は自由で、さらに人間だと言い聞かせてきた。だが最近になって、そのトカゲに対する私の気持ちはいくぶん形を変えてきた。それは、もしかしたらこの私の体にも、死ぬ程の苦しみを味わってまでも断じて引きぬいてしまわなければならない太いさびたくぎがささっているかもしれぬという思いなのである。くぎを引きぬかれた瞬間のトカゲの激痛を思うと、自分は波風を立てずこのままそっと生きていようかと考えたりする。だが人生には、きっと一度はそうした手荒《てあら》な治療《ちりょう》を加えなければならぬ節が、誰《だれ》にも待ちかまえているような気もするのである。背と腹からこぼれ出た内臓をひきずり、苦し気に、だが再びめぐり来た自由の天地へとひたすらじぐざぐにはって進むトカゲの、青光りした色模様を、私はいまでもはっきりと眼前に映し出すことができる。

**問一**　――線部1・3のことばが指示している内容を書きなさい。

**問二**　――線部2「息をのむ」と同じ意味のことばを次の中から一つ選び、記号で答えなさい。

ア　息を入れる　　イ　息を殺す　　ウ　息を切る　　エ　息をつく
オ　息を休む

**問三**　――線部4「時」とほぼ同じ意味の別の語（漢字一字）が本文中に二つあります。それをぬきだしなさい。

**問四**　――線部5について、トカゲの「雄《おす》・雌《めす》」と言わないで、「夫・妻」と人にたとえて表現しているのは作者のどういう心理からですか。二五字以内で答えなさい。

**問五**　――線部6「制する」の意味で使われている熟語を次の中から二つ選び、記号で答えなさい。

ア　制作　　イ　体制　　ウ　制限　　エ　制止　　オ　制定

**問六**　［Ａ］～［Ｃ］にそれぞれ適当なことばを五字以上一〇字以内で入れて、話がつながるようにしなさい。

**問七**　トカゲの事件に対する「私」の感想が「事件直後」と「最近」で変化しています。どのように考えが変わっていったのですか、その変化がわかるように九〇字以内で答えなさい。

## 《論述・作文演習 ⑵⑷》　久留米大学附設中学校

**次の絵を①～⑨まで順に見て、君が感じたこと・考えたことをわかりやすくまとめなさい。**

1　次の絵の中の⑤は現代の人間の頭骨です。
2　原稿用紙の一行目に一〇字以内で題を書きなさい。自分の名前は書かないこと。
3　作文は二行目から始めなさい。
4　五〇〇字以上書きなさい。（六〇〇字以内）

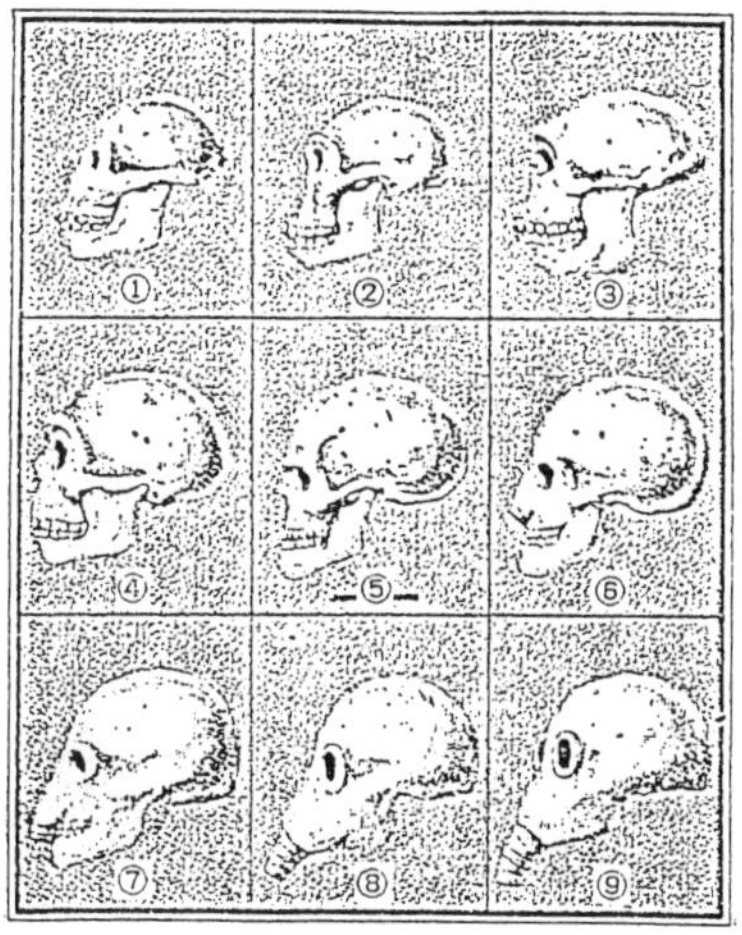


（解答は330ページ）

## 《ことば・ことわざ・文学史　補充②》

(1) 次の作者の作品名をア～シの中から選び、その記号を書きなさい。ただし、二つある場合もある。（解答は34ページ）

① 芥川龍之介　② 川端康成　③ 夏目漱石　④ 樋口一葉
⑤ 志賀直哉　⑥ 木下順二　⑦ 有島武郎　⑧ 森鷗外
⑨ 井伏鱒二　⑩ 二葉亭四迷

ア 伊豆《いず》の踊《おど》り子《こ》　イ 小僧《こぞう》の神様《かみさま》　ウ 山椒太夫《さんしょうだゆう》　エ 三四郎《さんしろう》
オ たけくらべ　カ 杜子春《とししゅん》　キ 鼻《はな》　ク 一房《ひとふさ》の葡萄《ぶどう》
ケ 夕鶴《ゆうづる》　コ 吾輩《わがはい》は猫《ねこ》である　サ 浮雲　シ 黒い雨

(2) 次の各文の意味が通るように、□にあてはまる漢字二字の熟語を書きなさい。（開成中改題）

1 本の好きなかれは、いつも読書に□がない。
2 よくわからない話に、かれは何度か□をかしげた。
3 すばらしいできばえに、思わずかれは□のえみをもらした。
4 ともだちと別れたかれは、夕日を浴びながら、ひとり□をたどった。
5 転びかけたかれは、□をたて直してまた走り出した。（栄光学園中）

(3) 次のそれぞれの組が、だいたい反対の意味をあらわすことわざになるように、□にことばを入れなさい。

(1) 立つ鳥(a)↔(b)山となれ
(2) 旅は道連《みちづ》れ(c)↔(d)どろぼうと思え
(3) (e)ものの上手《じょうず》なれ↔(f)
(4) (g)袈裟《けさ》まで憎《にく》い↔(h)えくぼ
(5) (i)は蛙《かえる》↔鳶《とび》が(j)

（灘中）

(4) 次のクロスワード・パズルを解いて、あとの(1)～(5)の問に答えなさい。（小さいゆ・よは、ふつうの字としてあつかうこと。）

〈ヨコのカギ〉
1 東男《あずまおとこ》に――女
4 ――に一生を得る
7 ――を散らす
9 ――はなくそを笑う
10 ――鳥跡《あと》をにごさず
11 ――を呪《のろ》わば穴《あな》二つ
12 ――の持ちぐされ
13 ――に説法
15 ――盆《ぼん》にかえらず
17 船頭――して船山に上る
19 ――点睛《てんせい》を欠く
22 ――は泣《な》き寄り
23 頭かくして――かくさず

〈タテのカギ〉
1 ――は一時の恥《はじ》
2 ――やまばなし
3 ――、鷹《たか》の目
5 一炊《いっすい》の――
6 ――の誉《ほま》れ
8 ――をわきまえず
10 ――をくくる
11 ひいきの――
13 ――を肥やす
14 子は――
16 ――豆《まめ》に花が咲《さ》く
18 ――故知新
20 ――のずいから天をのぞく
21 ――のつるには茄子《なすび》はならぬ

(1) パズルの中のことばのうち、「善し悪《あ》し」という意味のものがあります。それはどのことばですか。ヨコ24というように答えなさい。
(2) 「考えや判断が自己流でせまいこと」という意味を表しているものは、タテ・ヨコのカギのどのことばですか。ヨコ24というように答えなさい。
(3) タテのカギ1のことばの後に続くことばを一〇字以内で書きなさい。
(4) □の4・7・19・22に入るかなを組み合わせて、次の（　）にあてはまる漢字二字の熟語を答えなさい。
（　）の高い人
(5) パズルの中のヨコ4・タテ13のことばを、それぞれ漢字に改めなさい。

（洛南高附属中）

# 解説文

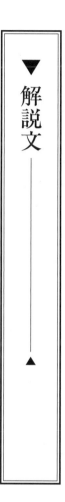

# 1 ▽養老孟司『解剖学教室へようこそ』

駒場東邦中学校

（解答は338ページ）

■ 次の文章を読んで、後の問いに答えなさい。

生きものはしばしば、病気になる。医学はそうした病気を取りあつかう。医学が病気を治すとは限らない。治せない病気もあるからである。老化も、人によって早いおそいのちがいはあるが、防ぐことはできない。

病気は、からだの故障だ。いまでは、ほとんどの人がそう考えていると思う。でも、それは、人間のからだを「機械として」見る見方である。からだが故障することによって、病気になり、死ぬ。そういう考えかたは、じつはずいぶん新しいのである。西洋でも、ここ二百年ほどのことである。もっと早くから、[1]それに気がついていた人も、もちろんある。

人間のからだと、機械とは、どこがちがうだろうか。

人間は心を持っている。機械には、それが[1]ない。これが、一つの答え。

機械は、人間が作ったものである。【1】。これが、もう一つの答え。

この二つの答えは、どちらも十分には、満足なものではない。なぜなら、コンピュータや、それを組みこんだロボットがあるからである。コンピュータやロボットは、やりかたのわかっていることであれば、君よりもうまくやる。碁《ご》だって、将棋《しょうぎ》だって、君よりも強いかもしれない。

【1】、感動したり、怒《おこ》ったりはしない。確かに、そうかもしれない。でも、そのフリをさせることができないだろうか。怒ったフリをするのは、ほんとうに怒っているのとはちがう。そうだろうか。友だちが、君に対して怒っているとする。本当に怒っているのか、フリをしているのか。そのフリに、だまされることがあるはずである。機械だって、同じでは[2]ないだろうか。

フリであるか、本当に怒っているか、それを知っているのは、本人だけである。俳優さんのように、ものまねがうまい人だったら、自分で怒っていると「思いこむ」ことすら、できるかもしれないではないか。コンピュータが進歩して、ふつうの人なら怒るにちがいない、そういう状況《じょうきょう》ではコンピュータ「らしく」怒る。[2]そういうふうに、コンピュータを設計できないこともないであろう。

機械と人間のちがい、これを考えるのは案外難しい。【2】、人工臓器というものがある。人工心臓なら、いまではヤギのような実験動物につけてやれば、一年以上もヤギを生かすことができる。人工心臓が完全なものになれば、心臓はいら[3]ない。そういう可能性が、[4]ないわけではない。すでに腎臓《じんぞう》は、その代わりをする人工透析装置《とうせきそうち》があって、不便ではあるが、腎臓がまったく働か[5]ない人たちを、機械の力で助けることができる。

ただし、機械が故障したら、人間が助けてやらなくてはならない。人間のからだは、自分で「治る」じゃないか。そうともいえない。本当に自分だけで治るのなら、医者はいらない。

ホラ、ネ。機械と人間の区別は難しい。というよりも、いまの人は、人間のからだを「機械として見る」見方に、すっかりなれているのである。わたしだって、それになれているから、機械と人間の区別を考えると、自分でも区別がむずかしいのである。

じゃあ、どう考えればいいか。機械とは、じつは人間の一部なのである。あんな、鉄でできた硬《かた》いもの、そんなもの、ボクの一部ではないよ。

そうとも言えない。だれかの車をけっとばす。そばに持ち主がいたら、どうか。カンカンに怒る。それは、その人の足をけっとばしたのと、似たようなことである。

人間は、自分の延長として、特にからだの延長として、機械をつくる。機械の簡単なものが道具である。ナイフは手の延長で、手ではできない働きを持たせたものである。そういう見方をすれば、機械とからだの区別があいまいであっても、べつにおかしくはない。動物だって、同じことである。ビーバーは、木を切りたおして、ダムを作る。あのダムは、ビーバーの一部と言ってもいいのである。多くの動物は、巣を作る。巣は、その動物の一部なのである。別な言いかたをすれば、[ 2 ]。

[ 3 ]、人間の作った機械を、なにか人間とは特にちがったものと考える必要はない。

**問一** [　]1～3に入る最も適当なことばを次のア～オの中から選び、それぞれ記号で答えなさい。

ア、または　　イ、たとえば　　ウ、だから　　エ、しかも
オ、でも

**問二** 〰〰部1～5の「ない」は、次のア～ウの――線の「ない」のうち、どの「ない」と同じ働きをしていますか。同じ働きをしているものをそれぞれ選び、記号で答えなさい。

ア、むだなお金はない。
イ、この本は新しくない。
ウ、もう一月も雨が降らない。

**問三** ――線1「それ」の指している内容として最も適当なものを次のア～オの中から選び、記号で答えなさい。

ア、医学が病気を治すとは限らないということ。
イ、人間のからだは、機械と全く同じだということ。
ウ、人間は、からだが故障すると病気になり、死ぬということ。
エ、人間のからだと機械とのちがいは、心の有無《うむ》だということ。
オ、生き物は、しばしば病気になるということ。

**問四** [ 1 ]に入る最も適当な一文を次のア～オの中から選び、記号で答えなさい。

ア、人間でなければ動かすことはできない。
イ、自分で判断して動くわけではない。
ウ、人間は死ぬが、機械は死なない。
エ、機械に心があるはずはない。
オ、機械が機械を作ることはできない。

**問五** ――線2の「そういうふうに、コンピュータを設計できないこともないであろう。」とは、どういうふうに設計することですか。二五字以内で「というふうに」に続く形で答えなさい。

**問六** [ 2 ]に入れる最も適当な語句を次のア～エの中から選び、記号で答えなさい。

ア、動物のからだは巣の「延長」なのである。
イ、動物のからだは巣の「一部」なのである。
ウ、巣は動物のからだの「延長」なのである。
エ、巣は動物のからだの「一部」なのである。

**問七** 「人間のからだと、機械とは、どこが違うか。」という問いに対する筆者の結論を、本文中にある具体例をあげながら六〇字以内でまとめなさい。

（一部改題）

## 2　▽高田　宏『冬の花びら』

桜蔭中学校

（解答は348ページ）

■ **次の文章を読んで、問いに答えなさい。**

十勝岳《とかちだけ》で、中谷博士《なかやはかせ》は、雪についてのすばらしい研究をしました。これからあと、博士はもっとくわしい研究をずっとつづけます。十勝岳の雪は、中谷博士の雪の研究のふるさとになったのです。

十勝岳ではまた、とてもすばらしい人にあいました。山小屋の番人をしていたおじいさんです。

このおじいさんが、みんながそとの寒いところではたらいているあいだ、大きな丸太をどんどんもやして部屋のなかをあたためておいてくれます。おじいさんの奥《おく》さんも、みんなのせわをしてくれます。

おじいさんは、雪山のことなら、なんでもしっています。おじいさんは、一生を雪の山にくらしてきた人で、どんな雪のなかでも平気です。あるときは、犬の皮一枚と塩ひとふくろと猟銃《りょうじゅう》と斧《おの》だけをもって、十勝連峰から日高山脈にかけて雪の山を、たったひとりで二カ月間もあるきまわってきたそうです。ふつうの人なら死んでしまいます。

Aおじいさんは雪のなかでくらす知恵《ちえ》をもっているのです。

中谷博士は、おじいさんのことを、すぐれた科学者だと思いました。

雪の山でたき火をする方法、お天気の見かた、ウサギのとりかた、野草の料理方法など、あらゆることが、すみずみまで注意ぶかくかんがえられているのです。雪の山で死なないために、おじいさんが長い経験からつくりだした方法です。

博士は、これこそ科学だと思ったことでした。聞けば聞くほど、おじいさんの知恵に感心しました。写真をとる時にマッチの軸《じく》とつばで雪の結晶《けっしょう》をたてる中谷博士らしい話です。B博士は、おじいさんの科学と自分の科学が、どこかで似ていると思ったのではないでしょうか。

十勝岳は、雪も人も、そういうすばらしいところでした。

十勝岳へでかけているころから、博士は、雪の結晶を実験室でつくってみることができないだろうかと、かんがえていました。そうすれば、天然の雪がどうやってできているのか、くわしいことがわかるはずです。そして、そのための実験もすこしずつはじめていました。

※低温室をつかったら、その実験が、いつでもできるわけです。――人工雪がつくれたら、春でも夏でも、あのうつくしい結晶を顕微鏡《けんびきょう》でのぞけるぞ。

そう思うと、うきうきしてきます。雪をつくるには、空の高いところの状態を実験室のなかでつくればいいわけです。とはいっても、そうかんたんにできることではありません。

はじめは、銅板で長さ一メートルくらいの円筒《とう》をつくって、それをひやしておいて、うえから水蒸気をふきこんでみました。しかし、そんなことでは、雪はできませんでした。

温度や水蒸気の量など、いろいろとかえてみて実験しましたが、雪はどうしてもできません。

つぎの冬、こんどは小型の銅箱をつくって、うちがわから液体空気で零《れい》下《か》二〇度ぐらいにひやしておいて、その箱のそとから、あたたかい水蒸気をおくってみました。

六花のきれいな結晶をつくるまえに、その半分でもいいから、銅の板の上に結晶の枝をなん本かのびださせたい、と思ったのです。

しかし、これも失敗でした。銅の箱には、寒い朝のガラス窓にできるような霜《しも》の花ができるだけで、そこから空中にのびる結晶の枝は、どうしてもできません。——だめかなあ。十勝岳では、あんなにいろんな結晶が、いくらでもできているのに。やっぱり、自然の神秘にはかなわないな。雪の結晶を人間の手でつくろうというのは、思いあがったことなのかもしれない。

十勝岳の雪を思うと、そんなふうに、気がよわくなるのでした。三年めの冬も、おなじような実験を、すこしずつかえてつづけていました。そのうちに、ふっと気がつきました。

つめたい銅板をうえのほうにおいてみたのです。つめたくなった面がしたをむいています。そのしたのところに、水をいれたいれものをおいておくと、水面から水蒸気が蒸発して、空気の自然な対流でうえのほうへのぼっていって、銅板にくっつきます。

「おい、雪のようじゃないか!」

銅板のところから、白いこながちらちらと降りだしていました。

「顕微鏡だ。すぐに顕微鏡で見てみよう。」

その白いこなは、たしかに雪に似ていました。銅板にできた霜の結晶がちぎれたもので、完全な結晶ではなく、半分くらいのかたがわだけの結晶ですが、たしかに、これまで見なれた雪の結晶の一部分にそっくりでした。

——Cこんなことが、どうして、もっとはやく気がつかなかったのだろう? 水蒸気が結晶のすみずみまでうまくゆきわたるためには、自然の対流をつかうのが、いちばんいい方法だ。

中谷博士は、研究室の人たちにいいました。

「自然のばあいだって、天はうえにあって、地はしたにあるものと、きまってるじゃないか。やっぱり、自然のまねをするにかぎるね。」

しかし、かんたんそうに見える、そういうことも、人はなかなか気づかないものです。

四年めの冬は、はりきって、人工雪の実験にとりくみました。

「こんどこそ、十勝岳の雪にまけない、きれいな雪をつくるぞ。」

しかし、なかなか、うつくしい結晶にはなりません。もうひといきというところまでいくのですが、どうしても自然の雪のような結晶にはならないのです。

そんなことをくりかえしているうちに、博士はまた、はっと気がつきました。——天には銅板がない。

自然のばあいは、空の空気全体がひえているのです。そのなかで結晶が生長してゆくのです。その自然のまねをするには、やはり、部屋全体をひやしてやらなければいけません。

「D自然のまねが、けっきょく、いちばんいいんだなあ。」

低温室を零下三〇度ぐらいにしておいて、これまでのような実験をしてみると、こんどはかんたんに、自然の雪にまけないくらいのうつくしい結晶ができました。

もっとも、このときの結晶もかんぜんな六花ではありません。銅板とか木の面に結晶をつくるのですから　ほんとうの雪の結晶の六本の枝のうち、二本とか三本ができるだけです。しかし、それでも、その二本か三本は、自然の雪そのままでした。

「関戸くん、研究のためだけになら、半分の結晶でじゅうぶんだがねえ、なにかつまらないねえ。ほんとうの六花の雪をつくらないと、なんだか気がすまないねえ。」

助手の関戸くんに、そういいました。

「そうですよ、先生。」

関戸くんも、そう思っていたのでした。

「Eなにか、うんとほそい毛のさきに、結晶をつくればいいんだ。そうすれば六花のものができるはずだよ。関戸くん。やってみてくれないかね。」

二、三日して、関戸くんが、大声でとびこんできました。

「できました、先生！　雪ができました！」

中谷博士は大いそぎで、関戸くんといっしょに、低温室にはいりました。

見ると、ウサギの毛のさきに、六花の結晶が白くひかっていました。

「関戸くん、よくやったなあ。さっそく、顕微鏡でのぞいてみよう。」

できたての雪の結晶を、そっととりだして顕微鏡で見てみると、自然の雪よりも、もっときれいなかたちでした。

「みごとな結晶だ。」

風もない、しずかな実験室のなかでつくった結晶ですから、まったく、どこもくずれていません。

自然の雪とちがうのは、ウサギの毛のさきにできているということだけです。自然の雪は大気のなかの小さいごみを核《かく》にしてできますが、実験では、それはできません。それに、自然の雪は空をなん時間もかかっておちてくるあいだに、だんだんに結晶ができあがってくるのです。まさか、それとおなじだけの高い建物はできません。ですから、その時間だけ空中にとめておく必要があります。ウサギの毛でつるしておくのは、そのためです。

こうして、世界ではじめて、人工の雪ができたのです。一九三六年（昭和十一年）三月のことでした。中谷博士の三十五歳《さい》のときです。

※低温室……部屋全体を零下五〇度までの温度にすることができる研究室

**問一**　――線部Aとありますが、おじいさんが雪のなかでくらす知恵にはどんなことがありますか。

**問二**　――線部Bとありますが、どういうところが「にている」のでしょうか。よいと思うものを、次のア～オから二つ選び、記号で答えなさい。

ア　十勝岳の雪をくわしく顕微鏡で見ながら研究したところ。
イ　自然の様子を注意ぶかく観察しているところ。
ウ　自然のじょうたいに合わせて根気よく科学の実験を行うところ。
エ　しっぱいをくりかえしながら実験室で研究をつづけているところ。
オ　いろいろくふうを重ねて一番ふさわしい方法をかんがえだすところ。

**問三**　――線部Cの指す内容を、わかりやすく答えなさい。

**問四**　――線部Dから、中谷博士の、自然に対するどのような考えがうかがえますか。

**問五**　――線部Eについて、中谷博士がこのように考えた理由が述べられている部分をさがし、初めと終わり七字ずつ書きぬいて答えなさい。（句読点を除く）

（一部改題）

## 《論述・作文演習(25)》　灘中学校

次の三つのことばを使って短文を作りなさい。（ことばはこの順序通りでなくてもよい）

(1)　進歩　失敗　勇気
(2)　大雪　都会　若者
(3)　歴史　人間性　目的

（解答は357ページ）

# 3 ▽日高敏隆『昆虫という世界』

筑波大学附属駒場中学校

（解答は358ページ）

■ 次の文章を読んで、後の問いに答えなさい。

冬が近づくと、変身は一時ストップをかけられる。それは、きわめて合理的だ。木の葉もないときに毛虫がかえっても、しようがない。花のない季節にチョウが生まれても、死を待つだけである。虫たちは、冬は休眠《きゅうみん》に入る。

休眠している虫は特別な状態にある。昔《むかし》は休眠は単に冬眠とよばれ、寒いからじっとこごえているのだと考えられていた。[A]、そういう虫もいる。イエバエの幼虫、つまりウジなどはそんな状態で、暖かい日のくるのを待っている。

けれど、㈠そのようなやりかたは感心しない。自転車でできるだけおそく走ったほうが勝ちという競技がある。うっかりすると〈注〉平衡《へいこう》を失って倒《たお》れてしまう。㈡虫の発育についても、このたとえがあてはまる。寒いところでのろのろ発育していると、発育のバランスはくずれてしまう。いっそのこと、自転車を止めてしまったほうがよい。[B]、ただ止めただけでは倒れてしまう。スタンドをかけねばならない。いわば、この状態が休眠である。

休眠に入った虫は、ある意味で〈注〉仮死状態にある。ひどいときには完全に凍《こお》ってしまっている。呼吸も、ほとんどおこなわない。〈注〉物質交代はほとんど止まっており、〈注〉典型的な場合は運動もしない。

生物は動いているときに生物なのだ。それをほとんど止めてしまうのだから、そこには何か特別なしかけがいる。本来、前へ前へと進んでゆくべき変身の〈注〉シナリオを、一時がっちりと止めてしまうしかけである。このしかけがどんなものか、くわしいことはまだわかっていない。[C]、日本のように季節変化のはげしい温帯や、さらにもっときびしい寒帯にすむ虫は、大部分このしかけをもっている。

休眠に入った虫は、こういう㈢「安全に停止した」状態で、寒く乾《かわ》いた、ひもじい季節をのりきってゆく。すべてがほとんど止まっている以上、これらの悪条件は苦にならない。彼《かれ》らは体の外も中も〈注〉武装《ぶそう》して、じっと冬を耐《た》える――われわれはそう考えがちである。

だがこの〈注〉イメージは、虫を〈注〉侮辱《ぶじょく》するものだ。彼らはけっしてそんなに受け身ではない。むしろ彼らはきびしい冬を要求しているのである。

休眠に入った虫の「停止のしかけ」は、ただ暖かくなったからとけるものではない。昔からたくさんの研究者が、休眠に入ったばかりの虫に、そんな苦しい状態をすごさせまいという暖かい親心からか、よい条件を示してやった。[D]、彼らを暖かいところにおいてやったのである。

しかし、親の心は通じなかった。虫たちはいつまでも休眠をつづけ、さめることがなかった。翌年の春になって、戸外の寒さにふるえていた虫たちが、ぞくぞく休眠からさめ、変身を終えて舞《ま》いだしても、文字どおり温室育ちの休眠虫たちは眠《ねむ》りつづけていた。[E]、ポツリ、ポツリと死んでいった。たまに眠りからさめて変身をとげたものがいても、そのひよわさはあわれをもよおすものがあった。

㈣親心を示すなら、彼らを冷蔵庫にほうりこむべきだったのである。休眠の過程は、じつはけっして単なる停止ではない。その間にやはり何かが進行しているのである。具体的に何がおこっているかを示した研究もいくつかある。とにかく、秋、休眠に入った虫たちは、積極的に寒さを必要とする。暖冬異変は、スキー場にとってばかりでなく、彼らにとっても迷惑《めいわく》である。経過すべき寒さ、それによって目ざめへの過程が進行すべき寒さを、十分に得ることができないからである。

冬の寒さをのりきるという深刻な課題に直面した虫たちは、このような積極的方法を発明した。

注　平衡＝一方にかたよることなく安定した状態。　仮死状態＝死んだような状態。
物質交代＝生きるうえで必要な物質が体内に取り入れられ、不要なものが捨てられること。　典型的な＝性質が最もよく表れている。　シナリオ＝（映画などの）筋書き。
武装＝戦いのために武器を身につけること。　イメージ＝頭に思いえがいた姿かたち。　侮辱する＝見下してはじをかかせる。

**問一**　文中の□A～Eに入る語として最も適当なものを、次のア～オから一つずつ選び、記号で答えなさい。

ア　けれど　　イ　そして　　ウ　たしかに
エ　つまり　　オ　とにかく

**問二**　――線(一)「そのようなやりかた」とありますが、それはどのようなやりかたですか。

**問三**　――線(二)「虫の発育についても、このたとえがあてはまる」とありますが、「たとえ」とはどのような内容ですか。最も適当なものを次のア～オから一つ選び、記号で答えなさい。

ア　バランスを失うこと。　　イ　のろのろと走ること。
ウ　シナリオを止めること。　　エ　進むのがおそいこと。
オ　寒さに打ち勝つこと。

**問四**　――線(三)「『安全に停止した』状態」とはどのような状態ですか。

**問五**　――線(四)「親心を示すなら、彼らを冷蔵庫にほうりこむべきだったのである」とありますが、「冷蔵庫にほうりこむ」ことがなぜ「親心を示す」ことになるのですか。

（一部改題）

## 《論述・作文演習 (26)》　雙葉中学校

**(1)　次の文を読んで、問いに答えなさい。**

花子さんが学校から帰ってくると、お母さんが待ちかねたように「ちょっとおつかいをしてちょうだい」と言いました。話を聞くと、お母さんは自分の友だちからセーターを編むことをたのまれていて、でき上がったものを今日、届けることになっていました。ところが、急にお母さんのお母さんが足をくじいて動けなくなったので、すぐに来てほしいと言われ、そちらへ行かなければならなくなりました。お友だちは明日から、そのセーターを着て旅行に行くということなので、どうしても今日中に届けなければなりません。花子さんも知っている相手なので「はい」と言って行くことにしました。

問　届ける時にどのように言ったらよいですか。花子さんになったつもりで答えなさい。

**(2)　次の①の文の中に②、③の文の内容を加えて、一つの文にしなさい。**

①　昨日は算数の宿題をしていたけれど、途《と》中で気がそれてしまった。
②　ぼくはサッカーが好きだ。
③　算数の宿題が解けなくて困《こま》っていた時、隣《となり》の部屋ではテレビがサッカーの試合を中継《けい》していた。

（解答は363ページ）

## 4 ▽ファーブル（中村浩訳）『ファーブル昆虫記』

開成中学校

（解答は363ページ）

■ 次の文章は、『ファーブル昆虫記《こんちゅうき》』（中村 浩 訳）の一節で、〔最初の実験〕・〔観察〕・〔二度目の実験〕という、三つの内容から成っています。文章中の「私《わたし》」は、すべてファーブル自身のことです。これを読んで、後の問いに答えなさい。

ラングドスアナバチが、そのえものであるキリギリスモドキの胸《むな》もとに、毒針をさしこむやり方は、おそらく、なかまのハチたちがえものをたおすときにみせるしぐさと同じようなものだと、私《わたし》は思っています。ハチたちはみんな、巧《たく》みな毒剣《どくけん》の使い手なのですから。しかし、実は、私はまだキリギリスモドキが、この暗殺者におそわれた場面を見てはいないのです。それは、このアナバチがひとりぼっちの生活をしているために、めったに出会うことがないからなのです。

ある決まった場所に、たくさんの巣穴《すあな》をほり、村をつくっているようなハチの場合は、いつでも好きなときに観察や実験ができます。しかし、このラングドスアナバチは、広い土地に、あっちに一ぴき、こっちに一ぴきと散らばっているので、めったに出会うこともありませんし、たまに出会っても、多くは遊んでいるときです。ですから、このハチが、キリギリスモドキを引きずっているところに出会うことは、まあ、めったにないのです。私は、このハチのことなどは考えてもいないときに、全く［ 1 ］お目にかかれたというわけなのです。

これが機会というものです。たった一回しか来ないかもしれない機会なのです。私は、すぐにえもののすりかえ実験を考えました。さあ急げ、急げ、かえだまはどこにいる。生きたキリギリスモドキはどこにいる。さあ、急がなければ時間がない。ちょっとおくれたら、もうこの幸運な機会は行ってしまうでしょう。私は、ブドウ園の中を、気ちがいのようになって走りまわり、かえだまをさがしまわりました。もし番人が私をみつけたら、どろぼうと思って追いかけてきたことでしょう。私には、ブドウのつるも実も、眼中にありませんでした。私は、［ 2 ］一ぴきのキリギリスモドキが欲しかったのです。幸いにも、私は一ぴきつかまえました。私は、どんなに喜んだでしょう。

間に合うでしょうか。アナバチは、まだそのえものを引きずっているでしょうか？ありがたいことに、アナバチは、まだ巣穴からほど遠い所で、「えっさ、えっさ」と、えものを引っぱっていました。私はピンセットで、そっとえものの尾《お》を引っぱりました。ハチはそうはさせまいと、懸命《けんめい》にえものの触角《しょっかく》にかじりついて、はなそうとはしません。私は、無理に引っぱりました。しかし、アナバチはえものをはなしません。しっかりとえものをくわえています。私は、よく切れるはさみを持っていたので、ハチがくわえている長いキリギリスモドキの触角を切りはなしました。アナバチは、なおも前へ進んでいきます。しかし、急に荷物が軽くなったので、びっくりして立ち止まりました。今では、ハチの荷物は切り取られた触角だけなのですから。

私は、手早くかえだまとすりかえました。ハチはくるりと向きを変えて、かえだまに近づきました。そして、［ 3 ］調べ始めました。そして、立ち止まって、足の先につばをつけて目玉をこすり、「がてんがいかない」という顔つきで、何やら考えこんでいるようです。「おかしなこった。これは自分のえものじゃない。だまされているのかな？」

用心深いアナバチは、かえだまからはなれて、これをとらえようとはしません。私は、［ 4 ］指の先にキリギリスモドキをはさんで、ハチの前に突《つ》き出してやりました。こうしてやれば、ハチは、このおくり物を喜んで受け取るにちがいないと思いました。

ところが、どうしたことでしょう。アナバチは、「ふふん」と、せせら笑うように、あとずさりしてしまいました。私は、キリギリスモドキを地面の上に置きました。おどろいたことには、キリギリスモドキは平気な顔をして、その暗殺者の方に向かってすたこら歩いていくのです。ところが、アナバチは、おくびょう者のように、たじたじとあとずさりを続け、とうとう飛んでにげだしてしまいました。これで、私のいきごんだ実験も、まんまと失敗に終わってしまったのです。

この失敗の原因は、後からわかりました。アナバチが好んでとらえるキリギリスモドキは、たっぷりしるけのある、肥えためすのキリギリスモドキなのです。私が、ブドウ園の中であわててつかまえたのは、やせたおすだったのです。アナバチは、うまそうなめすをとらえたはずなのに、このえものがいつの間にか、おすに変わってしまっていたので、すっかり[5]目玉を何度もこすってみたのです。

今度は、もう巣穴の用意もすんで、アナバチが、近くまで運んで来たえものを、取りに行く様子を観察してみましょう。

キリギリスモドキが胸に毒針をうちこまれたことは確かです。えものは、横たまたはあおむけに転って、触角《しょっかく》をぴくぴく動かしています。口を開けたり閉じたりし、胴《どう》は波打っています。[6]ものうげに手足を動かしたりしています。キリギリスモドキは、このまま巣穴の中にしまいこまれます。

私は巣穴の中から、このような、生きてはいるが、すっかりまひしたキリギリスモドキを、いくひきか引き出してみました。まあ、見てごらんなさい。数時間前に卵からかえった、かよわいちびすけの幼虫が、もう、この巨人《きょじん》のようなものをかじっているのです。しかも、このちびすけは、全く安全なのです。母虫が卵を生みつけた場所は、あと足の太いももの付け根のあたりで、ここは全く安全な場所なのです。

巣穴の中にとじこめられたキリギリスモドキは、あおむけに寝《ね》かされて、絶対にひっくり返れないようになっています。もがいてみても、どうにもなりません。ハチのちびすけは、キリギリスモドキの触角も、口も、足も、全くとどかない安全な所におさまっています。ラングドスアナバチの巣穴には、たった一ぴきのキリギリスモドキが入れられているだけです。ですから、となりのキリギリスモドキにけとばされる心配などは、全然ないのです。

ラングドスアナバチは、えもののキリギリスモドキを、半分まひした状態で引っぱりこみます。完全にとどめをさして動かなくする必要がないからです。この半分まひしたキリギリスモドキは、まだかなり動くので、運んで来るのはとても困難な仕事なのです。この大きなえものを引っぱって行くと、足が草にひっかかったりします。ただでさえ重い荷物をかかえたアナバチは、草原《くさはら》ではほとほとまいってしまいます。しかし、こんなことはたいした苦労ではないのです。

とりこになったキリギリスモドキのやつは、まだ口が使えるので、その大《おお》あごでかみついてきます。アナバチは、触角を引っぱって、かまれないように用心しています。しかし、ちょっとつまずいても、かみつかれるおそれは十分あるのです。アナバチは、えものの大あごにかみつかれる危険が十分あると考えたときには、かみつかなくする術《すべ》をちゃんと心得ているのです。

アナバチは、えものがはげしく手向かいすると、立ち止まって、これにとどめをさします。ハチは、えものの上に馬乗りにまたがり、大あごでくびをくわえて、ほかには少しも傷をつけずに、頭の中にある脳神経節をとらえて、これをかみくだくのです。すると、えものは、ぱったりと動かなくなってしまうのです。アナバチは、この急所をちゃんと知っているのです。だれにも教わらないのに、神経生理学のことをちゃんと心得ているのです。これを本能といいます。

私は、アナバチのまねをしてみました。ピンセットで、キリギリスモドキをおさえつけて針の先で脳神経節をつついてみました。手術は、私の先生のアナバチと同じように、うまくいきました。キリギリスモドキは動かなくなったのです。私は得意でした。ところが、私の手術したキリギリスモドキは、本当に死んでしまったのです。四、五日後には、悪臭《あくしゅう》を放つ死がいに変わっていました。これに反して、ハチの手術したほうは、十日たっても生き生きしているのです。

アナバチが、キリギリスモドキに手術をするとき、毒針を用いないわけがわかりました。もし、毒針を用いて、頭の中に毒じるの一滴《てき》でもたらしたら、えものは完全に死んでしまうからです。アナバチは、えものを殺さず、一時的にまひさせる手ごころを、ちゃんと知っているのです。アナバチは、キリギリスモドキの脳神経節をかみくだいたのではなくて、その大あごで軽くおさえつけ、はたらきをまひさせただけなのです。この巧《たく》みな知恵《ちえ》には、おどろかずにはいられません。

幸運は、求めてもなかなか得られるものではありません。しかし、思いもかけず幸運が訪れてくることがあるものです。ラングドスアナバチがキリギリスモドキを狩《か》るありさまを見るために、私は、どれほどむだに走りまわったり、かいのない苦労をしたことでしょう。そうこうするうちに、二十年という年月が過ぎ去りました。

すると、この月の初め（一八七八年八月八日）、私の子供のエミールが、息せききって私を呼ぶのです。「早く、早く来てよ、アナバチがえものを引きずってるわよ。お庭の木戸《きど》の前のプラタナスの木の下で！」

エミールの言うとおりでした。私がかけつけてみると、大きなラングドスアナバチが、まひさせたキリギリスモドキをうんうん引きずっているところでした。よく見ると、このアナバチは、近くの小屋の屋根のかわらの下に、巣《す》をつくろうとしているらしいのです。数年前も私は、同じ場所で、アナバチがえものを引きずり上げるのを、見たことがあったのです。今日のハチも、きっと、あのときのハチの孫にあたるものでしょう。

プラタナスの木陰《こかげ》で仕事をしていた家の連中がやってきて、ぐるりと輪になって、アナバチのしぐさを見物しました。大勢《おおぜい》の見物人を前にして、今、虫の軽業《かるわざ》が行なわれようとしているのです。私は、思わずつぶやきました。「ああ、生きたキリギリスモドキがいたらなあ！」

この私の溜息《ためいき》を聞くと、エミールは、私に言いました。「生きたキリギリスモドキなの？　それなら、今朝とってきたばかりの元気なのがいるわ！」

そして、エミールは、大急ぎで家の階段をかけ上がって、自分の勉強部屋へ走って行きました。そして、まるまる肥えたキリギリスモドキのめす二ひきと、おす一ぴきとを持って来ました。どうして、今度はこんなに都合よく、ことが運ぶのでしょう。ひょっこりと思わぬ幸運がやってきたのです。

エミールがこのとき、偶然《ぐうぜん》にもキリギリスモドキを持っていたことにも、実は[7]いわくがあるのです。私の家の玄関《げんかん》前の高いプラタナスの木に、モズが巣をつくりました。ところが、ひどい風が吹《ふ》いて木をゆすぶったので、巣からひなが落ちました。私は、このひなをみつけました。四羽《わ》のひなのうち、一羽だけが生きていました。このひなを、私はエミールにやったのです。エミールが持っていたキリギリスモドキは、このひなのえさとして、とらえてきていたものなのでした。私のひなに対するあわれみが、この思いがけない成功を、私にもたらしてくれたわけなのです。

さて、大勢の見物人の目の前で、私は、えもののすりかえ実験をやってのけました。かえだまを見たアナバチは、これを追いかけました。そして、前胸部《ぜんきょうぶ》を大あごでくわえ、おなかを曲げて、キリギリスモドキの胸の下にまわし、毒針をさしこみました。こうして、アナバチは、念入りにえものの急所に短剣《たんけん》をうちこみ、これをたおしました。これでおしまいです。キリギリスモドキは、[8]のぬけた、ひとつの品物になってしまいました。

　私は、すぐさま、用意した第二のめすとこれとをすりかえました。また、同じことがくりかえされました。次には、おすでこれをやってみました。ところが、アナバチは、おすには見向きもせず、見失ったえものをさがしに、走りまわっていましたが、それっきり、どこかへ飛んで行ってしまいました。

　私の手もとには、三びきの、さされためすのキリギリスモドキが残されました。そのうち二ひきは、たった今、私たちの目の前で、とどめをさされたものです。調べてみると、足は完全にしびれています。虫はひっくりかえったまま、もう立ち上がることはできないのです。触角が、ときどきぴくぴくと動きます。そして、口が動きます。これが、ただひとつの生きているしるしです。食物をやらずに、暗い所に置くと、これらの虫は、十七日間も、触角を動かして生きていました。この触角の運動は、時計のふりこのようなもので、これが動いている間は虫は生きているのです。三びきのうち一ぴきは、十八日目にこの触角の運動が止まり、死んでしまいました。

　ところが、野原からとってきた、ぴんぴんしたキリギリスモドキを、食物をやらずに暗い所にとじこめておくと、四、五日でみんな死んでしまいます。これは、自由をとりもどそうと、さかんにもがいてあせるので、つかれはてて飢《う》え死にしてしまうのです。ハチにさされて、重傷を負ったキリギリスモドキのほうが、ぴんぴんしていたキリギリスモドキよりも、四倍も長く生きていたわけです。ハチにさされたという[9]の原因が、かえって[10]の原因になったわけです。さされた虫は、ほとんど動かないので、体力が長つづきするわけなのです。

---

**問一**　文章中の[1]〜[5]には、どのような語句を入れれば、うまく文章がつながるでしょうか。そのことばとしてもっとも適切なものを、次の中から一つずつ選び、符号で答えなさい。

ア　なんとしても　　イ　じれったくなって
ウ　うさんくさそうに　　エ　だしぬけに
オ　あっけにとられて

**問二**　(1)　文章中の6ものうげにに最も近い、正しい使い方のされている文を、次の中から一つ選び、符号で答えなさい。

ア　赤ちゃんの、ものうげにしかおもちゃをにぎれない様子はとてもかわいいものだ。
イ　弟は楽しい夢《ゆめ》でもみているのか、寝言《ねごと》を言いながらものうげに寝《ね》返《がえ》りをうった。
ウ　成人式を迎《むか》えて、日頃《ひごろ》は快活な姉も今日ばかりはさすがにものうげな様子だ。
エ　天寿《てんじゅ》を全《まっと》うしたとはいえ、祖父の葬儀はやはりものうげに執《と》り行なわれた。
オ　祖父に先立たれた祖母の、ひとりものうげに空を見上げていた姿が思い出される。

(2)　文章中の7いわくに最も近い、正しい使い方のされている文を、次の中から一つ選び、符号で答えなさい。

ア　あの誠実な彼がどうしてあんなことをしでかしたのか、何かいわくがありそうに思われる。
イ　どうしてあのような事故が起きたのか、それは今のところいわくに包まれたままである。

ウ　約束を守らなかった兄をみんなで責めたところ、それに対する兄のいわくがふるっていた。

エ　国語の試験で、いわくということばを使って短文をつくりなさいという問題が出された。

オ　あの人はいつもいわくばかり多くて、そのくせ実行がともなわないから始末《しまつ》におえない。

**問三**　(1)〔最初の実験〕と〔二度目の実験〕は、主としてどのような目的で行われていますか。次の中から最も適切な説明を一つ選び、符号で答えなさい。

ア　〔最初の実験〕はアナバチがそのえものに毒針をさしこむやり方を確かめるためのものであり、〔二度目の実験〕はアナバチがえものの種類を確実に区別できるかどうかを確かめるためのものである。

イ　〔最初の実験〕はアナバチのえものがキリギリスモドキであることを確かめるためのものであり、〔二度目の実験〕はそのキリギリスモドキがどのようになるかを確かめるためのものである。

ウ　〔最初の実験〕はアナバチがそのえものに毒針をさしこむやり方を確かめるためのものであり、〔二度目の実験〕はそのえものがどのようになるかを確かめるためのものである。

エ　〔最初の実験〕も〔二度目の実験〕も、ともにアナバチがそのえものに毒針をさしこむやり方を、この目ではっきりと確かめるためのものである。

オ　〔最初の実験〕も〔二度目の実験〕も、ともにアナバチがそのえものの種類を確実に区別できるかどうかを、この目ではっきりと確かめるためのものである。

(2)　アナバチはとらえたえものを巣穴まで運ぶとき、「えものの触角《しょっかく》」をしっかりとくわえていますが、このことにはどのような意味があるのでしょうか。次の中から最も適切な説明を一つ選び、符号で答えなさい。

ア　わざわざ触角の長いキリギリスモドキをえものとしているところに、知恵のはたらきが見られるということ。

イ　かみつかれる危険性がありながら、えものを完全にまひさせるという知恵まではもっていないということ。

ウ　えものは完全にはまひしておらず、かみつかれる危険をさけるという知恵がはたらいているということ。

エ　えものを運ぶときに、動く足が草にひっかかったりする障害をさける知恵まではたらいていないということ。

オ　あと足の二本は、卵を生みつける場所として傷つけてはいけないという知恵がはたらいているということ。

(3)　〔最初の実験〕が失敗に終わった後、ファーブルはこの実験に先立ってもっていた知識が不正確なものであったことを知ります。ファーブルの知識に足りなかったのは、どのようなことがらでしょうか。文章中から、そのことがらを最も的確に言い表わしている文を一つ選び、その文全体をそのまま抜《ぬ》き出しなさい。

(4)　前問の(3)で抜き出した一文からは、アナバチのひとつの知恵が読み取れますが、この知恵はどのようなことを知っている知恵だと考えられますか。「……ということ」という形で「……」にあてはまる部分を、二〇字程度で書きなさい。

(5)　半分まひしたキリギリスモドキを巣穴の中にとじこめる際《さい》にも、このアナバチの知恵は巧《たく》みなはたらきを示しますが、それは特にどのような点だといえますか。次の中から最も適切なものを一つ選び、符号で答えなさい。

ア　卵からかえった幼虫の安全性が計算されているという点。
イ　えさであるキリギリスモドキの体型が計算されているという点。
ウ　えさであるキリギリスモドキの生命力が計算されているという点。
エ　生みつけた卵の保存状態が計算されているという点。
オ　巣穴の中での幼虫の運動量が計算されているという点。

(6)　えもののキリギリスモドキに完全にはとどめをささないで、半分まひした状態にしておくという、このアナバチのすばらしい知恵は、どのようなことを知っている知恵だと考えられますか。ファーブルの観察をたよりに推測し、「……ということ」という形で「……」にあてはまる部分を、二〇字程度で書きなさい。

(7)　前問の(6)にあるように、完全にはとどめをささないことは、アナバチにとって逆にいくつかの障害を引き起こします。が、そのうち最も不都合な障害に対しては、ある巧みな方法でこれをきりぬけています。最初、ファーブルはそれをどのような方法であると観察していましたか。〈ナニ〉を〈ドウスル〉の形で、文章中の語句を用いて、一〇字程度で書きなさい。

(8)　前問の(7)にみられる方法が巧みであるのは、その方法が実はファーブルの誤った観察であったということのほかに、アナバチがさらにもう一つの方法を用いなかったこととの関《かか》わりが重要なのですが、それでは、ファーブルが舌を巻いている、この巧みな知恵とはどのようなことをいうのでしょうか。文章中から、そのことを最も的確にまとめている文を一つ選び、その文全体をそのまま抜き出しなさい。

(9)　文章中には、アナバチの「巧みな知恵」がいくつとなく書かれていますが、これらの知恵を一般《いっぱん》に何と呼びますか。文章中の、漢字二字の熟語で答えなさい。

(10)　文章中の[8]に入る適切なことばを、三画以上の漢字一字で答えなさい。
また、文章中の[9]と[10]には、たがいに反対の意味となることばが入ります。適切なことばを、それぞれ漢字一字で答えなさい。

**問四**　文章中には、「機会」「幸運」ということばが何度か使われています。これらのことばには、ファーブルにとってのどのような思いがこもっているでしょうか。その思いに最も近いものを、次の中から一つ選び、符号で答えなさい。

ア　自分にできる努力の限りをつくしたとは言えないが、いまや幸運の女神《めがみ》にすがりたい思いになっているぼくを、潔くないといって非難することはだれにもできないと思う。
イ　この日のために、ぼくはあらゆる楽しみを犠牲《ぎせい》にして努力の限りをつくしてきた。この機会を生かすことができなかったら、これまでの努力と我慢《がまん》が水の泡《あわ》になってしまう。
ウ　懸命《けんめい》に努力すれば必ず報われる。幸運の女神がほほえむとは、このような場合をいうのだ。もし失敗したとしても、それは努力が足りなかったことを戒《いまし》める女神の愛情だと、ぼくは思いたい。
エ　果報《かほう》は寝《ね》て待てというように、幸運というものは必ずしも努力だけによるものではない。むしろ無欲にひたすら静かに待っているほうが、かえって運は向いてくるというものだ。

オ　願いとそれが実現する機会とは、必ずしもうまくは巡《めぐ》り合わせて来ないものだが、報われない努力を重ねているうちに、それが降って湧《わ》いたようにやってくるということがあるものだ。

（一部改題）

## 《論述・作文演習 (27)》　桐朋中学校

**次の文章を読んで、後の問いに答えなさい。**

中国の人たちに触れて、最初に感動したのは、なんといっても、子供たちの目の美しさでした。何て素敵《すてき》に輝いているのだろう、月並みな言い方になってしまうけれど、見る者を引き込まずにはいないような、本当に素晴らしい目を、それも、みんながみんな、持っていたのです。

老人たちも、素敵でした。中国の老人たちの顔に刻まれた皺《しわ》といったものは、日本では、もうとうの昔に消え失《う》せて、ぼくらはもはや出会うことのないものなのかもしれません。

どこで会った老人でも、その指先の皺、腕の皺、それから足の皺、そんなものを見ていると、ぼくはそこに、必ず、中国の人たちの人生、それのひとつの典型を見つけたような気になったものです。自分の手で、自分の人生を、懸命《けんめい》に、力づくで切り拓《ひら》いてきた年寄りたちの、体に刻み込まれている皺は、精神力だけを頼《たよ》りにして生き抜いている現代の日本人の皺とは、本質的に違《ちが》っているだろう。ぼくは、そう思うのです。

①子供たちの目と、老人たちの皺とは、同じものです。けれど、そうは言いながらも、現代中国が〝文明国〟日本をひとつのお手本にしているということもまた、間違いありません。

やがて時間がたてば、この国でも、そういう目をした子供たちや、そういう皺を持った老人たちを、どこかの片隅《かたすみ》へ追いやってしまうことになるかもしれません。〝文明国〟日本を手本としてつき進んで行くとすれば、そうなるのは、そんなに遠い将来のことではないに違いありません。

けれど、中国が、日本と同じような方向へ(注)変貌《へんぼう》して行くとは、ぼくには、ちょっと考えられません。というのは、中国人たちの物の考え方、事象の捉《とら》え方、物の使い方、どれをとってみても、われわれ日本人とは、本質的に違うところがあると思えるからです。

われわれは、外国から日本へ入って来たものをそっくりそのまま、自分の生活の中へ摂《と》り入れ、そのままの形で使おうとします。それは、使おうとする、というより、入って来てしまったものに合わせて、自分の生活を変えて行こうとするようにすら見えるほどなのです。

中国の人たちは、もっと②したたかに見えます。入ってきたものを、そっくりそのまま使うなんてことは、殆《ほとん》どしないようです。自分たちの生活にそれを溶《と》け込ませる努力、それを第一に考えるのです。ここが、われわれと、もっとも違うところでしょう。

（さだまさし「長江　夢紀行」による）

（注）変貌――変化すること。

**問一**　――線①について。筆者は「子供たちの目」と「老人たちの皺」とに共通して、日本の人々にはない素敵なものを感じているようです。それでは、「子供たちの目」の輝きはどういう所から生まれてきたものだと考えているのでしょうか。本文中のことばを使いながら四〇字以内で説明しなさい。

**問二**　――線②の「したたか」とは、「しっかりしている、手ごわい」というような意味で使われることばです。では、筆者は中国人のどういう姿勢を「したたか」と言っているのでしょうか。本文中のことばを使って六〇字以内で説明しなさい。

（解答は373ページ）

## 5 『新動物誌』

▽小西正泰

灘中学校

（解答は376ページ）

■ **次の文を読んで後の問いに答えなさい。ただし問題文は設問の関係上、A～Iの文章がバラバラに並んでいる。**

A　そのころは研究者の数も少なく、全国各地のマツを枯らしていく松くい虫の問題についてはわからないことだらけの状態であった。そしてこの問題について、(1)これまでは思いもよらなかった事実がわかって、解明へのいとぐちが得られたのは、ごく最近のことである。

B　こんな松こそは、松くい虫が子孫を繁殖《はんしょく》させる絶好の場なのである。こうして、結果的には線虫を運んでやったカミキリにとって、このヤニ抜きのマツが(2)［　］となる。その皮に産みつけられた卵からかえったカミキリの幼虫は、皮の下を食い荒らしながら成長し、材部にもぐって個室をつくりサナギになる。

C　この体長三十ミリ前後のカミキリの成虫は、(注)羽化《うか》してまもなくマツの若枝をかじるが、そのときカミキリの体から脱出した線虫は、そのかみ傷からマツの樹体内に侵入《しんにゅう》する。そして大挙して、ヤニを出す樹脂《じゅし》道をとおって木全体に広がるが、その途中で樹脂細胞を破壊《かい》するため、マツは水分の調節機能を失って急速に弱り、もはや外傷《しょう》を受けてもヤニを出さなくなる。

D　この線虫は、調べてみたところ未知の種類だったので、新しい学名とともにマツノザイセンチュウと名づけられた。ところで線虫というのは「腹の虫」で知られる回虫などと同じ線形動物で、もちろん自身による(3)［　］はほとんどない。それで、マツを枯らす「真犯人」が線虫だとしても、その「運び屋」がいるに違いないと推理された。そこで、松くい虫の仲間が片っぱしから顕微鏡《けんびきょう》の下で身体検査された結果、マツノマダラカミキリの成虫の気門や気管から、この線虫が多数発見された。これによって(4)この一件も落着し、さらにこれまでの研究方向は一大転機をむかえることになった。つまり(5)［　］に焦点がしぼられたのである。

E　戦後まもないころ、私は鎌倉にほど近い丘の上で、神社の物置《ものおき》に寝泊《とま》りしながら、そのころマツを枯らしている「松くい虫」の生態を調べたり、当時はまだ「秘境《ひ》」だった八丈島のマツが大量に枯《か》れる原因を調査したりしたことがある。

F　こんなふうに、マツという共通の生活の場をめぐって、くり広げられるカミキリと線虫の相互関係は、長い適応の歴史の産物であるとはいえ、巧妙《こうみょう》にしくまれたドラマを見る思いがする。

G　そこで農林省林業試験場では、数年前から多くの部門の研究者を動員して、チーム・ワークによる総合的な特別研究をおこなってきた。その結果、まず枯《こ》死したマツの材片から、体長一ミリたらずの線虫が多数発見されたことがきっかけとなって、ドラマチックな真相が明るみに出ることになったのである。

H　いっぽう、そのころまでに爆《ばく》発的にふえた線虫の幼虫は、このサナギのまわりに集まって、ともに冬を越す。翌年の初夏のころ、羽化が近づいてくると、線虫は脱皮して耐久型幼虫に姿を変える。そして、カミキリの羽化が始まると、線虫は頭を振りながらむらがって、この新成虫の気門から気管の中へと侵入する。そのときの線虫の様子は、狂喜のあまり乱舞しているように見える。この線虫は、カミキリ一匹について、平均一万五千匹（最高十八万匹）も見つかるそうだがその数が多過ぎるとカミキリの動作はにぶくなり、飛ぶことができずに死んでしまうこともあるという。

I　松くい虫というのは政令で定められた用語で、マツに害を与えるカミキリムシ・ゾウムシ・キクイムシなどの甲虫類の総称であるが、一般の人には葉をたべる松毛虫と、よく間違えられる。この松くい虫は弱ったマツだけをねらって、皮の中や下に卵を産む。たとえ健全な木に産卵しても、卵やそれからかえった幼虫はヤニに巻かれて死んでしまう。だから松くい虫は何かの原因によって弱った木にとりついて、その死枯や腐朽《ふきゅう》を早める役割《やくわり》を果たしているのである。それでは(6)まずマツを弱らせるものは何か。これが究明されないと、長い間続いているマツの枯死をふせぐ抜《ばっ》本的な対策はたてられない。

注　羽化＝こん虫が幼虫またはサナギから脱皮して成虫になること

**問一**　A～Iの文章を正しい順序に直し、その符号を順序どおりに記入しなさい。

**問二**　側線(1)の「これまでは思いもよらなかった事実」とはどういう事がらですか。五〇字以内で書きなさい。

**問三**　(2)□の中に入れる語句として次のア～オのうちのどれがよいですか、符号で答えなさい。

ア　目標　イ　証拠《こ》　ウ　報酬《しゅう》
エ　原因　オ　障《しょう》害

**問四**　(3)□にはどんな語句を入れたらよいですか。波線の引いてある文をよく読んで答えなさい。

**問五**　側線(4)の「この一件」とは何ですか。簡単に説明しなさい。

**問六**　(5)□の中に入れる語句として次のア～オのうちのどれがよいですか、符号で答えなさい。

ア　各個人による専門別研究
イ　マツの枯死をふせぐ抜本的な対策
ウ　まずマツを弱らせるものは何か
エ　弱ったマツと健全なマツとの違い
オ　マツノマダラカミキリとマツノザイセンチュウの相互関係

**問七**　側線(6)の「まずマツを弱らせるもの」は何ですか。

（一部改題）

## 《論述・作文演習 (28)》　久留米大学附設中学校

**「テスト」について、君は、今までにどんな経験をもっていますか。「君がテストされた経験」と「君が自分自身をテストした経験」の二つを順に書きながら、「君の考え」を、次の方法でまとめなさい。**

（方法）

1　全体を三つの段落に分け、内容は次のとおりとする。
　一段落「君がテストされた経験」
　二段落「君が自分自身をテストした経験」
　三段落「二つの経験を通して君が考えたこと」
2　段落は新しい行に一字さげて書きはじめること。
3　五〇〇字以上は書くこと。（六〇〇字以内）
4　タイトルと自分の名前は書かないこと。本文から書きはじめる。
5　「テスト」とは試験のことであるが、入学試験のようなものだけでなく、ものごとの性質や能力を知るためにためしてみること、とひろく考えるとよい。

（解答は385ページ）

## 《ことば・ことわざ・文学史　補充③》

(1)　次の1～15は線で結ばれた部分が共通している漢字のくさりです。[A]～[E]には、それぞれ単独でも使える漢字が入ります。[A]～[E]に適当な字を入れて1～15の漢字のくさりを完成しなさい。
（解答は34ページ）

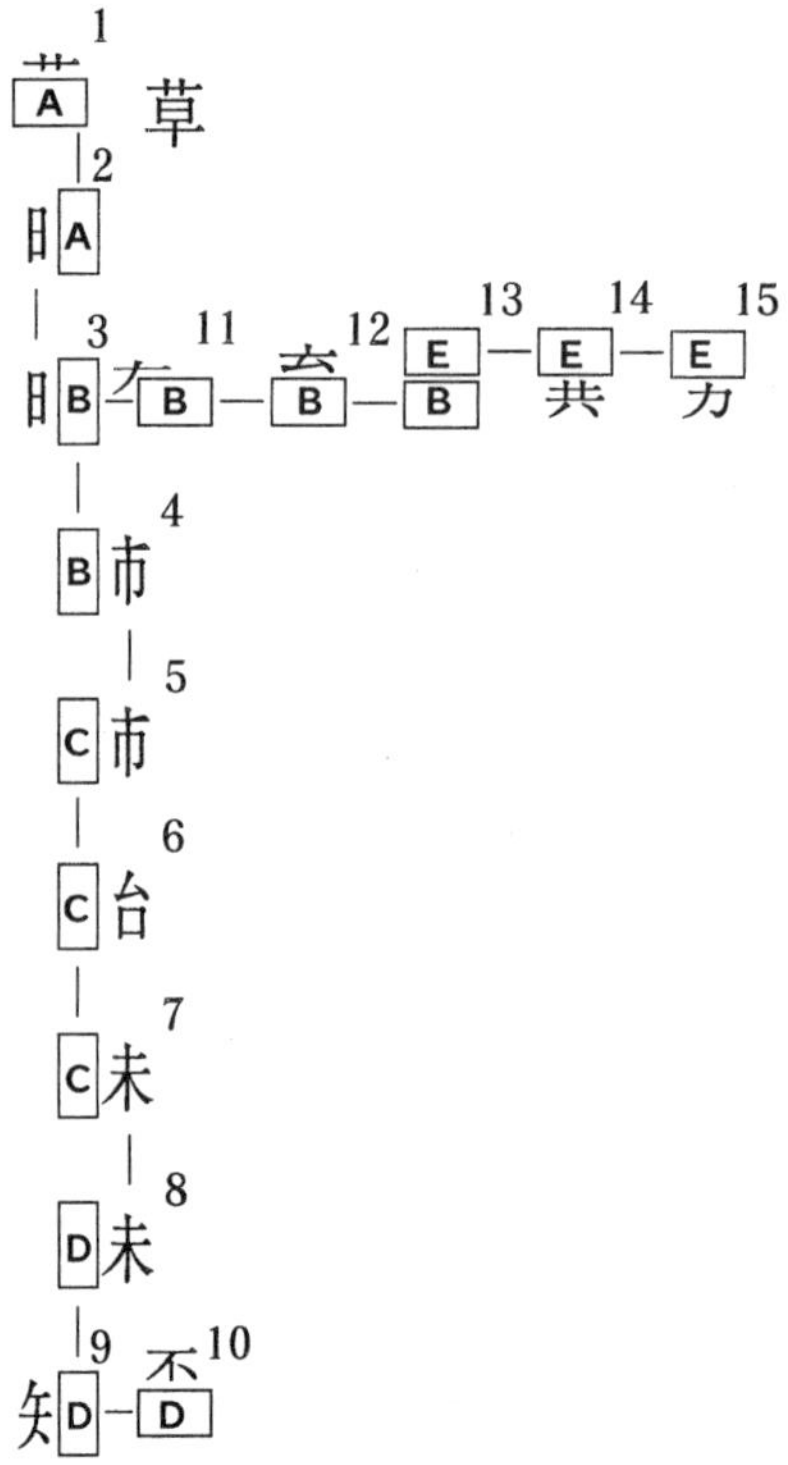


（灘中）

(2)　次の□の中に適当な漢字を〔例〕のように入れて熟語を完成しなさい。上下は二字の結びつきで音読みの熟語、〈〔例〕では「家屋」・「屋上」〉左右はやはり二字の結びつきで訓読みの熟語、〈〔例〕では「小屋」・「屋根」〉になります。答は、番号に合わせて□にはいる漢字一字だけを書きなさい。

〔例〕　家↓屋↓上　小→屋→根

①　助↓□↓段　人→□→間

②　愛↓□↓陸　上→□→物

③　積↓□↓害　粉→□→国

④　移↓□↓物　田→□→木

⑤　開↓□↓員　夜→□→先

（甲陽学院中）

(3)　次の▣や□の中に当てはまる暦《こよみ》のうえのことばや、日日《ひにち》を答えなさい。▣にはひらがな、□には漢字が入ります。

二月が二十九日まである年を[1]▣▣▣年と言います。

三月三日はもの[2]□□です。

立春から数えて[3]□□□日め（五月二日ごろ）を[4]□□□□と言い、

昔から作物の種まきに適した時期とされています。

立秋の前の十八日間を夏の[5]□□（ふつうは「夏の」を省いて、ただ□□と言う）と言って、このころには高い大きな波が海岸によく打ち寄せるものです。

現在の暦で八月十五日は[6]□▣▣▣のお盆《ぼん》に当たります。

立春から数えて、[7]□□□日め（九月一日ごろ）や[8]□□□□日め（九月十一日ごろ）には、よく台風がやってくると考えられています。

中秋の名月とは、陰暦《いんれき》の[9]□□□□日の夜の月のことです。

[10]□□の日、（十二月二十二日ごろ）北半球では昼が最も短くなります。

（慶應中等部）

(4)　左の〔例〕の「あつまる」は「集」、「あう」は「合」で、この二つを組み合わせて「集合」という熟語ができる。この〔例〕にならって、後にあげてあることばを二つずつ組み合わせて、漢字の熟語を五つ作りなさい。

〔例〕　あつまる　あう

おぎなう　おく　おちる　おわる　たりる

つづく　なる　のぞむ　もうける　もつ

（ラ・サール中）

(5)　次の1～6の四つの漢字のそれぞれの前、または後ろに同じ漢字一字をつけると二字の熟語ができます。その漢字を例にならって考え答えなさい。

〔例〕　安　太　行　水　〔例の答え〕平　参考【平安　太平　平行　水平】

1　人　達　功　完　　2　理　変　痛　野

3　帳　速　号　日　　4　感　観　楽　母

5　堂　砂　利　黄　　6　達　口　和　快

（灘中）

# 論説文

## 【1】▽桑原武夫『ものいいについて』

女子学院中学校

（解答は388ページ）

■ **次の文章を読んで後の問いに答えなさい。**

松尾芭蕉に「もの言えばくちびる寒し秋の風」という有名な句がある。私はこの句を好まない。この句が、人の短所を言ってはいけない、自分の長所を言ってはいけないという短文の後につけられたものであることや、一方これは、彼が門人の一人に与えて【1】とした句だという説のあることなどは、実は近ごろ知った。そしていよいよ【2】のだが、そうした[1]道徳的な前書きを別にしても、単独に一句として見ても、私はこの句にはじめて接した昔から反感を持っていた。それは、私がものを言うことが相当以上に好きであるという生まれつきによるのだろうが、そればかりではない。うるさい人の世を多少とも渡ってきた人間には、この句の真実性を身にしみて感じ、思わず「もの言えばくちびる寒し秋の風」とつぶやきたくなる瞬間も【3】。人の真実性を表わしているという点において、この句は[2]文学的に一応の成功をおさめているといえよう。しかし、その真実性が、おおらかな正しい人間性に[3]根ざしているか、どうか。またそれが一つの格言のようになって世の中に広まっていることは、社会的に[4]健全な現象であるか、どうか。いったい[5]この句をつぶやきたくなるときの気持ちはどんなものだろう。ああ言わなければいいことを言ってしまった。おそらく真意はわからなかっただろう。いや誤解されたかもしれない。口はわざわいのもと、おれもばかだった。それにしても人の世は寒々とつれないものだ。そこには後悔と自嘲《じちょう》（自分をあざ笑うこと）とがある。ところで[6]この二つは、健全な人間にとってはもっとも憎むべきものであるはずだ。人間は常に失敗をさけられない。そして反省がなくてはならない。しかし後悔は別である。【A】しているとは、停滞していることである。【B】をもとにして前へ進んで、その【C】をつぐない改めるのが、自分にも他人にもよいことである。自嘲は、あくまで自己に閉じこもりつつひがむことである。また自嘲は[7]いっそう退けられるべきである。自嘲、ひがみはいやしい心から出たものであって、そこからは何も生まれない。ともかく、私はこの句を思い出すごとに、芭蕉の一部にある小ささ、というよりもむしろ彼にこのような句を作らせた[8]時代の小ささを感じる。そして思う、こんな句の真実性がぴったりわかるような人間がだんだん【4】のでなければ、日本の社会がよくなったとは言えないだろうと。

**問一** 文中の【1】にあてはまることばを記号で答えなさい。

ア いましめ　イ はげまし　ウ みせしめ　エ なぐさめ

**問二** 文中の【2】にあてはまることばを記号で答えなさい。

ア 芭蕉を理解した　イ 真実味に感動した

ウ きらいになった　エ 疑問が深まった

**問三** ——1「道徳的な前書き」とは、何をさしていますか。文中からぬきだしなさい。

**問四** 文中の【3】にあてはまることばを記号で答えなさい。

ア あるはずがない　イ まれであろう

ウ まれではないであろう

**問五** ——2に「文学的に一応の成功をおさめている」と言っています

が、筆者は文学をどういうものだと考えていますか。文中のことばを使って一五字以内で書きなさい。

**問六** ――3――4には筆者のどんな気持ちが表われていますか。記号で答えなさい。

ア 疑問に思い、深く悩んでいる
イ 疑問の形で提示し、否定的な答えを求めている
ウ まだ断定できないと慎重な態度で臨んでいる
エ 読者に問いかけて教えてもらおうと思っている

**問七** ――5の「この句をつぶやきたくなるときの気持ち」が具体的に書かれている部分があります。その部分のはじめと終わりの五字をぬきだしなさい。（句読点は入れないこと）

**問八** ――6の理由を述べている部分があります。その部分のはじめと終わりの五字をぬきだしなさい。（句読点は入れないこと）

**問九** 芭蕉の句と同じ意味を持つことわざが文中にあります。それをぬきだしなさい。

**問十** 文中の［A］［B］［C］にあてはまることばを記号で入れなさい。（記号は一度しか使えません）

ア 反省　イ 失敗　ウ 後悔

**問十一** ――7「いっそう」は何に対して「いっそう」なのですか。文中のことばをぬきだしなさい。

**問十二** ――8「時代の小ささ」について

1 この時代は何時代ですか。

2 「時代の小ささ」とはどんな意味ですか。

ア この時代はまだ人口が少なかった
イ のびのびとものの言える社会ではなかった
ウ 社会の規模が小さく有能な人材がとぼしかった
エ 日本が国際的に知られていない小国だった

**問十三** 文中の［4］にあてはまることばを記号で答えなさい。

ア まれになっていく　イ ふえていく　ウ 成長していく

**問十四** 「もの言えばくちびる寒し秋の風」という句で、芭蕉は何を表わそうとしたのですか。

ア 秋も深まっていくという季節感
イ 何か言ったあとの後悔する気持ち
ウ 意見をはっきり言うべきであったという反省
エ 秋風が吹いてくると人はだまりがちになること

**問十五** 筆者はどんな社会がよい社会だと考えていますか。

ア 「もの言えば……」と自由に言える社会
イ 「もの言えば……」が名句とされる社会
ウ 「もの言えば……」が同感されない社会
エ 「もの言えば……」がよく理解できる社会

（一部改題）

## 2

▽加賀乙彦

# 『生きるための幸福論』

東大寺学園中学校

（解答は393ページ）

■ **次の文章を読んで、後の問いに答えなさい。**

人はひとりひとりちがい、同じ人間はいない。顔や声から始まって性格までそうだ。その証拠《こ》に、私たちはだれかれをすぐ見分けられるし、その人の性格をあれこれ描《びょう》写したり、うわさのたねにしたりできる。つまり、人は何もしないでも、生きているだけで個性を持っているわけだ。（ア）

にもかかわらず、私たちは個性を持ちたいと思い、個性ある人をうらやむ。本来、個性のある人が個性を持ちたいと思うのは、理くつの上でおかしいけれども、実は、①この点に問題がある。（イ）

私は、今、人々が個性にあこがれるなどと言われているのが事実かどうか、疑わしいと思う。というのは、多くの人は、むしろ個性の強い人間になるのをおそれているとみえるからだ。たとえば、クラスの話し合いの時に、多くの人は、自分の本当の意見を言う前に、周囲の人たちがどういう意見を持っているかを知ろうとする。クラスでの〝大勢〟はどうなっているかを知り、なるべく人とちがわないで、常識的な意見を出そうとする。個性なんか出して、あいつは変わったヤツだとか、とっぴな人間だと思われるのをおそれている。（ウ）

私たちの日常生活のいろんな場面で、私たちは個性を持つことを、さけようとしているのではないか。大都会に住み、大勢の人の中で、なるべく目立たぬようにしているのがふだんの姿ではなかろうか。（エ）

人は、もともと個性を備えたものではあるが、それがどんな個性かを私たちは、えてして知らない。自分を知るのは、実は、そんなに簡単な行為《い》ではない。早い話が、自分は無口で、人ぎらいで、口下手《べた》だと信じ、そのような性格を嫌悪《けんお》している人が、案外に話好きで、人当たりがよくて雄《ゆう》弁なことがある。自分の性格を、こうだときめつけて、悲観したり見限ったりする前に、自分を見つめる操作が必要である。その逆に、自分をあまり高く見積もり、他人の前で自分を誇《ほこ》ってみせたりせず、まず、自分がどういう人間であるかを見定めることも大切である。

自分がつかめたら、そこから先は、その自分を大切にしていくのが、本当に個性ある人だろう。（オ）

しかし、最近言われている〝個性〟には、この自分をぬきにして、②皮肉なことに、他人からあたえられる〝個性〟を問題にしていることが多い。たとえば、ふつうの人ではちょっと手が出ない、世界の一流品ばかり身につけている人がいる。腕《うで》時計、ライター、ネクタイと高価な商品ばかりで身をかざり、そういう人が少ないから、自分は個性的だと思いこんでいる。（カ）

外から与えられる物ばかりで個性をえようとする人のこっけいさは、元来、自分のなかにある個性を見失ってしまい、やたらと外面のみを追いもとめていることにある。世界の一流品なんていう定評は、実は、多くの人が認めて買っている品物だから、同じようなものにすぎない。

フランスの友人が日本に来たとき、なぜ日本人は、パリの一流品ばかり身につけ、同じような姿をするのかと驚《おどろ》いていた。私は、かれらは、個性的であろうとなみだぐましい努力をしているのだというと、③友人はあっけにとられていた。

それは服飾《しょく》品に限らない。他人の行きそうもないような場所に旅行したり、読みそうもない本に目を通したりしたがるのは、人の常だ。自分の内側に個性をもとめるより、外へもとめたほうが楽だから、当然のことである。

④私たちは、毎日の生活場面においては、あまり個性的であろうとはしない。が、心の底には、常に人とちがいたい、個性的であろうという欲求をいだいている。それが、えてして楽な方向、外面を飾《かざ》り、他人の用意した〝個性〟を集めるという具合に走りやすい。

本当の個性は、他人を追うものでなく、自分のなかにさがしもとめるものだ。今、一番大事なのは、この、じっくりとした行為である。

**問一** この文章には、次の一文がぬけていますが、文中の（　）印ア〜カのうちどこに入れると最もよいでしょうか。その記号を書きなさい。

個性とは自分のなかにしかないのだから。

**問二** ——印①「この点に問題がある。」とあるが、どのような問題があるのですか。次のア〜エの中から最も適当なものを一つ選んで、その記号を書きなさい。

ア　人は皆個性があり、その個性を共同生活の中でどのように生かしていけばよいか、という問題

イ　人は皆個性があり、その個性を共同生活の中でどのように調和させていけばよいか、という問題

ウ　人は皆個性があり、人々は他の人の個性を大切にすべきであるのに、かえってそれを非難する、という問題

エ　人は皆個性があり、その個性を自分の内側にもとめるべきであるのに、他人からあたえられる個性を追いもとめる、という問題

**問三** 「個性的な人」とは、どういう人をいうのですか。㈭までの中から二つ、それぞれ一〇字以内（一〇字以内＋「人」という形式で）でそのまま書きぬきなさい。

**問四** ——印②「皮肉なことに」と言われている具体的な例は、どのようなことですか。次のア〜エの中から最も適当なものを一つ選んで、その記号を書きなさい。

ア　個性を持ちたいと思い、個性のある人をうらやむけれども、結果的には個性を持つことをさけようとすること

イ　一流品ばかりを身につけて個性的であろうとするが、結果的には個性的でなくなってしまうこと

ウ　高級品ばかりを身につけて個性的であろうとするが、結果的にはそれは大変なお金を必要とすること

エ　常に人とちがいたい、個性的であろうと願っているが、結果的にはそれが目立ちすぎて、人から非難されること

**問五** ——印③「友人はあっけにとられていた。」とあるが、それはなぜですか。その理由にあたるところを㈮の後から終わりまでの中から二つ、それぞれ三〇字以上、四〇字以内で、そのまま書きぬきなさい。ただし、答えはそれぞれ初めと終わりの五字でよい。

**問六** ——印④「私たちは、毎日の生活場面においては、あまり個性的であろうとはしない。」とあるが、それはなぜですか。その理由を最も具体的に説明しているところを㈭までの中から四五字以内で、そのまま書きぬきなさい。ただし、答えは初めと終わりの五字でよい。

# 3 ▽湯川秀樹『科学者のこころ』

洛南高等学校附属中学校

（解答は396ページ）

■ 次の文章を読んで、後の(1)～(8)の問いに答えなさい。

人間はそれぞれ、いろいろなことを経験し、それを記憶《きおく》する。そして言葉で、そして言葉をさらに文字で表現することによって、他人に①知らせることができる。しかし経験のすべてを他人にわかるように表現することは困難であるばかりでなく、表現ができても他人が受け入れてくれない場合もある。たとえば、ある人が幽霊《ゆうれい》を見たと思う。これもその人にとっては一つの経験であるが、それを他の人に話しても信じてくれない場合が多いであろう。[A]大多数の人は幽霊を見たことがないだろうし、また必要に応じて人々の目に幽霊が見えるようにするわけにもゆかないからである。これに反して空の星は誰《だれ》の目にも見えるし、いくつかの星が、どんなならび方をして一つの星座をつくっているかについて話しあえば、目の見えるすべての人の意見は一致するであろう。こうして、みんなに共通する知識、[B]客観性をもった知識ができあがる。こういう知識はみんながわかちあい、蓄積《ちくせき》してゆくことができる。そして、それが全体として、まとまった知識の体系を形づくるようになると、「学」という字がつく。天文学がその一例である。実際、科学の歴史をしらべると、天文学が一番古くから発達していた学問の一つであったことがわかる。もう一つは数学である。二たす二は四であるとか、三角形の内角の和は一八〇度であるとかいう知識は、誰でもが②受け入れざるを得ない高度の客観性をもっている。そればかりでなく、経験だけからでは正しいか正しくないか判定できないような結論の数多くを、誰でもが認める簡単な数学的知識から出発して、誰でもが認めざるを得ない論法で導きだすことができる。こうして数学的知識の体系ができあがる。このようにして、天文学と数学とが、客観性を持った知識の体系としての「科学」の二つの原形となったと考えてよいであろう。古代の歴史に関する記述を見ると、いくつかの民族が異なった地域で、おたがいの間に大なり小なり影響はあったにせよ、とにかく、ある程度まで天文学と数学を発展さすことに成功している。しかし、それらがさらに③科学の他の分野の発芽成長をうながし、今日のような、高度に分化発展した自然科学にまで飛躍《ひやく》するためには、いくつか必要なものがあった。その一つを見つけだしたのが紀元前六世紀から五世紀の間に次々と出てきたギリシャの自然哲学《てつがく》者たちであった。

一口に人間の経験といっても、いろいろある。大きく分けると、第一は④自分の外にある世界にある物、そこで起こる出来事についての知覚であり、第二は自分の肉体や精神に関する経験である。こういう分け方は、もちろん大まかなものであり、二つに分けること自身にも大いに問題があるであろう。[C]、そういう疑問をもつのは、私たちが、よくよく考えて見た時だけの話である。私たちは平生ほとんど無意識的に外と内との区別をしており、またある経験の原因が外にあるか、内にあるか、[D]両方がどう関係しているかの判断を始終しているのである。人間の手のとどかぬ外の世界、あるいはまだ人間の手の加わっていない外の世界が、素朴《そぼく》な意味での自然界と呼ばれるものなのである。自然界には人間の力のおよばぬさまざまな現象が起こる。すべての民族が、その文化の発展の初期のある段階で、これらの自然現象をひき起こす原因として人間に似た、しかしもっと強力な、さまざまな神や悪魔《あくま》の存在を⑤信じた。初歩的な天文学、数学、あるいは注萌芽期《ほうがき》の医学、生物学などと、自然現象をさまざまな神のしわざだと想像する神話とは共存しつづけてきた。

注　萌芽期＝物ごとのはじまりの時期

**問一** ――線①「知らせることができる」、⑤「信じた」の主語をそれぞれ答えなさい。

**問二** ――線②「受け入れざるを得ない」とはどういう意味ですか、次のア～オの中から一つ選んで、記号で答えなさい。

ア 受け入れることができない
イ 受け入れる
ウ 受け入れたくない
エ 受け入れないわけにはいかない
オ 受け入れないことはない

**問三** [A]～[D]に正しくあてはまる語を、次のア～オの中から選んで、記号で答えなさい。

ア だから　イ しかし　ウ なぜかといえば
エ つまり　オ あるいは

**問四** ――線③「科学の他の分野の発芽成長」とありますが、科学の他の分野として何をあげていますか、文章中の語で答えなさい。

**問五** ――線④「自分の外にある世界」のことを言いかえているところがあります。その一文をぬき出して答えなさい。

**問六** 第一段落を内容のうえから三つに分けるとすると、どこで区切りますか、二つめ・三つめのそれぞれ初めの三字で答えなさい。

**問七** 次のア～キにあげたものを、筆者の考えに従って、科学に属するものはA、そうでないものはBと答えなさい。

ア 星座　イ 二たす二は四　ウ 悪魔　エ 神話
オ 医学　カ 幽霊　キ 人間の記憶

**問八** この文章に題をつけるとすれば、次のア～オのどれが正しいですか、一つ選んで記号で答えなさい。

ア 知識の発展　イ 神話との共存　ウ 人間の経験
エ 科学のはじまり　オ 文化のなりたち

（一部改題）

## 《論述・作文演習 (29)》　東京学芸大学附属世田谷中学校

**あなたの経験について文章を書きなさい。ただし、次のことわざの中の一つと関連ある経験を、あとの注意に従って文章を書きなさい。**

（注意）
(1) ことわざと深く結びついた経験をふまえ、自分の気持ちや考えを入れて書きなさい。
(2) 文章は一二〇字から一八〇字までで書きなさい。
(3) 選んだことわざの記号を書きなさい。

〈ことわざ〉　（意味の説明）

ア 嘘《うそ》も方便《ほうべん》　（うそはよくないが、解決のためにはうそをつかなければならないということ。）

イ 隣《となり》の花は赤い　（他人のものはなんでもよく見えてうらやましいというたとえ。）

ウ 物も言いようで角が立つ　（何事も言い方しだいで、相手を不快にさせたり傷つけたりすることがあること。）

（解答は399ページ）

## 4　『不健康のままで生きさせてよ』

▽森　毅

駒場東邦中学校

（解答は401ページ）

■ **次の文章を読んで、後の問いに答えなさい。**

いろんな人の「生いたちの記」に、「子どものころ、からだが弱かった」というのがよく出てくる。実際にまわりにもいたし、ぼく自身もたぶん、そうだった。戦争中で、「からだの強い、よい少国民」でなければならない時代だったので、かなり迫害《はくがい》されもした。

しかし、そのころには、社会的迫害はあっても、［A］には、「からだの弱い子」でおれたような気がする。すくなくともぼくの場合は、［B］には「軟弱《なんじゃく》な非国民少年」とされたにせよ、1「不健康な少年」の生活を送るのに、それほどの不便はなかった。朝礼のときは目がくらんでぶっ倒《たお》れるだけでよかったし、遠足の翌日は熱を出して寝《ね》ているだけですんだ。

そのころに比べると、このごろは社会的迫害はないはずなのだが、「不健康な少年」として生きにくくなっているのではないだろうか。

ぼくには、人間の身体のあり方とか、生き方とかについては、できるだけ幅《はば》がひろいほうが、よいような気がする。人類全体の生存としても安全だろうし、人間文化としてもゆたかだろう。2「標準」的な模範《もはん》に単一化するのは、危険なことじゃないだろうか。

たしかにぼくの子どものころだって、「健康な子ども」のイメージはあったらしく、ぼくのように、遠足の弁当をほとんど残したり、夜は寝つきがひどく悪かったりするのは、まさしく「弱い子」のイメージにぴったりだった。しかし、そうした「弱い子」のイメージの方が、存在を主張できたとも言える。

たぶん、おとなの世界のほうも、幅が狭《せま》くなっているのだろう。「健康」を求めることが、ほとんどビョーキのように、はびこってきている。高齢《こうれい》化がすすめばなおさら、「健康」が気にされる、というのも奇妙《きみょう》な現象に思える。

ほんとのところ、「健康」という注1概念《がいねん》が、ぼくにはあまり理解できていない。やせすぎず、ふとりすぎずとか、血圧は高からず、低からずとか、からだ中のあらゆる機能がすべてにわたって「正常」であるというのが、ひどく奇妙な気がするのだ。どちらかの方向に注2逸脱《いつだつ》しても、その形で生きていて、なぜ悪いのだろう。

ぼくの子どものころは、家ごとに、もっと病人がいたような気がする。薄暗《うすぐら》い部屋に腰《こし》の弱ったおばあさんが寝ていたり、そして、「からだの弱い子」がいたりした。胸を病んで、青白い顔をしているお姉さんには、なんとなく憧《あこが》れたものだ。

実際に病気をすると、本人は苦しかったり、まわりは経済的にたいへんだったりするのだが、小説のなかでは、病人のいる風景といったものが、いくらか好ましくえがかれている。このことは、だれもが「健康」であるばかりでなく、病人のいる風景のほうが、人間のよいあり方であることを意味しないだろうか。だれもが病人にならないようにすることより、病人であっても、3その風景のなかで、あまり苦しまずに生きられるというのが、人間の風景と思うのだ。

［1］、病気というほどでもない、疲《つか》れやすいとか、しばらく立っていると貧血するとか、そうした「不健康」の程度が、なぜいけないのだろう。ぼく自身は、子どものころから、それに加えて、食事や睡眠《すいみん》がひどく不規則であって、これもまた、「不健康」なことであった。Aいまだに、昼になったから食事をしなければならぬとか、夜になったから寝なければならぬとか、そうした強迫がまったくない。ところが、これもまた一種の強味であっ

て、ぼくは「不健康な生活」にひどく［C］がある。「健康」な人は、どうやら、ぼくのように「不健康」なことができないらしい。

［2］、子どものころから、「子どもは元気で、乗り物のなかでは立っていろ」というのが、どうにもだめだった。今でも、帰りのバスが混《こ》みそうだと、ゆっくりとお茶など飲んで、すくのを待つことがある。バス停のいすに腰かけてでも、すいたのが来るまで、まあ小一時間も待てばたいてい座れる。これも、たぶん「健康」ではないだろう。でも、そうした「不健康」な人もいるのが、町の風景ではないか。

［3］、世間の人がみな「不健康」だと、[4]この社会がまわらないかもしれない。社会を動かしているのが、「健康」な人たちだというのも、ある程度は正しいかもしれない。しかしながら、この社会というものが、「不健康」をも包みこむことで、よく生きているのも事実である。社会が「健康」な人ばかりになったら、それは社会がやせていることでもある。

［4］ぼくは、[5]「子どもは元気に、健康で」などと、強制すべきではないと思う。「不健康」なら、それなりに生きていけばよい。

［5］、学校のなかでも、あるいは町かどでも、いくらか不健康な子どもも見うけられる風景のほうを、好ましく思うのだ。

(注)　1概念＝一般《いっぱん》的な意味内容　　2逸脱＝はずれること

**問一**　［　］A・Bに入る適当なことばを次の中から選び、記号で答えなさい。

ア　内面的　　イ　外面的　　ウ　社会的　　エ　人間的

**問二**　〰〰線Aの「いまだに」は、どのことばにかかりますか。そのことばを一語抜き出して答えなさい。

**問三**　［　］Cに入ることばとして最も適当なものを次の中から選び、記号で答えなさい。

ア　反発性　　イ　適応性　　ウ　社会性　　エ　人間性

**問四**　［　］の1〜5に入る適当なことばを次の中から選び、記号で答えなさい。

ア　たとえば　　イ　たしかに　　ウ　そして　　エ　まして

オ　だから

**問五**　――線1の「不健康な少年」とは、どのような少年をいうのですか。次の中から最も適当なものを選び、記号で答えなさい。

ア　からだの弱い少年

イ　やせていて、元気のない少年

ウ　親のいうことをきかない、わんぱくな少年

エ　バスや電車の中で、立っていられない少年

**問六**　――線2に「『標準』的な模範に単一化するのは、危険なことじゃないだろうか」とありますが、なぜ危険なのでしょうか。その理由を四〇字以内で答えなさい。

**問七**　――線3の「その風景」とは、どのような風景をいうのですか。文中のことばを抜き出して答えなさい。

**問八**　――線4の「この社会がまわらないかもしれない」とは、どういうことですか。その説明として最も適当なものを次の中から選び、記号で答えなさい。

ア　社会全体が不健康な状態にはならないだろう、ということ。
イ　社会全体が楽しいものにならないかもしれない、ということ。
ウ　社会全体が悪い方向にいってしまうかもしれない、ということ。
エ　社会全体がうまくなりたっていかないかもしれない、ということ。

**問九**　――線5に「『子どもは元気に、健康で』などと、強制すべきではないと思う」とありますが、なぜそう思うのですか。その理由を六〇字以内で答えなさい。

（改題）

## 《論述・作文演習 (30)》　フェリス女学院中学校

**次の文章を読んで、あなたの中にある劣等感、または、優越感について、二〇〇字以内で自由に書きなさい。**

（解答は405ページ）

　人間は生まれながらにして、生きる力をもっている。生まれたての赤んぼうでも、だれから教えられたのでもないのに、母親の乳を吸って生きる力をもっている。おむつがよごれて不快感があれば、泣くし、窓から入る陽光がまぶしければ、泣いてうったえる。やがて欲しいものがあれば、はってそれを手に入れるようになる。人間はこのように生まれたときから、自分の生命を守り育てる欲求をもっているのである。やがて成長するとともに、自我をもち、自尊感情や自己期待をもつようになる。そして、大勢のなかで、自分はだれよりも得をしたいという利己心が強くなる。

　幼児期からすでにみえてくるが、自分は他人よりも優れていたいという意識、他人よりも劣《おと》った人間でありたくないという競争心がある。そして自分が優れていると思えば満足し、充実《じゅうじつ》感をもち、逆に劣っていると思ったら暗い気持ちになり、希望を失ってくる。自己期待が強ければ強いほど、優越《えつ》感や劣《れつ》等感は強いものとなる。だから多くの人が劣等感をもっている。自分という人間の〝部分〟についていうならば、劣等感をもたない人はいないだろう。

　劣等感というのは、自分が他人よりも劣っていると感じることである。もしその人が、すこしでもましな人間になりたいという期待や欲求をもたないとするならば、劣等感などおきないのではないだろうか。自分の未来に対して希望をもち、誠実に努力しようとすると、他人がすばらしくみえ、自分が無力にみえてしかたがない。そんなときに劣等感というのは自覚されるのではないか。そもそもまるで自信がもてないところには劣等感はない。自分の仕事に自信をもとうと努めるときに、自分の力が他人との比較《かく》で自己評価されるのであって、まじめに生きるものならばだれでもが意識することではなかろうか。

　優越感というのは、その逆で自分よりも劣っている人をみたとき、自分が勝ったという満足感をもったことで、どちらかといえば劣等感をもつことのほうが優越感をもつことよりもはるかに人間的であり、数倍の可能性につながっているかもしれない。人類史の上で天才とよばれる人たちも、その多くがみずからのなかの欠点を意識し、その部分について劣等感をもっていた。だから彼《かれ》らは、自分の特性で自信をもとうとひたむきな努力をした。もし彼らが優越感にあぐらをかくような人たちだったら、偉《い》大な業績などたてえなかったのではないか。

（改題）

## 《漢字・語句の問題 ⑤》

次のカタカナを漢字に直しなさい。

① 洋服をシンチョウする。
② 国をオサめる。
③ 生地《きじ》をサイダンする。
④ 考えをネる。
⑤ カンカクに訴える。
⑥ キタイで胸がふくらむ。
⑦ インサツブツを運ぶ。
⑧ ザツダンをする。
⑨ 宇宙はムゲンだ。
⑩ 自分をイシキする。

（筑波大駒場中）

（解答は408ページ）

## 5 ▽臼井吉見『自分をつくる』

筑波大学附属駒場中学校

(解答は408ページ)

■ 次の文章を読んで、後の問いに答えなさい。

では、たった一人の自分だけでいいか、ということになると、そうはいきません。次は、たった一人の人間が、別のたった一人の人間とどう結びつくかという問題です。ほんとうに、自分というものをしっかり握《にぎ》って——オウムのように何だかわけのわからぬことを口ばしって疑いも持たないような人間でなくて、うっかりすると、①人ごみにまぎれこんでしまいがちな自分というものに、いつも目をくばって、自分で自分を監督《かんとく》する。めいめいの人間が自分にブレーキをかけることを忘れない。そんな社会を文明社会といいます。めいめいがそれぞれ、ブレーキを持って、まさかのときは、自分でブレーキをかけることを忘れない。こういう人間の集まっている所が文明社会です。そういう、ひとりひとりが自分をしっかり握って、行くえ不明にならないように、自分が自分を監督する。こういう人間と、もう一人のそういう人間との結びつき、②これが社会というものの根本《こんぽん》です。

社会というものを一番簡単に考えますと、いまちょうど行われている両国の相撲《すもう》ですね。あの相撲は、社会の一番簡単な形だと思います。相手と二人でしょう。社会の一番小さな形は二人です。一人では社会になりません。そして二人で、しかも早い場合には一秒もたつかたたないくらい、長引いて、せいぜい二、三分でしょう。行司《ぎょうじ》が軍配を返して成立するやいなや、すぐくずれてしまうような、いたってはかない社会です。そのはかなさがおもしろい。その成り立ちとくずれ方を見に行くわけですが、とにかく相撲というのは、一番単純な社会です。

これほど単純で、瞬間《しゅんかん》に成立して、瞬間にくずれるような社会でも、やはりきまりがあるのです。どんなきまりかというと、たくさんあるようですが、ぼくの知っているだけでも、土俵から逃げ出しちゃいけないというきまりがある。立ち上がるやいなや土俵から飛び出して、両国の町へ逃げこんだらどうなるか。相撲の社会は成り立ちません。③あんな単純な社会だって、ちゃんとその社会を成立させるにはきまりがあります。このきまりを守らなければ、相撲社会は成り立たないのです。十八人でやる野球なんかになると、もっと複雑なきまりがあります。ましてや、現代日本の社会ということになると、どんなに複雑であるか。その中でたった一人の人間、自分を見失わない人間と別の人間とがどう結びつくかということが根本です。

その場合に大事なことは、相手の立場に対する尊重、理解ということです。相手の立場を尊重し、理解するということ、これが社会成立の根本です。④さっきのきまりの裏づけにこれがなくてはならないのです。

問一 ——①「人ごみにまぎれこんでしまいがち」について、

(1) 同じ内容の表現を、文中から抜《ぬ》き出しなさい。

(2) どういうことを言っているのですか。

問二 ——②「これが社会というものの根本です。」と言えるための条件をあげなさい。

問三 ——③「あんな単純な社会だって、ちゃんとその社会を成立させるにはきまりがあります。」とありますが、「社会」において「きまり」はどのような働きをしていますか。

問四 ――④「さっきのきまりの裏づけにこれがなくてはならないのです。」について、

(1)「これ」とは何ですか。

(2)「裏づけ」の意味を答えなさい。

(3)「きまりの裏づけにこれがなくてはならない」のはなぜですか。

## 《論述・作文演習 ⑶》 久留米大学附設中学校

**次の文章は「外国人による日本語弁論大会」でフランスの青年が話したものである。このフランスの青年の日本での印象を参考にして、二十一世紀に国際社会で生きていく君の考えを二〇〇字以上、三〇〇字以内で書け。段落を区切る必要はない。(句読点も一字に数える。)**

(解答は412ページ)

最初に「日本の文化」についてですが、これは実にわかりにくいものだと感じています。東京の場合は、超現代的であります。これもやはり日本文化の一つの面といえましょうが、以前の伝統的な文化は何かにおおわれてしまっている感じがします。現代の日本人は、その伝統的な文化を忘れ、また親しみを失いつつあるのではないでしょうか。明治以来の日本のめざましい成長と関係あるかどうかわかりませんが、今や書道や能のような芸術は、専門的になりすぎているのではないでしょうか。それはいい意味で、日本文化の高さをあらわすものですが、悪く言えば大衆化されていないともいえましょう。これは日本だけでなく、世界各国で起こっている問題ですが、日本は特にそれが強いと思います。書道とか茶道の場合は、準備としての入門期間が必要です。僕はそのような日本と西洋の違いは、双方《そうほう》の芸術の役割の違いに原因があると思います。つまり日本では「なんとか道」といって、自己の成長を目指すのに対し、西洋では人々に何かを与えることを目的としているようです。

最後に話したいことは、日本に来る前に、友達からこのように言われました。「フランス人と日本人の相違点ではなく、その共通点をさがしなさい」と。これは大変に大事なことであると、今つくづく感じております。

つまり、我々は外国にいる場合、外見や風俗、習慣の相違にのみ気をうばわれがちです。そして無意識のうちにあこがれ、または偏見《へんけん》や批判の目で見てしまうものです。違いをみつけるのは比較的簡単です。しかし共通点をみつけるのには努力が必要であり、大変むずかしいことです。その努力とは、偏見や批判の色めがねをすて去ることです。とくに日本人は外国人に慣れていないせいか、外国人である僕を興味深そうな目でみます。また、日本語を話せる外人は珍《めずら》しいという見られ方は、むしろ不愉快《ゆかい》に感じることがあります。フランス人は外国人をあまり意識しません。パリには外国人が多くいます。中国人、日本人、アラビア人、アフリカ人など。しかしこういう人達は、ある意味で、自国の文化、習慣を捨ててフランスに帰化した生活をしている人といえます。

つまりこういう国の人々は、本来の意味で自分の国を代表する人々とはいえないのです。従ってフランスにいて、その人達を観察するだけでは、その国の人々の本来の姿はわからないのです。良きにつけ悪《あ》しきにつけ、日本に来てはじめて、その日本人の本来の姿を知ることが出来ました。

ブレーズ・パスカルの言葉に次のような意味のものがあります。「こちらで真実と認められていることでも、川の向こうでは(つまり外国では)それはまるで通じない真実である」と。同じように外国では真実であっても、こちらではまるで通用しないということもあります。考え方の相違による摩擦《まさつ》はおこりやすいのです。しかしこれは何としても、のりこえなければならないと、日本において今強く感じております。

これからは、世界平和を願うならば、外国との相違を見つけて、それによる軽べつとか優越とかの感情におちいらずに、深く共通点を見きわめていかなければならないと思います。僕は日本の青年との真心の対話を通して、人間としての根本的な問題は全く同じだということを強く感じました。はだの色、考え方、言語の違い、また風俗、習慣の違いは簡単にはのりこえられないと思います。しかし、それに挑戦《ちょうせん》していけば、少しずつ「共に人間である」という共通点を実感できるはずだと感じております。

## 6　『生きがいの周辺』

▽加藤秀俊

灘中学校

（解答は415ページ）

■ **次の文章を読んで後の問いに答えなさい。**

わたしも、いつのまにかある年齢《ねんれい》に達し、そして、ふところにもいささかの余裕《よゆう》ができてきたので、若い人たちといっしょに食事に出かけるときなど、ときどき、ひとさまにごちそうする役まわりになってきた。

　といっても、そんなに大ごちそうのできるはずもなく、せいぜい、大学近辺の簡易食堂で、カレー・ライス、チャーハン、スパゲッティなどをおごる、という、つつましいごちそうなのだが、そんなとき、わたしは、ひとつ、おもしろいことに気がついた。

　それは、さて、それじゃ、なにを食おうか、遠慮《えんりょ》なくいいたまえ、とわたしがいうと（A遠慮なくいいたまえ、などというのが大いに滑稽《こっけい》なのであるが）、だいたい、三人のうち二人までが、カレーでいいです、スパゲッティでいいです、という表現を使う、という事実である。カレーがいい、チャーハンがいい、という言い方をするのは、三分の一ほどであるにすぎないのだ。もちろん、カレーで、という言い方と、カレーが、という言い方のあいだには、実用上たいしたちがいがあるわけではなく、すくなくとも、[1]的にはおなじものがはこばれてくるわけで、べつだん、こんなことを問題にするにもおよぶまいとも思うのだが、わたしには、[B]

　カレーでいいです、というのは、さらに誇張《こちょう》していえば、カレー[2]いいです、ということである。ほかになにか、ほんとうに食べたいものがあるのに、まあ、がまんしておこう、カレーでいいや、――そんな思考がこの表現の裏で作用しているようにわたしにはきこえる。

　とりわけ、カレーが百五十円で、スパゲッティが二百円であるようなばあい、カレーでいいです、と言われると、ひょっとするとこの男、ほんとはスパゲッティが食いたいのに、五十円の差を気にしてカレーでいいといってるんじゃあるまいか、と余計なことを考えてしまう。だから、そんなとき、わたしはつい、ほんと？　なんでもいいんだよ、遠慮するなよ、などといってしまうのである。

　これに対して、Cカレーがいいです、といってくれるときにはほっとする。えらぶ範囲《はんい》は三つほどしかなくても、カレーが、というのは、さらにはっきりいえば、カレー[3]が、という意味であって、これをおいて、他にじぶんの食いたいものはない、これに決めた、という含《ふく》みをもっている。たいへんはっきりしている。大げさにいうなら、カレーがいい、ということは、カレーを主体的に選択《せんたく》した、ということなので、おごるほうも、ああ、この男はほんとうにこれが食いたいのだな、という安心感を味わうことができる。気持ちがよいのである。

　もとより、カレーにするかスパゲッティにするか、などというのは、人生の大問題ではない。どっちみち、安食堂の、きわめて簡便な昼食なのであるから、どっちでもいいはなしだ。しかし、わたしには、この「で」と「が」の区別がかなり気になる。というのは、D他の状況《じょうきょう》のもとで、「で」と「が」は、きわめて対照的なニュアンスをもち、その差がはっきりしているからである。

**問一**　[1]にあてはまる漢字二字の熟語を考えて書きなさい。

**問二**　[2]・[3]にあてはまる語を、それぞれ平仮名二字で書きなさい。

**問三**　――線部Aの「遠慮なくいいたまえ」という言い方が、どうして

「大いに滑稽なので」すか。三〇字以内で説明しなさい。句読点も字数に数えます。

**問四** [B] に入れるのにふさわしい語句を、問題文中から二五字以内でそのままぬき出して書きなさい。句読点も字数に数えます。

**問五** ——線部Cは、どうして「ほっとする」のですか。二〇字以内で説明しなさい。句読点も字数に数えます。

**問六** 筆者は——線部Dのあと、この表現を受けて〝「で」の論理〟と〝「が」の論理〟という考え方へ発展させます。では、〝「で」の論理〟と〝「が」の論理〟とはどのようなものだと考えられますか。問題文中の表現をできるだけ利用しながら、「他の状況」にあうようにそれぞれ「……という論理」という形で、「……」の部分を三五字以内で書きなさい。読点も字数に数えます。

## 《論述・作文演習 (32)》　ラ・サール中学校

**次の文章を読んで後の問いに答えなさい。**（解答は418ページ）

お手紙拝見。

きめるのは自分であっても、まわりの人に相談するという謙虚《けんきょ》さを、きみが持ち続けていることがわかって、父はうれしく思いました。

きみの手紙を整理してみました。

一、中三だから、高校受験の準備のために仲間《なか》がみなやめていったが、主将《しょう》の二木君と副将のきみだけが残り、一年二年の部員達をまとめてチームを作ってきた。

二、三島先生が新しくコーチになり、きみよりもうまい二年の清水君をきみのポジションにつけるよう指導なさった。

三、二木君は、ここまで一緒《しょ》にやってきたのだし、今度の大会が最後なのだから、きみに出場してほしいと言っている。

四、監督《とく》の五藤先生は、チームを強くするならコーチ案がよい。部に残った最上級生という立場を考えるならば主将案ももっともだ。チームのメンバーをどうするかは、今度の大会に限り、主将副将に一任するとおっしゃった。

そこで結局、きみ自身がきめることになり、チームをとるか、自分をとるか、きめかねて、相談の速達を父によこした、ということなのでしょう。

母は、少しでも早く部をやめて受験勉強にうちこみなさいと、退部をすすめているようだが、母としては無理もないことです。父が仕事の都合できみ達と離れて生活しているのだから、かあさんは、何よりもまず、きみの進学のことを気にしているのです。

コーチ案、主将案、母の退部案、そのほかにもきみが書いていたいろいろの案があり、どれをとるのがよいのか、これは父にもわかりません。チームと部員の関係は、たとえば国家と国民、会社と会社員、学校と生徒というような個人と組織、集団の関係と同じで、人間にとって、常に大きい問題になるものです。中三という大切な時期にそういう問題に直面したのは、むしろ幸せといえるでしょう。

人間は、狭《せま》い範《はん》囲かもしれないが、自分で選ぶことができます。AをとるかBをとるか、またはCをとるか、その積み重ねが生きていくということです。きみは、きみ自身で決断しなければなりません。父は、部がほかの集団とは違《ちが》っている点で——どう違うかは、自分で考えなさい——コーチ案に賛成です。そして、ポジションを下級生にゆずった後も、主将をたすける立場をくずさずに、部員としてできる限りのことをしながら、受験勉強も人より以上に頑《がん》張ってくれることを望んでいます。それは無理だなどと言ってはいけません。部に入ったのはきみ自身の意志による決断だったのだから、その責任をとり続けることが、きみにとって悔いのない生活をおくるということなのです。

しかし、父の希望以外の選び方をしても、それがきみなりに筋《すじ》の通ったものであるならば、父は満足するでしょう。だれかに言われたからというだけの選び方であれば、父の希望通りであったにしても、父は失望するでしょう。

どう決断したか、簡《かん》単にしらせてください。待っています。

一郎どの　　父より

**問**　一郎が父に報告した葉書の文面を、一六〇字以上二〇〇字以内で書きなさい。

（注意）

○きみが一郎の立場だったら、どういう理由でどうするかを考えて書くこと。

○きめた理由が大切なのであり、どうきめたかは点数に関係はない。

○葉書ということを考え、適当に改行し、句読点も一字分にし、正しい字でていねいに書くこと。

# 7 『動物たちの霊力』

▽中村禎里

開成中学校

(解答は420ページ)

■次の文章をよく読んで、後の問いに答えなさい。

得体《えたい》の知れない動物にタヌキをあげるとなると、読者のかたは、納得《なっとく》できないと抗議《こうぎ》されるかもわかりません。タヌキがどういう動物であるかはだれでも知っているし、動物園に行けばどこでも見ることができる、といわれるでしょう。しかし私の方の言い分にも一理あることを、まず実例をあげて説明します。

一九二四年の三月三日、栃木《とちぎ》県上都賀《かみつが》郡大芝《おおしば》村の橋本伊之吉《いのきち》さんという猟師《りょうし》が、山の岩穴に追い込《こ》んだaムジナを鉄砲でうち、逃《に》げだしたところを橋本さんの猟犬《りょうけん》が噛《か》み殺しました。しかし実は三月一日以後、bタヌキは禁猟《きんりょう》になっていたのです。普通、ムジナはタヌキの方言とされていますから、公式のお役所の立場からすると、橋本さんは狩猟《しゅりょう》の法律に違反《いはん》したことになります。そのため宇都宮《うつのみや》の裁判所では、橋本さんは有罪と判決され、罰金刑《ばっきんけい》が課せられました。

怒《おこ》ったのは橋本さんです。殺したのはcムジナであってdタヌキではなく、したがって法律には違反していない、というのが彼の意見でした。事実栃木県の人びとのあいだでは、ムジナはタヌキに似てはいるが、別の動物だとされていたのです。その区別は現在の常識からみるとややこしいのですが、橋本さんのいうムジナは動物学でいうタヌキ、タヌキの方は動物学でいうアナグマをさしていました。江戸《えど》時代の書物をしらべても、東日本ではタヌキをムジナとよぶ地域が多かったようです。

1そういうわけで橋本さんは、自分が無実であると主張して、大審院《だいしんいん》(現在の最高裁判所)に控訴《こうそ》しました。大審院の判事が、ある動物学者の意見を聴《き》いたところ、彼はeタヌキとfムジナは同じだと述べ、やはり橋本さんの有罪はさけられない情勢にいたったのです。

2私の話のすじからいうと、これで終わりでよいのですが、この事件にはもう一つどんでん返しがあって落ちになります。さきほどの説明では省略しましたが、橋本さんが彼のいうムジナを岩穴に追い込んだのは、閏年《うるうどし》の二月二九日でした。そこで大審院院長は、橋本さんがタヌキの狩猟行為《こうい》をおこなったのは二月であり、三月三日の件はすでに狩猟されていたタヌキを処分したにすぎない、と判断して、最終的には橋本さんは無罪になりました。

この実話で、猟師の橋本さん、動物学者、大審院院長の3三人の意見のちがいには、考えさせられる問題がふくまれています。以下しばらく話が混乱しないように、タヌキなどカタカナ表現が動物学上の名称(正確には標準和名《わめい》といいます)をさし、橋本さんのいうムジナ・タヌキなどはむじな・たぬきと書き、さらにお役所用の名称は狸《たぬき》とあらわすことにしましょう。

そうしますと、橋本さんは[A]のことをむじなとよんでいる、と記すことができます。しかし橋本さんはたぬきということばも使っています。これは動物学の標準和名の[B]に相当します。ところが大審院で参考意見を述べた動物学者によれば、むじなとたぬきは同一の動物である「べき」であり、どちらも[C]だということになります。だから禁猟の対象《たいしょう》になった狸は[D]ではなく[E]をさす「べき」だ、と断定されます。ではこの「べき」というのはだれが決めたのでしょうか。

動物学者たちは、彼らの論文や著書で、いくつかの約束ごとにもとづき動物について自分の考えを表現します。動物学者たちがそれぞれかってに、同じ動物を別の名前で記載《きさい》することがあると、議論が大混乱してしまうでしょう。別の動物を同じ名前でよんだ場合も同様の結果をもたらします。そこで世界の動物学者のあいだで共通の名前（ラテン語）を個々の動物の種類にあたえ、正式の論文や著書では、この名前を記すことになっています。たとえばニステロイテス・プロシオノイデスが動物学者のあいだでのタヌキの正式の名称です。日本語に訳すと、アライグマに似た夜行性の動物という意味になります。もともとタヌキは、アジア大陸の東端《とうたん》および日本にしか生息していませんから、ヨーロッパ・アメリカ中心の学会では、一見タヌキに似ているアライグマの名前が利用されたのです。

動物学者は仲間うち用の専門論文・著書以外に、一般《いっぱん》むけの書物や随筆《ずいひつ》を書くこともあります。その場合、タヌキをニステロイテス・プロシオノイデスと記したのでは、読者にはなんのことだかわかりません。そこで標準和名という日本語の統一名称をあと一つの約束ごととしてつくりあげました。ニステロイテス・プロシオノイデスの標準和名がタヌキなのです。

さてこの約束ごとは一応動物学者のあいだでなされたのですから、約束に参加していない一般の人たちもそれに従うべきだ、といういわれはまったくありません。だいぶ話がまわりくどくなりましたが、要するに橋本さんには、たぬきまたは狸をタヌキと解釈しなければならない責任は少しもないのです。橋本さんがたぬきまたは狸はアナグマのことだと判断するのは、彼《かれ》の当然の権利でした。

動物学などという学問が始まるずっと前から、人びとはたくさんの動物を知っていました。そしてそれぞれの地方や地域によって、動物たちに固有の名前をつけていました。この名前を民俗名とよんでおきましょう。そうすると民俗名の方が標準和名よりも古くから使われていたのであり、むしろ標準和名、たとえばタヌキは、民俗名たぬきをかってに流用したのだ、といえるのではないでしょうか。

したがって二月と三月のずれに着目して、橋本さんを無罪にした大審院院長の判決は、結果オーライの名判決といえますが、[4]理屈《りくつ》のうえからは今一つという感じがします。けれどもおそらく大審院院長は、むじな（タヌキ）はたぬき・狸ではないから禁猟の対象にはならない、と心から信じていた橋本さんの立場を理解したのだ、と思います。しかし専門家の意見も無視できませんから、結果オーライの名判決をくだしたのでしょう。

以上述べたことは、生活の中でのことばと物について考える場合、重要だと思いますので、あえてながたらしい話をしました。

栃木県ではアナグマをたぬきとよんでいましたが、地方によってはタヌキをたぬきとよぶところもありましたから、要するにたぬきの正体は、すぐには定まりません。この動物の正体が一筋縄《ひとすじなわ》では解釈できないことは、有名な「かちかち山」の昔話を分析《ぶんせき》してもはっきりします。みなさんご存じの話ですが、念のため、さまざまに語り伝えられているうちの一例だけを紹介《しょうかい》しましょう。ただしここでは、タヌキ・たぬき・狸の使いわけは中止し、どの場合もタヌキと表現します。

(1)　爺《じい》さまが山で畑を打っていると、タヌキが出てきて石に腰《こし》かけ、「あの爺①のなりを見い。一鍬《ひとくわ》打っちゃふんとこしょ」などとからかう。そこで爺さまは、つぎの日、石の上にトリモチをつけ、畑を打ちながら待っている。するとタヌキがまたあらわれ、石にすわって「爺さま②の播《ま》く種、晩になったらもとなしだ」とからかう。けれども今度はタヌキは逃げようとしても、その尻《しり》にトリモチがついて石からはなれることができず、爺さまにつかまってしまう。爺さまはタヌキをしばり家に持って帰り、タヌキ汁《じる》にするため戸口につるしておいた。

(2)　翌日、爺さま③の留守《るす》中に婆《ばあ》さまが臼《うす》で粉をついていると、タヌキが「手伝うからそのあいだだけでも縄《なわ》をほどいてくれ」とたのむ。婆さまがだまされて縄をほどいてやると、たちまちタヌキは婆さまを杵《きね》でつき殺し、婆汁《ばばじる》をつくり、自分は婆さまに化けて爺さま④の帰りを待っている。帰ってきた爺さまに婆汁を食わせたタヌキは、「爺が婆食った」と叫《さけ》び笑いながら逃げさった。

(3) 嘆《なげ》き悲しんでいる爺さま⑤のところへウサギがやってきて事情を聞き、爺さまにかわってタヌキを成敗《せいばい》し仇《かたき》を討つ。

仇《あだ》討ちの段のくわしい内容は、みなさんはよく知っているでしょうから省略しますが、私たちは、幼いときからこの話をなんども聞いたり、本で読んだりしています。しかし、特にこの昔話のタヌキの正体が不可解などと考えた人は少ないでしょう。もちろんどの昔話にも、現実の話としてはでたらめな部分がたくさんあります。たとえば動物が人のことばを使うはずがありません。私がここでいう不可解とは、それと別の種類のことなのです。

(1)・(2)・(3)の各段で示されるタヌキの性格の矛盾《むじゅん》がそれです。(1)の段でタヌキは、とてもひょうきんな動物として描《えが》かれており、まぬけの印象すらいくらかあります。ところが(2)の段では、突然《とつぜん》、残酷《ざんこく》きわまる動物に性格が変わります。婆さまをだまして釈放されるまではよいとして、婆さまを杵でつき殺してしまいます。おまけに婆汁をつくって爺さまに食わせるとは、なんと悪魔《あくま》のような思いつきではありませんか。

しかし(3)の段になると、ふたたび性格が激変《げきへん》して、愚《おろ》かでお人好しのタヌキとしてふるまいます。紹介を省略した部分で、タヌキはいとも簡単に、そして何度も、性《しょう》こりもなくウサギにだまされ、ついには泥舟《どろぶね》とともに水に沈《しず》んでしまいます。(1)の段のひょうきんなタヌキ、(2)の段の残酷なタヌキ、(3)の段の愚鈍《ぐどん》なタヌキが、同じ動物だとはとても思われません。

民俗学者のあいだでの定説によれば、この三つの段はもともと別の話の断片だったようです。それが江戸時代につなぎあわされて、現在の昔話のすじができあがりました。タヌキの性格が一貫《いっかん》しないのは、そこからきていると考えられます。私はこれにくわえて、三つの段のタヌキのモデルは、実はそれぞれちがった動物なのではないかと想定しています。けれどもその話はあとにまわして、[5]あと一つ「かちかち山」のタヌキの問題点をあげておきましょう。

この昔話の三つの段のあいだで、タヌキの性格は一貫しません。にもかかわらず、私をふくめて多くの人は、そのことに気がつかないまますごしてきたのでした。考えてみればあまりにも明らかなこの矛盾を、なぜ不思議だと思わないでいることができたのでしょうか。この疑問に結論をくだすことは容易ではありません。ただしそれは、すでにヘビやキツネの項《こう》でもお話しした神の性格の二面性に関連しているように思われます。ヘビ神も、半分は神のようなキツネも、ともに人にたいして条件しだいで善悪・吉凶《きっきょう》両方にはたらくことができました。そして神がみの二面性は、人の心の二面性のあらわれでもありました。

タヌキには一見神の要素は見られないようです。けれどもヘビやキツネも、昔話のなかに登場するときには、かつての神の姿をそのまま表現はしません。「山伏《やまぶし》とキツネ」のキツネはその好例です。「かちかち山」のタヌキは、さらに一ひねりも二ひねりもしていると考えるべきでしょう。言いかえれば、このタヌキには[6]人間の心のもっとも複雑な本質がうつしだされているのではないでしょうか。

残忍非道《ざんにんひどう》とみなされている人が、弱点をつかれて、実にあっけなくだまされてしまうことがあります。少し悪ふざけがすぎると思われる程度の悪童が、ふとしたきっかけで本格的な犯罪をおかして、とりかえしのつかない立場に追いやられることもあります。

私たちは、心の内部で多くの要素が、もつれあったり反発しあったりしながら共存していることを、無意識に知っているのでしょう。だからこそ、私たちは、そうと指摘《してき》されるまで「かちかち山」のタヌキの性格転換《てんかん》を不思議と思わなかったのです。

ここで話のはこびを変えて、日本の古い書物のなかのタヌキについて調べてみることにします。[7]狸と書かれた動物は『日本霊異記《にほんりょういき》』（八二〇年ごろ）に最初に登場します。

膳広国《かしわのひろくに》という男が急死したのち生きかえり、地獄で父親と会った話を語った。地獄《じごく》のなかで広国の父親は、赤く焼けた銅の柱をだかされたり、鉄の釘《くぎ》を体に打ち込まれたりしていた。その様子を見て広国が悲しんでいると父親は、「動物を殺したり、金を貸して高い利子をとったり、他人の物をうばったりしたため、このような目にあっている。また飢《う》えをしのぐため、ヘビ、イヌ、狸の姿になって広国の家に入ったことがある」と告げた。生きかえった広国は、仏像を作り経を写して父親の成仏《じょうぶつ》を祈《いの》った。

さてここで出てくる狸に、著者の景戒《きょうかい》が[8]どのような訓をあたえようとしていたのか、わかりません。しかし一〇世紀はじめの*写本では、この狸にはネコという訓がつけられています。ですから平安時代の初めごろには、狸はタヌキとうけとられていたとはかぎらず、ネコと解釈されることがあったようです。

これはある意味ではあたりまえで、当時の中国語の狸は、ヤマネコやジャコウネコなど、ネコに似た野生動物をひっくるめてよんだ名前だったのです。日本にはジャコウネコは生息しておらず、ヤマネコも日本中心部では弥生《やよい》時代以後は絶滅《ぜつめつ》していました。そこで奈良・平安時代の人は中国語の狸のイメージをはっきり理解することができなかったのでしょう。

すでに家ネコは日本に入っており、ネコという日本語も成立していたので、『日本霊異記』を一〇世紀に写した人は、狸をネコと読ませたのだと思います。それにしても景戒自身は、狸の字でどのような動物を示そうとしたのかわかりません。野良《のら》ネコあたりを考えていたのでしょうか。

つぎに狸が出現するのは、それから四〇〇年たらずあと、『宇治拾遺《うじしゅうい》物語』（一二〇〇年ごろ）においてです。

愛宕《あたご》山に一人の聖人《しょうにん》が住み、熱心に修行《しゅぎょう》をつんでいた。あるときから夜ごとに普賢菩薩《ふげんぼさつ》があらわれるようになった。これを聞いた猟師が不思議に思って聖人につきそっていると、夜になってにわかにあたりが明るくなり、普賢菩薩が白いゾウに乗って降りてきた。聖人は感涙《かんるい》にむせんでいたが、うしろにいた猟師が菩薩にむかって弓を射ると、菩薩はぱっと消えた。夜が明けて血のあとをたどっていった猟師は、谷の底に[9]大きな狸が胸を矢で射ぬかれ、死んでいるのを発見した。

ところがこれとほとんど同じ話が、『宇治拾遺物語』より一〇〇年ほど前にでています。それは『今昔《こんじゃく》物語集』です。ただし『今昔物語集』では、普賢菩薩に化けるのは狸ではなく野猪《くさいなぎ》です。そして話のむすびで、「このような獣《けもの》はこうして人をだまそうとするが、結局は命を失う。つまらないことをするものだ」と批評されています。『今昔物語集』には、ほかにも野猪が人をだまそうとして、かえって命をおとす話が三話あります。いずれにおいても「むだなことをして死ぬ奴だ」などと野猪のまぬけぶりが指摘されています。

こうしてみると『宇治拾遺物語』の狸は、『今昔物語集』の野猪つまりイノシシの面影《おもかげ》をやどしているようです。しかもイノシシは人を化かしそこなう愚かな動物だとされるのです。そこで[10]イノシシがなぜ狸に入れかわったのか、考えてみなければなりません。

日本にはヤマネコもジャコウネコも住んでいないので、中国の狸にあたる動物の一つがタヌキだと考えられるようになったようです。タヌキはネコと同じように、丸顔で木に登ります。他方、最初の話で述べたように、タヌキはアナグマに似ています。そしてアナグマのずんぐりした感じは、小型のイノシシのようです。こうしていつのまにか、イノシシとアナグマ、アナグマとタヌキの混同が始まったのでしょう。

中国では狸は、キツネについでしばしば妖怪《ようかい》ぶりを発揮《はっき》する動物と信じられていました。そのため日本でも、山に住み人を化かす動物は狸である、という考えがしだいに広がっていきます。そして人を化かすとされていたさまざまな動物の話が、狸のせいにされてきたのではないでしょうか。そのさまざまな動物の中には、今まで記したことから予想されるように、野生化したネコやサルもふくまれます。

鎌倉《かまくら》時代には、ネコマタとよばれる怪物が知られるようになります。これもまた山の妖怪としての狸の一つの解釈だったようですが、さきのイノシシのように間がぬけていなくて、ずっと凶暴《きょうぼう》です。歌人として有名な藤《ふじ》原定家《わらのていか》の日記『明月記《めいげつき》』につぎのような内容の記述があります。

奈良《なら》からの使いの少年が来て言うには、奈良にネコマタという獣が出現し、一夜に七、八人を食い殺した。その獣を打ち殺してみると、目はネコのようで体の大きさはイヌくらいであった。

このような野生のネコ的動物の危険は、江戸時代になって特に広く語られるようになりました。なかでもタヌキまたはネコが、老婆《ろうば》を殺してこれに化ける話が多いのです。一例をあげましょう。『老媼茶話《ろうおうさわ》』（一七四二年）に出てくる話です。

会津《あいづ》の平田庄五郎《しょうごろう》という武士の老母が、ネコをかわいがっていた。そのネコが急に姿をかくし、老母の様子も変わった。やがて彼女《かのじょ》がネコマタだという噂《うわさ》が広がり、庄五郎も決心をしてイヌをけしかけてみると、老母はネコの正体をあらわし、イヌに食い殺された。このネコがほんとうの老母を殺し、それに化けていたのである。

サルが滑稽《こっけい》な道化としての印象を人にあたえることは、すでに話しました。このサルも日本人の心のなかではタヌキと近い関係にあったようです。昔話の「かちかち山」には、タヌキではなくサルが爺さまをからかう型があり、逆に「サル聟《むこ》」で、サルでなくタヌキが娘《むすめ》を要求する型が知られています。

以上を見ればわかるように、民俗名としてのたぬきには、タヌキ以外にサル・ネコ・アナグマ（およびイノシシ）の要素もふくまれます。11「かちかち山」の三つの段のタヌキには、この三種類の動物のイメージが入りこんでいるのではないでしょうか。これが私の結論です。

＊写本＝もとの本を手で書き写した本

**問一** a――からf――までの「タヌキ」「ムジナ」の中には、一つだけ他の五つとは別の動物を指すと考えられるものがあります。それをさがし出し、記号で答えなさい。

**問二** 1――「そういうわけ」の指し示す内容は広いのですが、その内容を大まかに二つの文でつかむとすれば、どの文とどの文が適切でしょうか。それぞれの文の最初の五字で答えなさい。

**問三** 2――に「私の話のすじからいうと、これで終わりでよいのですが」とありますが、この「私の話のすじ」とは、どのような内容をいうのでしょうか。次の中からもっとも適切なものを選び、記号で答えなさい。

ア　お役所の決めた禁猟《きんりょう》の動物が、方言によって取り違《ちが》えられた例をはっきりと示す目的。

イ　橋本さんの裁判の結果については、筆者の目的とする話とは、初めから関《かか》わりがないということ。

ウ　ことばで表されるものは、人の立場や地域によって必ずしも一定していないことを述べようという考え。

エ　身近でよく知っていると思っている動物にも、案外知られていないエピソードがあることを述べるねらい。

オ　動物学者の意見によって、橋本さんの殺したムジナが得体《えたい》の知れないタヌキに化けた話を紹介《しょうかい》するすじみち。

**問四**　3——に「三人の意見のちがい」とありますが、橋本さん、動物学者、大審院《だいしんいん》院長の意見が書かれている部分をこれより前の問題文の中からさがし出し、それぞれ終わりの四字で答えなさい。

**問五**　A から E までのそれぞれにあてはまることばとして、もっとも適切なものを次の中から選び、記号で答えなさい。（同じ記号をくり返し用いてもかまいません。）

ア　むじな　　イ　ムジナ　　ウ　たぬき

エ　タヌキ　　オ　狸　　カ　アナグマ

**問六**　4——に「理屈《りくつ》のうえからは今一つという感じがします」とありますが、筆者はどうしてそのように思っているのでしょうか。次の中からもっとも適切なものを選び、記号で答えなさい。

ア　実際に狩猟行為《しゅりょうこうい》が行なわれたのは二月ではなく、三月に行なわれたものであることは誰《だれ》の目にも明らかなことであるから。

イ　橋本さんの使っていたことばは、動物学者の約束のできあがるずっと以前から地元の人々の間で使われていたという点に全くふれていないから。

ウ　タヌキは数少ない得体《えたい》の知れない動物であり、その動物を明らかにしてしまうことは、新たな誤用を生むことに大審院《だいしんいん》院長が気づいていないから。

エ　この事件の問題点は動物の呼び名に関するお役所の知識のとぼしさにあるにもかかわらず、判決はそのお役所の判断の誤りにふれていないのが不満であるから。

オ　動物学者の意見を聞くまでもなく、ムジナもタヌキも同じ動物であり、橋本さんの主張は誤りであるにもかかわらず、大審院院長は橋本さんに同情した判決を下したから。

**問七**　①——から⑤——までの「の」の中で、一つだけ他の「の」とは違《ちが》った使われ方をしているものがあります。それをさがし出し、記号で答えなさい。

**問八**　5——に「あと一つ『かちかち山』のタヌキの問題点をあげておきましょう」とありますが、この問題点とはどのようなことをいうのでしょうか。次の中からもっとも適切なものを選び、記号で答えなさい。

ア　中国語の狸が、どのようにしてタヌキと解釈されるようになったのか、という問題。

イ　中国語の狸のイメージが、日本でどのようにして作られていったのか、という問題。

ウ　タヌキの性格の矛盾《むじゅん》に対して、どうして私たちは気づかないでいたのか、という問題。

エ　タヌキの性格に、どうして悪魔《あくま》のような性格が結びつけられるようになったのか、という問題。

オ　昔話に登場するタヌキには、中国語の狸からのイメージが関係しているのではないか、という問題。

**問九**　6——に「人間の心のもっとも複雑な本質」とありますが、そのことを説明した、三五字以上四〇字以内のひと続きの部分を問題文の中からさがし出し、最初の五字で答えなさい。

**問十**　7——に「狸と書かれた動物」とありますが、この「狸」とは、次のどれにあてはまるでしょうか。もっとも適切なものを選び、記号で答えなさい。

ア　お役所の名称　　イ　標準和名《わめい》　　ウ　民俗名
エ　中国語名　　オ　空想の動物

**問十一**　8——に「どのような訓をあたえようとしていたのか」とありますが、この「訓」とはどのような意味で用いられているでしょうか。話の展開から考えて、次の中からもっとも適切なものを選び、記号で答えなさい。

ア　読み　　イ　意味　　ウ　教訓　　エ　解釈　　オ　イメージ

**問十二**　9——に「大きな狸」とありますが、筆者は、『宇《う》治拾遺《じしゅうい》物語』に出てくるこの「狸」をどのような動物の例として取り上げていますか。問題文の中から、もっとも適切な一五字以内のひと続きの部分を抜き出して答えなさい。

**問十三**　10——に「イノシシがなぜ狸に入れかわったのか」とありますが、それにはどのような理由が考えられますか。次の中から適切なものを二つ選び、記号で答えなさい。

ア　山に住み人を化かす動物は日本ではイノシシであったから。
イ　中国で山に住み人を化かす動物は、キツネについでタヌキであったから。
ウ　中国の「狸」にあたる動物はタヌキであると考えられるようになったから。
エ　山に住み人を化かす動物は「狸」であるという考えが日本に広まったから。
オ　中国の「狸」にあたる動物をタヌキともイノシシとも考えるようになったから。

**問十四**　11——に「『かちかち山』の三つの段のタヌキには、この三種類の動物のイメージが入りこんでいるのではないでしょうか」とありますが、この結論に至るまでの説明のしかたを次のような表にすると、空らんの（Ａ）から（Ｆ）まではどのようなことばがあてはまるでしょうか。あとにあげたことばの中から、それぞれ適切なものを選び、記号で答えなさい。〔空らん（Ｂ）だけは一つの記号を、あとの五つの空らんにはすべて二つの記号をあてはめ、それぞれ一回ずつ残さず用いること。〕

| 「かちかち山」の段落 | そのタヌキの性格 | そのイメージをもつ動物 | その例としてあげられている古い書物 |
|---|---|---|---|
| （1）の段 | ひょうきん・滑稽《こっけい》 | サル | なし |
| （2）の段 | （Ａ） | （Ｂ） | （Ｃ） |
| （3）の段 | （Ｄ） | （Ｅ） | （Ｆ） |

ア　残酷《ざんこく》　　イ　凶暴《きょうぼう》　　ウ　愚鈍《ぐどん》　　エ　まぬけ　　オ　ネコ
カ　アナグマ　　キ　イノシシ　　ク　宇《う》治拾遺《じしゅうい》物語
ケ　今昔《こんじゃく》物語集　　コ　明月記《めいげつき》　　サ　老媼茶話《ろうおうさわ》

**8**

## ▽インタラタイかつ代

# 『「顔」の悪い日本人』

灘中学校

■　**次の文章は、タイの男性と結婚した日本女性の書いたものです。これを読んで、後の問いに答えなさい。**

（解答は430ページ）

　タイ人の日本人批判《ひはん》の根底に、西洋化しすぎた日本人の問題があります。西洋かぶれした日本人が東洋のよさを失い、他のアジア諸国を一段下に見ているということは、アジアの一国であるタイ人の目からみると、まったく腹立《はらだ》たしいことです。ある文芸雑誌の討論会の[1]『日本とアジア』という題目をみたタイ人がびっくり仰天《ぎょうてん》して言いました。「日本はアジアではなかったのか！　髪《かみ》は黒いし、目も黒いし、肌《はだ》も黄色いのに……」

　私が夫と知り合ったばかりのころ、分不相応な高級レストランで西洋料理を食べたことがありました。夫が皿《さら》に盛《も》られたライスをタイ式にスプーンとフォークで食べているのを見て「西洋料理はナイフとフォークでしょ」と注意したところ「［　2　］」と怒《おこ》ったことがありました。西洋のテーブル・マナーに神経をとがらせ、ビクビクしていた自分がおかしくなり、そういうことを即座《そくざ》に言ってのけるタイ人に眼を見張りました。

　[3]日本のクリスマスに怒るタイ人もいます。お釈迦《しゃか》様の誕生日《たんじょうび》には大したお祝いもしないで、キリスト降誕《こうたん》の日には国中が『きよしこの夜』一色に包まれてしまうのですから。テレビや新聞の報道ぶりを見ても、四月八日の花祭りのニュースにくらべ、クリスマスは何倍も大きく報じられます。テレビもラジオもクリスマス特集が組まれ、無宗教の日本人が神妙《しんみょう》な顔つきで賛美歌を歌っているさまはなんとなくこっけいでもあり、無気味でもあるのでしょう。パリ祭というフランスの革命記念日まで日本で祝っています。その日にはシャンソン歌手が集まってコンサートを開いたり、シャンパンを飲んだりします。もし、どこかの国で「[注]紀元節フェスティバル」なるものがとり行なわれ、ジャパニーズ酒を飲んでどんちゃん騒《さわ》ぎをしたとしたら、へんな気持ちにならないでしょうか。

　日本人の英語学習熱の中にただならぬ気配を感じとっているのはタイ人だけでしょうか。学校では国語よりも英語が重視され、英語のできる生徒がもてはやされます。町は英語学校が花ざかり。おびただしい数の日本人が必死になって英語を勉強しています。でも、熱意のわりにはあまり効果が上がっていません。友人のタイ学者にタイでの英語学習の話を聞いたことがあります。学習器材が不足していて、英語学習環境《かんきょう》がいいとはいえないという話のあとで「どうしてそんなに一所懸命《いっしょけんめい》、英語を勉強しなければいけませんか」と逆に質問されました。日本人がタイ人の何倍も英語を勉強し、多くの単語を知っているにもかかわらず日本人の英語があまり通用しない裏には、英語以前の問題がありそうです。国際語としての英語は世界の人々とコミュニケーションを果たすための道具です。しかし、コミュニケーションというのは言葉だけで行っているのではありません。身ぶり、手ぶりは無論のこと、眼の動き、顔の表情、服装、ヘアスタイル、あいづちの打ち方、話の速度、間のとり方、全体からにじみでる人柄《ひとがら》など人間性全体で行っているのです。ですから、自国の文化で鍛《きた》えぬかれた安定した人間であることが国際的コミュニケーションの基礎《きそ》になると思います。その上で英語を勉強してはじめて、世界の人々との意志疎通《そつう》が可能になります。

　最近、あるタイの留学生からこんな話を聞いて、ちょっと考えさせられてしまいました。「私は日本に来て西洋人に反感を覚えるようになりました。タイにいたときは、西洋人もタイ人も同等だと思っていました。それなのに日本へ来てみたら、西洋人が日本人の上にいる。いまだにアジア人の上に君臨しているのを知って、ものすごく反発を感じるのです」これは西洋人を一段上に置くことを許している日本人への批判であると思います。その人はさらにつづけて言いました。「日本人には人間としての尊厳がないのかなあ」

日本人が西洋の文物を好み、真似《まね》をするのは勝手です。しかし、日本人の西洋志向はそのままアジア軽視、もしくは蔑視《べっし》につながってくるので、そこのところで問題が出てきます。日本人の西洋礼賛が日本人だけの問題でなくなってきます。西洋の真似をすることで西洋人からは甘《あま》く見られ、他のアジア人からは離れていきます。日本人の西洋かぶれの被害を甚大《じんだい》に受けている他のアジア諸国の人々が怒るのは当然です。西洋人がくると目の色を変えるのに、アジアの人だとあまり関心を示さない。西洋人が「コンニチワ」と一言いえば、「日本語おじょうずですね」とびっくりしたり喜んだりするのに、アジアからの留学生が流暢《りゅうちょう》な日本語を話しても当たり前といった顔をしている。新聞のアンケート調査の結果、日本人の『行きたい国』の筆頭はアメリカとヨーロッパ、『仲良くしたい国』もアメリカとヨーロッパ。[4]日本人の西洋観を改めないかぎり、他のアジア諸国との付きあいは難しいと思うのです。

注　紀元節＝現在の建国記念日にあたる。

**問一**　――線部1、タイ人が『日本とアジア』という題目を見てびっくり仰天したのはなぜですか。四〇字以内（四〇字以内＋「と思ったから。」という形式で）でわかりやすく答えなさい。句読点は字数に数えます。

**問二**　[2]の中にはいる言葉を三〇字以内で考えて書きなさい。句読点は字数に数えます。

**問三**　――線部3、このタイ人は日本人のどういうことについて怒っているのですか。三五字以内（三五字以内＋「について怒っている。」という形式で）にまとめなさい。句読点は字数に数えます。

**問四**　――線部4、筆者は日本人がどのようにしたら、他のアジア諸国との付きあいは難しくなくなると考えていますか。それを整理して違う観点から二つ箇条書《かじょうが》きにしなさい。

**問五**　問題文中から次の文が抜いてあります。この文の後に続く五字を抜き出すことでその場所を示しなさい。句読点は字数に数えます。

「たかが英語ぐらいでビクビクするな。日本人には日本語があるじゃないか」と、このタイ学者は言いたかったに相違ありません。

（一部改題）

## 《論述・作文演習 ㉝》　久留米大学附設中学校

「未知と道」

1　右について自分の考え方を六百字以内にまとめなさい。
2　自由な発想を歓迎します。
3　題名・氏名は書かないでください。

（解答は434ページ）

## 9 ▽なだいなだ『心の底をのぞいたら』

筑波大学附属駒場中学校

（解答は436ページ）

■ **次の文章を読んで、後の問いに答えなさい。**

　人間は、自分以外のことは、じつにさまざまなことを知るようになった。そして、その知識を利用して、短い間におどろくべきものを作りあげた。人間は人類を、またたく間に滅亡《めつぼう》させてしまうことのできる、原水爆《げんすいばく》や、コップ一杯《いっぱい》もあれば、東京の都民全部をわずかの間に、精神病にしてしまえるような薬を作ってしまった。それに、自分以外のことは、地球の外のことまで知ろうとしている。天文学者は、何十億年前に、どうして太陽が生まれたか、月や地球ができたかまで、正確につきとめようとしている。人間は、自分の力で、月に行くこともできるようになった。月の石を持って帰って、それがどのようなものかまで、もう知っているくらいなのだ。

　こんなにも、地球や宇宙のことを知ったりこうな人間が、どうして、地上で、まだ戦争などをして、殺し合いなどをするのだろう。そんなばかげたことを、どうしてやめさせることができないか、不思議なくらいだ。

　しかし、㈠人間が自分自身のこころをじゅうぶんに知ることができないでいることを考えると、それが、ちっとも不思議でないことがわかるのだ。たとえば、人間のこころには、君やぼくのこころだってそうなのだが、なにかにぶつかり、それをこわしたい、破壊《はかい》したい本能がある。自分たちのこころに、そんないやなものがあるなんて、考えたくない。しかし、残念なことに、世の中でもっともおとなしく、平和をのぞんでいる人間のこころの中にも、ちょっと見ると乱暴でケンカ好きで、戦争が好きなとくべつな人間とおなじように、この破壊したい欲望は、ちゃんとある。㈡そのことは、認めなければならない。それが、平和に暮《く》らしてゆけば、おたがいにもっとしあわせになれるはずの人間を、いがみあわせ、憎《にく》みあわせている。しかも、それを知らないでいるのだ。それを知って、その力を別のものに向けさせることができたら、どれだけよいことかわからないと、君も思うだろう。

　しかし、人間は、その自分のこころの中で、自分を憎しみへと駆《か》り立てているものが、なんであろうかということを、知らないでいるし、もっと悪いことには、㈢それを知ろうともしてこなかったのだ。人間のだれかが、とんでもない悪いことをすると、その人間は、ぼくや君たちと、ちがった種類のとんでもない悪者で、（Ａ）、そんなことをしたのだと考えてきた。（Ｂ）、自分たちは、そんな人間とはちがって、悪いことなどする芽を、すこしも持っていないと信じて、自分を安心させようとした。（Ｃ）、悪人も善人もおなじ人間で、おなじようなこころを持っている。（Ｄ）、その悪い芽をおさえるような、こころの中にあるしかけが、強いか、弱いかが問題であるだけなのだ。そして、ぼくたちが、自分のこころを、よく知ることができたら、今までよりも、人間が知らぬうちにやってしまうかもしれない悪を、ふせぐことができるだろう。

**問一**　（　）Ａ・Ｂ・Ｃ・Ｄにあてはまることばを、次のア～オの中からそれぞれ選んで、記号で答えなさい。ただし、一つの記号は一度しか使ってはいけません。

ア　ただ　　イ　それだから　　ウ　しかし
エ　そのうえ　　オ　そして

**問二**　――線㈠に「人間が自分自身のこころをじゅうぶんに知ることができないでいることを考えると、それが、ちっとも不思議でないことがわかる」とありますが、なぜ「それが、ちっとも不思議でない」と言えるのですか。「それ」の内容をはっきりさせながら説明しなさい。

問三 ――線(二)の「そのこと」とは、どのようなことを指していますか。二〇字以内で書きなさい。

問四 ――線(三)に「それを知ろうともしてこなかった」とありますが、「知ろうともしてこなかった」のはなぜだと筆者は考えていますか。説明しなさい。

（一部改題）

## 《論述・作文演習 (34)》　早稲田実業中学校

**次の文章を読んで、感じたこと・考えたことを、一五〇字以上二〇〇字以内で論じなさい（句読点も一字とする）。**

（解答は440ページ）

〝金八先生〟とか〝熱中時代〟とか学校をテーマにしたテレビドラマが最近は評判になっているらしい。一方、世間では〝落ちこぼれ〟という言葉が問題になっている。また、大学浪人《ろうにん》が金属バットで両親を殴《なぐ》り殺したとか、校内暴力事件の多発化とか、私たちの世代には想像もつかない驚《おどろ》くべきニュースが耳に入ってくる。

私たちとしては、勉強とは自発的にしなければ意味がないことで、今も昔も、黙《だま》っていても机《つくえ》に向かう子もいれば、いくら強制してもする気にならない子もいる。学問の嫌《きら》いな子にまで無理に勉強しろ、大学へ入れというのは、少し考え方が違《ちが》うのではないかと思うのだが……。

どうも世間の風潮《ふうちょう》ではそうは考えていないという気がする。どうやら世の中の親というのは、そのほとんどが、娘《むすめ》や息子《むすこ》は大学まで入れなければいけない、それが親の義務と責任だと考えているらしいのだ。しかも他人よりは少しでもいい学校、いい大学へ入れたいと思っているらしいのだから、子供の方は大変である。

これは親の見栄《みえ》ではないだろうか。時には親も〝勉強、勉強〟と追い立てられる子供の身になって考えてみたらわかるかもしれない。

今の日本は学歴偏重《へんちょう》社会だから、よりいい生活をするためには、やはり学歴がものをいう。だから、それをつけてやるのが親の務めだ、という考え方もわからないではない。

しかし、この子が生きていく上に本当は何が必要なのか、勉強だけが全《すべ》てだろうか、他の面も見てやる必要はないのだろうかと、子供の身になって真剣《しんけん》に考えてやれるのは、やはり親だけだろう。

誰にでも向き不向きはある。学校の成績は悪くても、何か他のことをやらせたら誰《だれ》にも負けないという子もいるはずだ。それを全て〝学歴〟のためにおし潰《つぶ》してしまうのは、やはり親のエゴもあるだろう。

子供の教育というのは、親の対外的な見栄という物差しで計るのではなくて、本当に子供を理解し、子供のことを思ってやるという広い心で対処した方がいいかも知れない。それには親の方にもある程度の度量がなくてはならないだろう。

それはとにかく、現代の教育パパやママたちは、どうも自分たちの子供のころのことは忘れてしまっているらしい。

子供は子供なりに、世の中の厳しさを味わっているのだ。子供だって辛《つら》いのである。毎日塾《じゅく》に通わされて遊ぶ暇《ひま》もない子供たちを見るたびに私はそう思う。いつも好奇《こうき》心と冒険《ぼうけん》心で、目をキラキラと輝《かがや》かせているのが本来の子供の姿ではないのか……。

子供は風の子だ。だから炬燵《こたつ》に入って背中を丸めたり、冷房《れいぼう》のきいた部屋でボヤーッとしていたりする子供の姿は、想像しただけでも情けなくなる。

私は小さいときは自由奔放《ほんぽう》だったが、早実に入ってからはスター扱《あつか》いされて、ろくに子供らしいことはやれなかった。

また、兄に

「負けた方の気持ちも考えてみろ」といわれてからは、勝っても有頂天《うちょうてん》にはなれず、周《まわ》りや先輩《せんぱい》にも気を遣《つか》ってばかりいたので、正直いって天真爛漫《らんまん》に振《ふ》る舞《ま》っている友人たちが羨《うらや》ましくて仕方がなかった。

しかし、私は好きな道だったからこそ、どんなことにも真正面から立ち向かい、それを打ち破ってきたから、それなりの自信も生まれたが、これが嫌いな道であったならどうなっていただろうと思うと寒気《さむけ》がする。

勉強が好きでもない子供に「勉強しろ、勉強しろ」といってもあまり意味がない、と私があえていうのは、私自身のこういう経験からきている。もし私に野球をしていく能力がなかったら、私の人生は規格品の平凡《へいぼん》なものになっていたかも知れない。

（王　貞治『回想』による）

## 10 『感性に冬のコートを着せないで』

▽寺内定夫

灘中学校

（解答は449ページ）

■次の文章を読んで後の問いに答えなさい。

暖房《だんぼう》のよくきいた部屋で薄着《うすぎ》になり、アイスクリームを食べるような生活が、ちょっとしゃれた冬の感覚のようにいわれたりしましたが、近ごろでは真冬でも陽焼《ひや》けサロンにゆき、素肌《すはだ》を電気で焼くシーズン無視の生活が好まれるようになりました。［a］温室栽培《さいばい》や冷凍《れいとう》保存などの技術の向上で、一年中春夏秋冬の味覚を楽しむぜいたくな食べ方が、当たり前な食生活になりました。寒さが厳しく、作物も実らない自然の脅威《きょうい》を科学技術が克服《こくふく》し、冬が冬でなくなろうとしています。まだまだ雪深い北国の重大な雪害状況《じょうきょう》は取り残されていますが、冬が寒さと暗さの季節でなくなるのは、確かに生活者の心からの願望でした。子どもがしもやけや肺炎《はいえん》などの災いから救われ、［b］花の絶えない生活になるとしたら、親としてもありがたいことです。

冬が冬でなくなり、花も咲《さ》けば水泳もできるというような春夏秋冬混在の生活は、昔《むかし》から日本人のぜいたくな欲望の一つである夢物語でした。［c］昔話としてよく知られている浦島《うらしま》太郎には、江戸《えど》時代出版の「御伽《おとぎ》草子」の中で、次のような情景が描《えが》かれています。

「これは竜宮《りゅうぐう》城と申す所なり。この所に、四方に四季の草木を現せり。入らせたまへ、見せ申さん」

そこで東の戸をあけると、梅《うめ》や桜《さくら》が咲き乱れる春の景色、南面には涼《すず》しげな蓮池《はすいけ》に水鳥が群れ遊ぶという夏の景色。さらに秋の紅葉、白菊《しらぎく》も見え、冬の初霜《はつしも》や雪山の景色なども見られるという楽しさで、浦島太郎は月日のたつのを忘れてしまったというわけです。このような四季を一度に味わう発想は、江戸時代より古く、すでに平安時代末期の「今昔《こんじゃく》物語集」に「四方四季」として描写されています。［d］このような夢《ゆめ》は、日常生活での四季の豊かな実体験があればこその願望といえました。四季それぞれの厳しさ、つらさ、美しさなどを感じとる五感や感性の活動を土台とした[注1]イマジネーションの面白さです。[A]ありえない四方四季の夢が、現実の自然の厳しさを克服するエネルギーになっていたのかも知れません。

ところが現代はこの四方四季の夢を、[注2]テクノロジーによって実現させてしまいました。[B]自然環境《かんきょう》を生活しやすいように変革することは、たくましい人間の生活要求には違いありませんが、度が過ぎると困った問題も生じます。

たとえば、［　B　］。暖房や冷凍食品などは生活の合理化として享受《きょうじゅ》していますが、それが過度になって冬の季節感が生活から消えるとき、[C]私たちは何を失うことになるのでしょうか。

冬になって部屋に閉《と》じこもりがちな子どもたちが、［e］陽《ひ》ざしに誘《さそ》われて庭にでると、出たらでたでじっとしていません。

「走りっこしよう」

「押《お》しくらまんじゅうしよう」

からだを［1］的に動かせば暖かくなることを、子どもは［2］的によく知っています。冬の汗《あせ》が心地よいのでしょう。寒さの冬に汗をかく不思議さに驚《おどろ》きながら、子どもたちは冬の寒さとからだの働きの関係を感じとっています。

「ほっぺがつめたい、耳がつめたい」

そういいながら走りだした子どもが、さっきまでつめたかった風が、いつの間にか気持ちいい風に変わっていることに気づきます。寒さの風で寒さを忘れさせる仕掛《しか》けを感じとれるのは、冬のおもしろさの一つでしょう。

寒さの中で身を守る[3]的な方法を、[f]遊びから体得しています。子どもは図鑑《ずかん》を見たり水族館などに行かなくても、ふだんの生活の中で四季の違いにたくさん気づき、またそのため外界への好奇心を日増しに深めています。それはどんな小さな地上の変化にも、弱い木《こ》もれ陽の輝《かがや》きや風の音にも反応する五感や感性のアンテナが、ぴーんと張っているからです。おとなは暖房完備の部屋にいて、刺激《しげき》の強いテレビや味の濃《こ》い料理に囲まれ、四季の違いを感受する感性よりも、固定化された概念《がいねん》で生活していますから、身近な環境の微妙《びみょう》な変化には興味もわかず気づいてもいません。いつも[D]ようなものです。おとなが弱い小さな生命に心が向かないのは、感性までも厚いコートを着込《きこ》んでいるからでしょう。

寒さの中で背をまるめ、防御《ぼうぎょ》の姿勢から[4]的な生活に陥《おちい》りやすいこの季節でも、子どもたちが躍動《やくどう》的になり、冬の発見に注3嬉々《きき》とするのは、寒さに五感が触発されているからです。五感や感性に冬のコートを着ていないから、夏や秋では感じなかった世界が、からだ全体で見えるようになるのでしょう。

「あっ、空がある」

落葉のあとの大きなイチョウの樹《き》の真上に、空があるのに気づいた子がいました。そこには空に突《つ》きさすように鋭《するど》く伸《の》びた梢《こずえ》がありました。その発見を、冬の窓ガラスに何度も落書きしていました。指先でまるくあけたのぞき穴から、空の青さを確かめているようでした。亀《かめ》を飼《か》っていると、お家を作ってあげなきゃと地面を掘《ほ》り、冬眠の手助けをしようとするように、冬の動物への気配りもこまやかです。草花や動物への関心が、花が咲いたり子どもが生まれたりするその活動期だけに向かず、活動の見えにくい冬にも子どもたちの眼が向けられているのは、小さく弱い生命に対する優《やさ》しい感性が育っている証《あかし》です。

冬は感性までも厚いコートを着たがるのは、長く暗い寒さに閉じ込められて、生活の意欲が沈《しず》んでしまい、感性を働かすのさえめんどうになっているからです。そういうときには、衝動《しょうどう》的な活動に流されやすくなります。下品を承知で低俗な笑いに興じ、過激な興奮に身をまかせたりします。その意味でファミコンは、冬にぴったりの室内あそびかも知れません。しかし人間の英知の働きは、そういうときにこそ活性化のエネルギーを注ぎ、生活の停滞《ていたい》に歯止めをかけてきました。正月やクリスマスの華《はな》やかさは冬の暗さを吹きとばす知恵《ちえ》であったでしょう。

風邪《かぜ》に負けないからだづくりをめざす冬にこそ、散歩や戸外あそびを存分にしたいものです。磨《みが》かれた感性が寒い風の色や香《かお》りを感じとり、色やことばにあふれた冬の世界を満喫《まんきつ》できるでしょう。

注　1イマジネーション＝想像、創造力　2テクノロジー＝科学技術　3嬉々とする＝喜び楽しむ

**問一**　[　]a〜fにあてはまる語句を次の中から選んで記号で答えなさい。

ア　たとえば　イ　いつも　ウ　ことに
エ　このような　オ　それでも　カ　けれども

**問二**　[　]1〜4にあてはまる語を次の中から選んで記号で答えなさい。

ア　積極　イ　消極　ウ　具体　エ　向上　オ　経験

**問三**　――線部Aについて、昔の人が「現実の自然の厳しさを克服するエネルギー」としていたものは、「ありえない四方四季の夢」以外に何がありますか、問題文の後半部から一五字以内で抜き出しなさい。

**問四** ――線部Bについての例が[B]に書かれていました。

(1) その内容を、あとにあるような表にまとめたいと思います。それぞれの「良くなった点」と「困った点」とを解答例にならって簡潔に書きなさい。

(2) その外にどんな具体例があるでしょうか。二つを自分で考えて(1)と同じ形式で表に書きなさい。自然環境の変革による問題点以外に、広く科学技術の進歩による問題点も含《ふく》めて考えてよろしい。

| | | 良くなった点 | 困った点 |
|---|---|---|---|
| 例 | 電灯 | 夜も昼と同じように働ける。 | 夜の安らぎ感が薄れてしまった。 |
| 1 | 暖房の発達 | | |
| | 温室栽培や冷凍食品 | | |
| 2 | | | |
| | | | |

**問五** ――線部C「私たちは何を失うことになるのでしょうか」とありますが、この問いかけに対する答えに当たる問題文中の語句を五字以内(五字以内＋「を失う。」という形式で)で抜き出しなさい。

**問六** [D]にはいる語句として、次のどれがよいでしょうか。記号で答えなさい。

イ 手袋《てぶくろ》をして花に触《さわ》っている
ロ 小舟で大海を渡る
ハ 二階から目薬をさしている
ニ 色メガネをかけている
ホ 晴れた日に傘《かさ》をさしている

**問七** 次のイ〜への文を読んで、筆者の考えにあっているものは○、あっていないものは×を書きなさい。

イ 科学技術は自然の脅威を克服してしまった。
ロ 昔とくらべて、今の子どもは戸外で遊ばなくなった。
ハ ファミコンは正月やクリスマスと同じ役割を現代において果たしている。
ニ 科学技術の発達は人間の生活に良い面ばかりをもたらしたとはいえない。
ホ おとなはこどもより寒がりである。
ヘ 固定化された概念による生活では、環境の変化に気づかないことが多い。

## 《論述・作文演習 (35)》 栄光学園中学校

「ぼくの住んでいる町」という題の作文を、句読点も入れて二〇〇字以内で書きなさい。(題名を書く必要はありません。)

(解答は456ページ)

# 補充

# 1　▽ペーター・ヘルトリング『家出する少年』

駒場東邦中学校

（解答は460ページ）

■ **次の文章を読んで、後の問いに答えなさい。**

エルビンは、むかし、少なくとも年に四回は家出をした。エルビンっていうのは、わたしのむかしからの知りあいの名前だ。エルビンも、いまではおとななんだけど、あのころは、①どうしてしょっちゅう家から逃《に》げだしたくなったのか、自分でもいまだにわからないそうだ。七歳《さい》のときのエルビンときたら、鼻とほっぺたはそばかすだらけ。黒い髪《かみ》の毛を兵隊みたいに短くカットしていた。かけっこではいつでも一番。おとうさんは、1シュッチョウがちで家にいなくて、お母さんも、昼間はずっと働きに出ていた。おばあちゃんは食事だけはつくってくれていたけれども、それ以外はほとんどあいてをしてくれなかった。耳は遠いし、いつもからだがだるい、くたびれたといっていた。

②はじめて家出したのは、そのころだった。年上の少年たちと知りあったことがきっかけだった。この少年たちが、夜のハイキングはすごくおもしろいぜ、といっていろいろ話してくれたのだ。テントのことや、湖のことや、そこでいかだをつくったことなど。

「湖、遠いの？」とエルビンはきいた。この少年たちのいっていることなんかうそっぱちだ、と時たま思うことがあったので、「ほんとなの？」ときいた。

「うそだと思うのなら、明日はついてきてもいいぜ」と2タイショウのベルントがいった。

つぎの日、お昼の食事はおばあちゃんとすませたが、そのあとなにもことわらないで家を出て、少年たちとおちあった。少年たちは小さなはしご形のわくのついた荷車《にぐるま》を用意していた。荷車にはテントなどの道具がのっけてあった。エルビンはこの荷車を引かされた。道は丘《おか》をのぼってつづいていた。そのうち荷車が重くなった。エルビンはハアハアあえいだ。それでも、少年たちは知らんぷり。エルビンも3ヨワネをはかなかった。道が森に入ってでこぼこになると、車が木の根っこにひっかかって、そのはずみでエルビンはバッタリたおれた。こんなふうにたおれることがたび重なると、やっとふたりの年上の少年が荷車を引っぱった。「まだまだおまえは修行《しゅぎょう》がたりないぞ」と少年たちはいった。

湖はけっこう大きかった。まんなかに中ノ島があって二、三本の木がはえていた。

「あそこにだれか住んでいるんだ」とベルントがいった。「正体はまだつきとめていないけどな。刑務所《けいむしょ》から逃げだしたどろぼうかもしれないし、原始人かもしれないぞ。暗くなったら、あの島をいかだでせいふくしてやるんだ」

あたりは暗くなった。雲が空をまっ黒におおったのだ。星くずひとつ見えなかった。空気はじめじめしていて、エルビンは寒気《さむけ》がした。いかだは小さく、ぐらぐらゆれた。エルビンはやっとのことで、すきまを見つけて乗りこんだ。水がくり返し、いかだの上までバシャバシャかぶさってきて、エルビンのくつの中まで入りこんだ。

「おまえは、なんではだしにならないんだ」とベルントがおこっていった。いまさらそんなことといわれたって、エルビンはズボンまでもうびっしょびしょだった。ほんとうのことをいえば、島をせいふくするなんてもうぜんぜんおもしろくもなんともなかった。

島へたどりつくなんてとんでもなかった。「いかだはもうすぐバラバラになるぞ」とベルントがいったものだから、くるりとひき返したのだ。みんなははやく岸につこうと、両手をふりまわしてめちゃくちゃこいだ。

ベルントが火をおこして、スープをつくったが、エルビンにはぜんぜんおいしくなかった。とてもねむくて、あけていようと思っても、まぶたがしぜんとふさがってしまった。少年たちは、エルビンの知らない歌をいつまでもうたいつづけていた。「こんなだったら、いまごろ、うちにいたほうがよかったかもしれないな」とエルビンはふと考えた。でもすぐに、「いいや、ここのほうがすてきだ」と思いなおすのだった。

エルビンはテントの中に横になった。ベルントが、「みんながちゃんと寝《ね》られるように、入り口に寝ろよ」と命令した。それでエルビンは四人の年上の少年たちの足もとでねむった。夜中に二、三度目がさめてしまった。寒くて、からだががたがたふるえたせいだった。明け方ごろ目をさますと、あかりが見え、おとなの声が聞こえた。すばやく目をとじて、寝たふりをした。テントの入り口がさっと開かれると、お母さんの声が聞こえた。お母さんはエルビンをだきあげた。お母さんの泣き顔が目に入った。家につくと、お父さんが台所のテーブルにすわっていた。エルビンを見つめたきりで、ひとこともしゃべらなかった。もう明るくなっていたのに、お母さんはエルビンをベッドにつれていって寝かせた。

これがエルビンのさいしょの家出。それからというもの、エルビンは、家出病にとりつかれた。家の外の世界に出て、草原や湖のほとりに、たったひとりで腰《こし》をおろして、いろんなお話を空想してみたかった。それで、ふらりと家をとびだしては、ある森のはずれに寝っころがると、さまざまな物音にじっと耳をすますのだった。音を聞いているうちにこわくなることもあった。そして、いつでも、今夜はずっと起きているぞ、とがんばるうちに、いつしかねむりこんでしまうのだった。

家出がかさなるにつれ、お母さんのいかりと悲しみもしだいに大きくなっていった。

「おまえをちゃんと見はっていてくれる施設《しせつ》へ入れなくちゃならないよ。このままにしとくわけにはいかないわ」とお母さんはいった。

お父さんは兵隊《へいたい》にとられた。戦争になったからだ。そして、エルビンがまたもや朝になってやっと家に帰ってきて、学校をさぼってしまったとき、お母さんはいった。「もう終わりだよ。もうおまえは施設いきだよ」

エルビンはお母さんに、二度と家出なんかしないよ、とかたくやくそくした。

お母さんはたずねた。「どうして家出するの」

「③すてきだから」

「うちだってすてきだろ」

「でも、すてきの意味がちがうんだ」

お母さんは、わからないというように首を左右にふって、「もう二度としないんだよ」といった。

そんなとき、サーカスが町にやってきた。ちっぽけなサーカスだったけど。綱《つな》わたり師《し》が④トウジョウした。馬が二、三頭いた。いまにもばらばらにこわれてしまいそうなおりのついた車に一ぴきだけライオンが入れられていた。年とったはげ頭の団長が、リングの中で馬をぐるぐる追いまわした。それから、十個のボールを一度にあやつれる男の人を、エルビンは見たのだった。

ああいう連中は曲芸師っていうのさ、とエルビンはまわりの人から教えてもらった。エルビンはこれまでにこんなすばらしいわざを見たことがなかった。曲芸師の名前はビリーといった。エルビンはビリーとなかよしになった。エルビンもためしに十個のボールをあやつろうとしたが、とてもできなかった。それで、ビリーの芸を見まもるだけにした。それだけでほんとうに幸せな気分だった。ボールはつぎからつぎへと入りみだれて空中にただよい、ビリーの思いどおりに動いた。ぴょんとはねあがり、カーブをえがくと、まるで噴水《ふんすい》みたいに見えた。

ほんとうのところ、エルビンにはビリーみたいにすきになれる人がこれまでになかった。エルビンはビリーに、「時どき家出したくなるの」と話した。「それで時どき学校をさぼってしまう」

ビリーはボールをひょいひょいはずませながら、いった。「そいつぁ、まちがってるぞ。うちにいて、学校へいけよ。そのうち、おれみたいにボールをあやつれる先生と知りあえるかもしれないさ」

「信じられないよ」

「信じられないなら信じなくてもいいから、そういう先生を④心に思いうかべてみろよ」

十個のボールはビリーの両手のあいだで8の字をえがいていた。

一週間後にサーカスは引きあげていった。エルビンは、ここならだれにも見つからないだろう、と考えて、ボックス席用のいすが積みかさねてある車の中にかくれていた。

車はがたがたゆれた。酔《よ》ってしまった。かなりながく走ってから車はとまった。でもエルビンはまだしばらくすみっこにそっとかくれていた。やっと車のドアがあいた。見ると、テントはもう組み立てられていた。ビリーがサーカスの車のあいだで、十個の輪っかをあやつっていた。輪っかはビリーの頭の上でとてつもなくおもしろいもようをえがいていた。エルビンはビリーのところにかけよった。

ビリーはいった。「こんなことだと思っていたよ」

ビリーはエルビンの髪《かみ》をなでながら、いった。「バイバイ、家出ぼうず」

ビリーはサーカスの運転手のひとりになにやら話をしていた。そのあと、運転手はエルビンのえりくびをつかまえて、トラクターのところへ引っぱっていき、自分のとなりにすわらせた。運転手は帰り道ずっと、気味の悪いうら声で、「うちのかわいいアヒルちゃん、みんなで池を泳いでいるよ」とうたっていた。

エルビンはわんわん泣きながら、ビリーのことを思った。

「戦争でなけりゃ」とお母さんはいった。「もう施設に入らなくちゃならないところだよ」

「もう逃げださないよ」とエルビンはいった。それなのに、エルビンはまた逃げだしてしまった。エルビンは森のはずれに、ある場所をみつけていた。その場所についつい足がむいてしまうのだった。そこには、エルビンのベッドよりもやわらかい、ふかふかのコケのじゅうたんが広がっていた。明け方になって、やっと冷えて夜つゆがおりるところだった。そこでエルビンはひとりの男にでくわした。いんきな顔つきの大男で、しきりに目をぱちぱちさせていた。まるで目をあけてものを見るのがつらいみたいに。

男は、「家出してきたのかい」ときいた。

エルビンは、ちょっと間をおいてから、「うん」といった。

「顔にかいてあるよ」と男はいった。「どこに住んでるんだい」

「リンバッハ通り」

「じゃおじさんところとあんまり離《はな》れていないね」と男はいった。わらうと目はぱちぱちしなかった。

「ついておいで」と男はいった。「名前はなんていうんだい」

「エルビン」

「ついておいで、エルビン。いまからじゃもう学校にはまにあわないだろ」

男はエルビンを一けんの家にあんないした。その家は古ぼけ、かなりよごれていた。ネコのむれが階段の上をかけまわっていた。黒ネコや、ぶちのネコがいた。なかに一ぴき毛の長い、黄色のネコがいた。ふたりは階段をのぼって、とてつもなく大きなへやに入った。そのへやのてんじょうはぜんぶガラスでできていた。

「ここがおじさんのうちさ」と男はいった。「ここで絵をかいているんだよ」

へやの壁《かべ》にはびっしり絵がかかっていた。いすや床《ゆか》の上にも、いやベッドの上にまで絵がおかれていた。絵にはどれにもかならず通りがかいてあった。通りには人間があふれていた。豆つぶみたいにちっぽけな人間だった。通りの両側には家や木が立っていた。そしてどの絵にも青い空があって、そこに二つ三つ、ぽてっとした雲がぽっかりうかんでいた。なにからなにまで、とても色あざやかだった。建物のあいだの通りは、いつもまっすぐに空にむかってのびていた。自動車が走っていた。親指のつめくらいの犬が、マッチぼうくらいの木にむかって片足《かたあし》をあげていた。馬がビールうんぱん用の荷車《にぐるま》を引っぱっていた。

「こんどきたときに、絵をひとつあげるよ」と画家がいった。「もうおうちにお帰り、二度と家出なんかしないでくれよ。家出するくらいならここへおいで、お母さんにちゃんとことわってね。」

そのまま家に帰ると、お母さんは泣きわめき、平手打《ひらてう》ちをくらわせた。エルビンは、「ぜったいもう家出なんかしないよ」とちかった。

エルビンはひまを見つけては画家のもとをたずねた。画家の製作ぶりをそばで見た。画家はまた、長い長い通りのある絵をかいているさいちゅうだった。建物のあいだは大さわぎになっていた。自動車が何台も衝突《しょうとつ》していた。走っている人たちもいれば、おどっている人たちもいた。飛行機が一機、空をゴーッと飛んでいた。道路のずっとさきっぽにエルビンはひとつの小さな赤い点を見つけた。

「これはなに？」とエルビンはきいた。

「君だよ」と画家がいった。「その気になりさえすれば、絵の中に入ってゆけるんだよ。そういうふうに家出することもできるのさ」

「絵の中に入ってゆくの？」といってエルビンはわらった。

「自分がこの点だと思ってごらん、思いきってゆめ見てごらん」と画家がいった。

エルビンは画家のいうとおりに、自分がその点だと思ってみた。からだがビリーのボールのように軽くなった。するともう絵の中の通りに立っていた。通りをたどっていくと、エルビンは町から出て、あの大すきなコケのある場所へゆきついた。エルビンはコケの上に腰《こし》をおろすと、自分がいまその中に入っている絵を見おろした。画家のよぶ声が聞こえた。「もどっておいで、エルビン、さあ、急いで」

「まだいやだよ」とエルビンはさけんだ。

「絵の中にながく居すぎると、絵につかまってしまうぞ」と画家がさけんだ。「注意しろよ」

「ちゃんと注意しているよ」とエルビンはこたえた。

「おじさんの絵の中、気にいっちゃったもの」

エルビンは通りを引き返していった。ひとごみの中を歩くのがおもしろかった。とくべつに急いでいた人を二、三人おこらせてしまった。ふかく息をすいこんで、ポンとひととびすると、画家のとなりにもどっていた。

「このほうが家出よりましさ」と画家がいった。

お母さんは、エルビンが⑤もう家出しなくなったことにびっくりした。でも、エルビンはどうしてなのか、お母さんにはひとこともいわなかった。お母さんは、「おまえはあの絵かきんとこのネコのにおいがひどくてしょうがないよ」と文句をいっただけだった。

「でも、いつでもきちんと家に帰るし、学校もさぼってないよ」

「ほんとね」

「でしょ」

エルビンはのちに画家になった。わたしはこのごろエルビンにめったに会わない。エルビンの絵は、あのネコを[5]カっていた画家の絵とはちがう。エルビンは自分の絵の中にも入ってゆけるのだろうか、とわたしは考えることがある。

**問一** ===線部1～5のカタカナの部分を漢字に直しなさい。

**問二** ――線部②「はじめて家出したのは、そのころだった。」とありますが、エルビンの最初の家出の理由は何ですか。次の中から適当なものを二つ選び、記号で答えなさい。

ア 両親が不在がちなうえ、祖母もあいてをしてくれず、家族の愛情に飢《う》え、心がすさみきっていたから。
イ 両親が不在がちなうえ、祖母もあいてをしてくれず、日常の家庭生活の現実に心が満たされていなかったから。
ウ 両親が不在がちなうえ、祖母もあいてをしてくれないので、家族に心配させ困らせてやろうと思ったから。
エ 年上の少年たちの話には説得力があり、夜の湖へのハイキングのおもしろさに、すっかり夢中になってしまったから。
オ 年上の少年たちとせっかく知り合いになれたのに、夜の湖へのハイキングを断ると仲間はずれにされそうだったから。
カ 年上の少年たちの話は魅力的《みりょくてき》で、夜の湖へのハイキングという自分の知らない世界への誘惑《ゆうわく》にかられたから。

**問三** ――線部③「すてきだから」とありますが、エルビンは家出のどんなところが「すてき」だと思っているのですか。三〇字以内で答えなさい。

**問四** エルビンがサーカスにもぐりこんで家出したのは、ビリーに対するどのような気持ちからですか。次の中から最も適当なものを選び、記号で答えなさい。

ア ビリーのようなすぐれた曲芸師になろうという決意。
イ ビリーの熱心なファンとして応援《おうえん》したいという気持ち。
ウ すばらしい曲芸の世界をつくりだすビリーに対するあこがれ。
エ ビリーに自分の満たされない思いをわかってほしいという気持ち。
オ いつも自由でいられるビリーの境遇《きょうぐう》を、うらやましく思う気持ち。

**問五** ――線部④「心に思いうかべてみろよ」とありますが、後の部分でビリーのこのことばと同じような意味のことを、画家も言っています。その部分を探しだし、一五字以内でぬきだして答えなさい。

**問六** ――線部⑤「もう家出しなくなった」とありますが、それはなぜですか。六〇字以内で答えなさい。

**問七** ――線部①「どうしてしょっちゅう家から逃げだしたくなったのか、自分でもいまだにわからない」とありますが、エルビンが家出をくり返した理由を君自身はどう考えますか。自分のことばで書きなさい。

## 《論述・作文演習 (36)》　洛南高等学校附属中学校

―作文テスト―（時間・30分）

次の問題について自分の考えていることを、五〇〇字以上六〇〇字以内で素直《すなお》に書きなさい。段落分けをしてもかまいません。

**（題）こんな学園生活を私は送りたい**

（解答は465ページ）

## 2 ▽池上嘉彦『ふしぎなことば　ことばのふしぎ』

慶應義塾湘南藤沢中等部

（解答は467ページ）

■ **次の文章を読んで、後の問いに答えなさい。**

「ケシゴムノ悲シミ」という表現を考えてみましょう。はじめはちょっと変な感じがするかもしれません。「少女ノ悲シミ」とか、「太郎サンノ悲シミ」とかであればすぐ分かりますが「ケシゴムノ悲シミ」はそうではありません。しかし、まったくわけの分からない表現かというとそうでもありません。むしろ、なんとなく面《おも》白い表現だという感じがするのではないでしょうか。

　ケシゴムの身になって考えてみましょう。買われてきたばかりのケシゴムは、新しくまっしろで、角もピンとしているかもしれません。それからまいにちまいにち、ケシゴムはまちがって書かれた字があると、すぐそこへとんで行っては自分の身体《からだ》をなんどもなんどもこすりつけて、いっしょうけんめいにそれを消してまわります。こうしていつも働いているうちに、ケシゴムの角はだんだんと丸くなり身体も汚《よご》れ、小さくなっていきます。[ア]指で持ちにくいくらい小さくなったとき、ある日とつぜん、どこからともなく、まあたらしい、きれいなピカピカの別のケシゴムが現れます。そして自分は……、ポイとごみばこか何かに捨てられてしまって、どこかへ消えていく……。そのときのケシゴムの気持ちとはどんなものでしょうか。きっと悲しいでしょうね。思えば、ケシゴムはかわいそうなものです。

　ここでもういちど、最初の「ケシゴムノ悲シミ」という表現を見てみましょう。もう変だな、という感じはあまりしませんね。[イ]なにか詩のことばのように、私たちに新鮮《せん》なみずみずしい印象を与えてくれます。そして、そのことばを通して、①ケシゴムというなんでもないはずのものが、いままでとはまるでちがって見えてきます。

　日常の生活で、私たちはいろいろなことを頭で考えたり、心で感じたりします。そして、それを外へ表したいとか、他の人に伝えたい、と思うときには、ことばを使います。これはもちろん、ことばの大切な働きです。でも、ことばはいつもすでにできあがったことを表したり、伝えたりしているだけではありません。逆に、②ことばがあることを先につくりだして、それを私たちがはじめて考えたり、感じたりするということも起こります。私たちの日常の生活では、ケシゴムはごくありふれた文房《ぼう》具にすぎませんでした。でも、「ケシゴムノ悲シミ」という表現との出会いのあとでは、私たちはケシゴムのようなものとも気持ちが通じると感じます。私たちはケシゴムが私たちの文房具でなく、仲間になってくれるような新しい世界へ導き入れられたのです。ことばは私たちの日常の世界のことがらを表したり、伝えたりするだけでなく、自分で新しい世界を生みだしていく力を持っています。

　「歌ウ」ということばを考えてみましょう。だれでもよく知っていることばです。そして「太郎クンガ歌ッタ」というように、私たちがこのことばを日常ごくふつうに使っています。人間についてばかりでなく、「小鳥ガ歌ウ」ともいいます。そして、なんとなくかわいい表現だと感じるでしょう。「小川ガ歌ウ」などともいいます。ここまでくると、もう私たちは日常の世界を離《はな》れて、ケシゴムが[A]のと同じ世界にきています。

「森ガ歌ウ」――吹《ふ》きぬける風を葉や枝で受けとめて、楽器を鳴らしているように思える森を想像してみればよいでしょう。小鳥も小川も森も、そしてもちろん人間も歌うのですから、大地だって歌います。「大地ガ歌ウ」――大地では一大合唱が行われているわけです。

石だって歌うことができます。海岸で波に洗われて転がりながら音を立てている石を見て、「石ガ歌ウ」と言ってもよいでしょう。
　煙《けむり》だって、光だって、歌うはずです。どのような新しい世界がみなさんには見えてくるでしょうか。

「愛すべき肉厚《あつ》の美女、かぼちゃ」

　こんな広告が新聞にのっていました。[ウ]かぼちゃの広告です。
「かぼちゃが美女なんて、とんでもない」という人もいるかもしれません。でも、もう一度かぼちゃをよく見てみましょう。たしかに、ごつごつしていて、色もあまりさえません。ファッション・モデルのような美女とはとてもいえないでしょう。しかし、[エ]素朴《ぼく》で、健康です。生命感にあふれた自然のままの健康さ——生きる者にとって、これほど美しいものはないのではないでしょうか。
　みなさんは、古墳《ふん》に描《えが》かれた壁《へき》画の写真を見たことがありますか。壁画には、よく美女が描かれていますが、その美女は、みんなふっくらとした顔をしています。昔の人たちは、健康である様子を美しいと感じたのではないでしょうか。
　同じように、野菜について述べたものですが、こんどは次の表現を見てみましょう。「なすの詩」と題されたまど・みちおさんの作品です。

　このさなぎの中に
　くじゃくが生まれる

濃《こ》い紫《むらさき》色の皮につつまれたなすびを、たてに二つに切ってみましょう。水玉もようの羽をもった美しいくじゃくの姿が出てくるでしょう。くじゃくも、日本ではもともと珍《めずら》しい鳥です。それが日ごろの食卓《たく》でごくふつうの食べもののなすびと結びつけられるのです。なすびが、急に新しい、珍しいものに見えてくるのではないでしょうか。

[オ]「かぼちゃ」の例は広告、「なす」の例は詩なのですが、おたがいにそんなに違《ちが》わないと思いませんか。詩は、ことばを通して、私たちに新しい世界を開き、見せてくれます。広告も、ある品物を新しく、とてもすてきなものに見せ、みんながすぐそれを買いたくなるようにしなくてはなりません。③広告は「スポンサーつきの詩だ」と言った人がいます。

岡《おか》の上に　緑の家が立っていて、
緑の家の中に　白い家があって、
白い家の中に　赤い家があって、
赤い家の中に　黒い家がある。

なんのことを言っているのでしょう。これは、イギリスのなぞなぞです。答えは——そうです。[B]です。
でも、なにかこの前に見たかぼちゃの広告やなすの詩と似ていると思いませんか。「肉厚の美女、ナーニ」——「かぼちゃ」、「中でくじゃくが生まれるさなぎ、ナーニ」——「なす」——こんなふうに、なぞなぞに作りかえてみることもできます。

赤い丘《おか》の上に並んだ白い馬たち
跳《と》んだり、はねたりしています。

これも英語のなぞなぞですが、答えは[C]——楽しそうにおしゃべりしている人の口では、たしかに並んだ白い馬たちがはねまわっているようです。

白い小さな家、

窓も入口もない、
でも、泥《どろ》棒が入って
黄金を盗《ぬす》んで行く。

これももとは英語のなぞなぞ。この白い小さい家は、［D］です。［D］を食べるという日常ごくありふれた事柄《がら》が、こんな詩のような形でも表されるのです。

私たちの日本の昔から伝わっているなぞなぞをいくつか見てみましょう。答えはぜんぶ、野菜か果物《くだもの》に関係したものばかりです。何のことを言っているのか、考えてみてください。

青いお皿に火がいっぱい、ナーニ。

上には青の服、下には白のズボン、ナーニ。

土の底の赤ん坊《ぼう》、ナーニ。

木の上でざぶとん敷《し》いて、赤い顔しているもの、ナーニ。

どれくらい、すぐ分かりますか。答えは、「すいか」と「ねぎ」と「にんじん」と「かき」です。

④どうしてなぞなぞは、詩や広告のことばと似たところがあるのでしょうか。詩や広告では、ことばは新しい世界を創《つく》り出すという働きをしているということはすでに見ました。そこでは、日ごろ見慣れているはずのものまでが、まるで初めて見るかのように、新しく、珍しく見えてきます。なぞなぞも同じことです。答えになっているのは、私たちが日ごろよく知っているものです。しかし、なぞなぞのことばは、それをまったく新しい装《よそお》いで私たちに見せてくれ、私たちは、なにか新しい発見をしたかのように驚《おどろ》きます。ここでも、ことばは、私たちにまだ見ない新しい世界のあることを教え、そこへ私たちを連れて行ってくれるのです。

---

**問一** ［ア］～［オ］にあてはまる言葉を次の中から選び、番号で答えなさい。

1 ところで　2 けれども　3 とうとう　4 だとすれば
5 いかにも　6 もちろん　7 それどころか

**問二** ――線①は、ケシゴムがどのように見えてくることを言っていますか。もっともふさわしいものを次の中から選び、番号で答えなさい。

1 小さくなって最後はなくなるまで、大切に使わないといけない大事なものに見えてくる。
2 ある日とつぜん、まあたらしい別のケシゴムに代わっているので、まるでちがって見えてくる。
3 使っているうちに小さくなってしまったので、もとのケシゴムとはまるでちがって見えてくる。
4 ただのケシゴムだと思っていたものが、まるで心を持った生き物のように見えてくる。

**問三** ――線②は、「ことば」の持つどんな働きのことを言っていると考えられますか。本文中の言葉を用いて、二〇字以内にまとめなさい。

**問四** ［A］に入るものとして、もっともふさわしいものを次の中から選び、番号で答えなさい。

1 歌いはじめる　2 新しくなる
3 私たちと仲間になる　4 身をすりへらす

**問五** ――線③は、どういうことを言っているのでしょうか。もっともふさわしいものを次の中から選び、番号で答えなさい。

1 すばらしい詩には、お金を出してくれる人がついて、出版されて有名になるということ。
2 詩と広告はよく似ているが、詩にはお金を出す人がいないので、もうからないということ。
3 物を買わせようとする人が後ろについてはいるものの、広告もすぐれた詩の一種であるということ。
4 物を買わせようとする人は、詩に見せかけた広告の力をうまく利用しているということ。

**問六** [B]～[D]にあてはまる言葉を次の中から選び、番号で答えなさい。

[B] 1 ピーマン　2 すいか　3 さくらんぼ　4 トマト
[C] 1 歯　2 舌　3 くちびる　4 目
[D] 1 なし　2 とうふ　3 チーズ　4 卵

**問七** ――線④に対する答えとして、正しいものには○、まちがっているものには×をつけなさい。

1 どちらもあまり長くない言葉で、面白さを伝えようとしているから。
2 詩や広告の中の言葉は、どれもみな同じように、なぞなぞに作りかえることができるから。
3 新しい世界を創り出すという働きにおいては、なぞなぞの言葉は特にすぐれているから。
4 私たちに、まだ見ない新しい世界を教えてくれるという言葉の働きは、なぞなぞ・詩・広告に共通するから。

**問八** 筆者は本文中で、ケシゴムの気持ちを想像しています。では〈電話〉の気持ちはどうでしょうか。一五〇字以内で、自由に書きなさい。

## 《論述・作文演習(37)》　久留米大学附設中学校

**左のマンガを見て、漢字四字の熟語を一つ考え、それをタイトル（題）にして、君が考えたことを、一五〇字以上二〇〇字以内で記せ。句読点も字数に含む。（20字×10行）**

※ 注意 ――漢字四字の熟語の最初の一字には「自」という漢字を使うこと。

題 [自][ ][ ][ ]

（解答は471ページ）

# 3 『枇杷の花』 ▽幸田　文

桐朋中学校

（解答は472ページ）

■ **次の文章を読んで、後の問に答えなさい。**

「ごめんください。」という*1おとないかたがやさしげなのだが、その声に聞きおぼえはないように思った。

出て見ると貧しい職人風の小男が立っている。やせて、消化器系統の病気に特有の薄黄いろい顔色が印象的である。髪は胡麻《ごま》塩、髭《ひげ》も少しのびて、爺《じじ》むさい眼鏡である。その人は多少てれたような様子で、「私はこの坂下に長く住んでいる屋根屋なのですが、不意にうかがいましたから怪しい者と、――押売りか物もらいかとお思いなさるかもしれませんが、そういう者ではないんでして。たしかな屋根屋でございます。」という。

私は何のことかほぼわかった。私のうちは戦後あわてて建てたので、材料も悪く、手間も尽くしてはない家なので、もうあちこち傷《いた》んできて、屋根は毎年秋のあらしに少しずつ瓦《かわら》を飛ばされ続けて、棟瓦《むねかわら》など歯の抜けたように見苦しくなっているのである。ただ、どうしたわけか、そんなにひどい屋根なのにいっこう雨漏《あまも》りがしないので、つい*2一ッとき逃《のが》れにして過ぎて来ているという状態なのだった。しばしばひとに注意されているし、自分もよそから帰って来た時など、ふと見あげて、これはいけないなとは思うものの、修繕《しゅうぜん》をするとなれば要《い》るものもごっそりと要るだろうし、考えてひるんでしまう。この人は屋根屋さんだというから、①来意はそれにきまっていると見た。私はこそばゆいような困ったような気がして、はあはあと先方のいうことを聴《き》いていた。

するとその人はいきなり、「失礼ですが、奥さんは見ず知らずの人間のコウイというものを、どうお考えになりますか。」といった。私は②虚《きょ》をつかれてちょっとたじろいだ。そしてすぐ、とっさに雑文を書くものの習慣から文字的、言語的な思いかたをした。コウイとは③コウイだろうか④コウイだろうか、どちらのことかという思いである。どちらでも通じるからである。そしてどちらにせよ、返事をし迷ったのである。こちらは*3へどもどと、我ながらすっきりしないところをやむを得ず見られてしまっているのにひきかえ、⑤あちらは落ちついてさらにいう。「もし見ず知らずの屋根屋のコウイを疑わずに受けてくださるなら、そしておせっかいなと立腹なさらないなら、申しあげますが、実は私はこの三軒さきの〇〇さんへ小さい修繕を頼まれたので、いままでそこの屋根にいたんです。――奥さんは屋根へなど乗ったことはないでしょうから御存じありますまいけれど、二階家の屋根は相当高いものでして、ご近所一帯の屋根屋根はちょうど蛾《が》がならんで休んでいるような形になっていて、こわれもあらもまる見えなものなのです。それでお宅の屋根なのですが、正直にいって随分《ずいぶん》いたんでいます。そこなのですが、私は仕事の押売りをしようと思っているのではありません。ただコウイだけなのです。ちょっと屋根へあがらせていただきたい。むろん、私は今いう通り、〇〇さんの修繕に来たのですから、これだけの傷をなおす材料など用意のあるはずはありません。ほんの一時しのぎのことですが、それさえしないでほうっておけば、もう一度降ったり吹いたりしたときには、*4所詮《しょせん》もたないで、ざざっと崩《くず》れます。いくら知らないお宅だといっても、私の性分《しょうぶん》では、この眼に見たからには何とかしないではいられないような気がするのです。そりゃ、いずれはすっかりきれいにお直しになるでしょうが、私はその、いずれはというときの大きな仕事をねらっているのではないのです。かといって、今日の御飯に迫られての手間賃がほしいというのでもありません。コウイだけです。ですから、問題は奥さんのお気もち次第によることですから、*5とつおいつしたあげくおうかがいするのです。」という。昔風な、ていねいなことばつきである。てれくさそうにものをいうのだが、信念をもって話しているのがこちらへ響いてくる。眼鏡がこの人を爺くさく見せているのであって、眼は善良そうである。私は圧《お》されてぼんやりと合点《がてん》合点をした。

男は裏のほうの屋根へのぼると上から私を呼びたてた。そして往来へ出て少し離れた場所からこの屋根を見て、いかに破損しているかを見てくれといった。表面のほうの傷みはちょいちょい気をつけて知っているが、なるほど裏のほうはもっとひどくなっていた。一坪《つぼ》ほどは瓦が押せ押せにすべって、総《そう》に崩れる寸前である。⑥見ていると屋根屋は屋根屋らしくなく、屋根の上でしょんぼりと見えた。老いていてもいなくても、屋根屋は屋根の上にいて、しっかりと頼もしく見えるものなのに、と思ってへんな気がしながら、私はうちの中へはいった。

応急の手当はそれでも二時間ほどかかった。私は心ばかりを包んで出したが、彼はおだやかに⑦謝して手を触《ふ》れず、お茶だけを飲んで行ってしまった。そして職人にありがちの、他人のした仕事をあとから見て、いろいろ⑧あらをあばきたてるようなことはしなかった。ぽつぽつと破損箇所《かしょ》の様子などを話しただけだった。

注　＊1　おとない―声をかけて人をたずねること。　＊2　一ッとき逃れ―その時だけでもその場を切りぬけようとすること。　＊3　へどもど―あわてうろたえる様子。　＊4　所詮《しょせん》―けっきょくは。　＊5　とつおいつ―あれやこれやと思い迷う様子。

**問一**　――線部①に「来意はそれにきまっている」とありますが、どのような「来意」だと「私」は思ったのでしょうか。「屋根屋」の言葉として、具体的に一五字以内で答えなさい。

**問二**　――線部②「虚《きょ》をつかれて」の意味を書きなさい。

**問三**　――線部③・④の「コウイ」をそれぞれ漢字に直しなさい。

**問四**　――線部⑤「あちらは落ちついてさらにいう」以下の部分で、屋根屋が何のためにこの家に来たかをていねいに説明しています。屋根屋の話を簡単にまとめてみると次のようになります。［　］のAとBに文中からふさわしい部分をぬき出して答えなさい。ただし、Aは五〇字以内、Bは二〇字以内です。

「お宅の屋根は随分いたんでいます。［ A ］ものですから、どうか［ B ］。ただコウイだけなのです。」

**問五**　――線部⑥に「見ていると屋根は屋根屋らしくなく、屋根の上でしょんぼりと見えた」とありますが、なぜ屋根屋は「しょんぼりと」していたのでしょうか。次の中から最もふさわしいものを選び、記号で答えなさい。

ア、自分が余計なことを言ったために大変な仕事をしょいこむことになったから。

イ、実際に近くで見るとほんの一時しのぎもできそうにないと思っているから。

ウ、わざわざ説明したのに「私」があまり関心の無さそうな様子だったから。

エ、登ってみるとあまりにひどい破損なので心が傷んでならなかったから。

**問六**　――線部⑦について。「謝」という漢字には次のようないくつかの意味があります。

（あやまる。　礼をいう。　交代する。　ことわる。　別れのあいさつをする。　死ぬ。）

——線部⑦と同じ意味で「謝」が使われている熟語を次の中から選び、記号で答えなさい。

ア、感謝　イ、代謝　ウ、謝罪　エ、謝絶

**問七**　——線部⑧「あら」という言葉の意味を漢字二字で答えなさい。

**問八**　「ごめんください」と入ってきた男は「私」に自分のことを「たしかな屋根屋でございます」と名乗った。男は、「身元の確かな、まちがいのない」の意味で「たしかな」ということばを使ったようですが、文章全体を読んでみると、それだけではない「たしかな」屋根屋のようです。どういう点で「たしかな屋根屋」なのか、彼のことばや行動を押えながら百字以内で説明しなさい。

## 《論述・作文演習 ㊳》　神戸女学院中学校

**次の文章を読んでクローディアは、どんな性格の、どんな考えを持った少女だと考えられますか。八〇字以上一〇〇字以内でまとめなさい。（句読点も一字とする）**

（解答は486ページ）

むかし式の家出なんか、あたしには、ぜったいにできっこないわ、とクローディアは思っていました。かっとなったあまりに、リュック一つしょって飛び出すことです。クローディアは不愉《ゆ》快なことが好きではありません。遠足さえも、虫がいっぱいいたり、カップケーキのお砂糖が太陽でとけたりして、だらしない、不便な感じです。そこでクローディアは、あたしの家出は、ただあるところから逃《に》げだすのでなく、あるところへ逃げこむのにするわ、と決めました。どこか大きい場所、気持ちのよい場所、屋内、その上できれば美しい場所。クローディアがニューヨーク市のメトロポリタン美術館に決めたのは、こういうわけでした。

クローディアは、とても注意深く計画しました。おこづかいを貯《た》め、仲間を選びました。クローディアは、三人の弟のうち、下から二番目のジェイミーを選びました。ジェイミーは口が固いと信用できるし、時にはけっこう笑わせてくれます。その上お金持ちでした。同じくらいの年ごろの男の子とちがって、ジェイミーは野球カードの蒐《しゅう》集さえ始めていません。もらったおこづかいは、ほとんどそのまま貯めていました。

でもクローディアは、ジェイミーを仲間に選んだことを話すのを、もう少し待ちました。ジェイミーがいつまでもだまっていられるとはとても思えません。クローディアの計算では、毎週のおこづかいを貯めるには、長くかかるのです。お金を持たずに家出するのは思慮《りょ》のないことだ、というのがクローディアの考えです。都会ぐらしのクローディアは、何にでもお金がいることを知っていました。

ジェイミーに家出の話をしたり、最後の計画を立てたりするより前に、クローディアは電車賃や、そのほかいくらかの費用を貯めなくてはなりません。そうしているうちに、クローディアは、なぜ自分が家出しようとしているのか、あやうく忘れそうになりました。でもすっかり忘れたりはできません。というのは不公平がもとなのだ、とクローディアは思っていました。クローディアは一番上の子で、おまけに女の子は一人きりでしたから、いろいろ不公平な目にあいました。弟たちは何もしないでいい時に、自分だけは皿《さら》洗い機から食器を出してテーブルの用意をしなければならなかったのもたぶんその一つ。そのほかにもう一つ、当のクローディアよりこのわたしにはっきりわかる原因もあったかもしれません。毎週毎週が同じだということから起こる原因です。クローディアは、ただオール5のクローディア・キンケイドでいることがいやになったのです。日曜の夜七時半のテレビのチャンネルを選ぶのはだれの番だったかというけんかにも、不公平な待ぐうにも、毎月同じことのくり返しにも、すべてあきあきしたのです。

クローディアのおこづかいがとても少ないので、電車賃を貯めるのに三週間もホット・チョコレートサンディをがまんしなければならなかった、ということも不公平の一例です。（あなたはいつも車で町へいらっしゃいますからね、サクソンバーグさん、電車賃がいくらだか、きっとご存じないでしょうね。教えてあげましょうか。片道大人ひとり一ドル六十五セントです。クローディアもジェイミーも半額で乗れます。クローディアは十二歳《さい》にひと月たりないし、ジェイミーはたったの九歳ですから。）クローディアは、みんながクローディアの値打ちをもう少し認める方向に向かったら、家に帰るつもりでしたから、帰りの電車賃も貯めなくてはなりません。大人の片道もう一枚分です。

## 《漢字・語句の問題 ⑥》

一　次のカタカナを漢字に直しなさい。

① ガンチュウにない。　② 「たぬき」とメイメイする。
③ 事がらのユライ。　④ ルイジした商品。
⑤ ハッテンする。　⑥ 美しいネイロ。
⑦ 畑をタガヤす。　⑧ 激しいキショウ。
⑨ 床にツく。　⑩ A君を委員にオす。

（開成中）

二　次の1～10のカタカナを漢字に直しなさい。

山だけでなく、川も湖も、その 1フキンに住む人々の生活に 2ミッセツな関係を持っている。田畑を潤《うるお》し、3インリョウ水となり、舟を浮かべて交通の 4シュダンとしての 5ヤクワリも果たしてきた。男たちに釣《つ》り場を 6テイキョウし、女たちの、7ヤサイや 8イルイの洗い場ともなった。子どもたちもそこで水遊びや水泳をしながら育つのだ。

やがて、よその土地で暮らすようになったとき、9コキョウの 10サンガが懐《なつ》かしい道理である。

（ラ・サール中）

三　次のカタカナの部分を漢字に直しなさい。

1 きびしいシレンにたえる。　2 電車がコショウする。
3 選挙のトウラクを予想する。　4 ウチュウの法則をさぐる。
5 ハクブツ館を見学する。　6 ケイソツな行動をつつしむ。
7 多くのシンピにつつまれた世界。　8 農業をイトナむ。
9 先生の注意を心にキザむ。　10 ヒロったお金をとどける。

（栄光学園中）

四　次のカタカナを漢字に直しなさい。

① 話のジョウズな人。　② カクベツ不思議なことではない。
③ 記憶がアヤマっている。　④ オサナい日の思い出。
⑤ グタイテキな説明。　⑥ テチョウに書く。
⑦ ケントウをつける。　⑧ それにソウオウする事がら。
⑨ 理解をゼッする。　⑩ 過《あやま》ちをオカす。

（筑波大駒場中）

五　次にあげるのは、漢字の二字熟語による「しりとり」です。例にならって□の部分に入る漢字を考えて書きなさい。ただし、bdfghjにはそれぞれ（　）に書いた部首の字がはいります。

（例）学校―校［ア］―［ア］［イ］―［イ］有―有名
（答え）ア 長　イ 所

毛筆―筆［a］―［a］［b］（まだれ）―［b］文―文明―
明暗―暗［c］―［c］［d］（金へん）―［d］音―音感
―感［e］―［e］［f］（人べん）―［f］家―家主―主観
―観［g］（うかんむり）―［g］［h］（うかんむり）―［h］
内―内外―外［i］―［i］［j］（言べん）―［j］学―
学校

（灘中）

（解答は489ページ）

# 4 『北の国から〈脚本〉』

▽倉本 聰

広島学院中学校

■ 次の文章はテレビドラマのシナリオ(脚本《きゃくほん》)です。よく読んで後の問いに答えなさい。 (解答は490ページ)

草原　純、来て立つ。
音楽――ゆっくり消えていく。
純。
風の音。
純。
語り「※恵子ちゃん――。ぼくはこの家では――明らかに一人だけきらわれており」
純。
その視線に現れるキツネ。
純をうかがい、迷っている。
風の音。
純。
ソロソロとかがんで石をつかむ。
キツネ。
蛍《ほたる》の声「(とつぜん)お兄ちゃん!!」
ふりむく純。
五郎に肩車《かたぐるま》した蛍。
キツネ。
1 純――キツネにむかい石をほうる。
キツネ逃《に》げる。
蛍「(泣きそうに)いやだァ!!　やめてえ!!」
純、また石をつかみ、ほうり投げる。
そしてまた。
その手が五郎につかまれる。
五郎、いきなり純のほおをたたく。
純。
五郎、もういちど純のほおをたたく。
草太の声「おじさん!!」
棒立ちになる草太。
純。
――もうぜんと走りだす。
草太、追いかける。
草太「純――!!」
音楽――衝撃《しょうげき》でたたきつけはいる。
五郎。
そうして泣いている蛍。
音楽――

街《まち》の灯《ひ》　眼下にチカチカ光っている。
カーラジオから流れる静かな音楽。

車の中　草太と純。
長い間《ま》
草太「気が落ちついたか」
純「――」
草太「え?」

純　「――」
　　草太、純の頭を乱暴になでる。
草太「何すねてンだ」
純　「――」
草太「なぜあんなことした」
純　「――」
草太「蛍がせっかく、ならしとったンだべ」
純　「――」
草太「え？」
　　純。
　　カーラジオの音楽。
純　「ぼくは――」
草太「――何よ」
　　純。
純　「父さんにきらわれていて」
　　草太。
　　――純を見る。
純　「父さんは――蛍だけをかわいがり」
　　草太。
　　[2]間《ま》
　　――煙草《たばこ》に火をつける。
草太「オイ純」
純　「――」
草太「二度とオラにむかって、そういうハンカクサイことというんでない」
純　「――」
草太「いいか」

---

純　「――」
草太「どこの世界にてめえの子どもを――分けへだてするような親がいる」
純　「――」
草太「男のくせにあまったれるな」
純　「――」
草太「お前のおやじはお前のそういう――あまっちょろいところをたたき直したくて――一生けんめい冷たくしてるンだ」
純　「――」
草太「お前のおやじは[3]無器用《ぶきよう》な男だから――そういうふうに冷たくみえるンだ」
純　「――」
草太「勉強ができるならそれくらいわかれコノッ」
純　「――」
　　カーラジオの音楽。
　　純。
語り「本当は反論したかったンだけど――ぼくは反論することをやめた。なぜかというとお兄ちゃんのいい方が――とっても□ぼくにはきこえたので」
草太「(乱暴に) 行くぞ」
　　自動車にキイをかける。
　　車、バック。
　　音楽――静かな旋律《せんりつ》ではいる。
家
　　草太、純を送って入れる。迎え入れる雪子。
語り「家に帰ると驚《おどろ》いたことに、父さんは一人でまだ飲んでおり。

――一升《いっしょう》びんはほとんどカラで――」

純、父親に「ゴメンナサイ」というが、五郎は、酔《よ》ってブツブツ何かいっている。

同・二階　純あがり、服をぬいでシュラフにもぐりこむ。

蛍「お兄ちゃん」

純「――(見る)」

蛍――自分のシュラフから石の湯タンポを出す。

蛍「湯タンポ」

純「――(受ける)」

蛍「[4]お父さん、あれから雪子おばさんに、お兄ちゃんのことでおこられてたンだよ」

純。

蛍「お父さんいってたよ。お兄ちゃんのこと、好きだって」

純。

風がガタガタと板壁《いたかべ》をゆする。

純「蛍」

蛍「――ん？」

間《ま》

純「おこってるか？――キツネのこと」

間《ま》

蛍「おこってない」

純「――」

蛍「だいじょうぶ、キツネ――きっとまた来る」

純「――」

雪子、あがってくる。

雪子「まだねてないの？」

蛍「お父さんは？」

雪子「(ちょっと笑う)もうダメ。酔っちゃって。ブツブツいってる」

同・一階　五郎、完全に酔っぱらい、一人でブツブツつぶやいている。

五郎「バアヤロ。フザケルナ。フザケチャイケマセンヨ。――エコヒイキナンテ、ソウイウオレハネ、――酒？――ネエジャネエカ。――アマインデスヨ。――ソウイウフウニ女ハスグニネ――。ワカッチャイマセンヨ。バアヤロ。フザケルナ。アレ？　酒、モウナイノ？ドウシテ？――ネエドウシテ？」

風が壁をゆする。

身ぶるいする五郎。

語り「その晩から本格的寒波が来た」

雪原

「ルルルルルル」

「ルルルルルル」

蛍がキツネを呼んでいる。

語り「[5]蛍のキツネはあれきり来なかった」

音楽――ゆっくりもりあがって。

※　恵子ちゃん――東京にいる純の友達。

**問一**　――線部1「純――キツネにむかい石をほうる」とありますが、純は、なぜ石をほうったのですか。五〇字以上、六〇字以内で説明しなさい。

**問二**　――線部2「間《ま》」とありますが、その「間」は草太のどんな気持ちを表しているのですか。説明しなさい。

**問三**　――線部3「無器用な男だから」とありますが、何が無器用なのですか。次の中からもっとも適当なものを選んで、記号で答えなさい。

ア　子どもに勉強を教えること　　イ　自分の気持ちを伝えること
ウ　子どもをじょうずにたたくこと　　エ　心の冷たさをかくすこと
オ　手先でものを作ること

**問四**　□にはどんなことばがはいりますか。次の中からもっとも適当なものを選んで、記号で答えなさい。

ア　冷たく　　イ　おそろしく　　ウ　いいかげんに
エ　やさしく　　オ　気らくに

**問五**　――線部4「お父さん、あれから雪子おばさんに、お兄ちゃんのことでおこられてたンだよ」とありますが、どういっておこられたのですか。文中のことばを用いて答えなさい。

**問六**　――線部5「蛍のキツネはあれきり来なかった」とありますが、ここから想像される純の気持ちを二〇字以内で説明しなさい。

**問七**　蛍はお兄さん思いのやさしい妹です。それがもっともよく表れている蛍のことばをぬき出しなさい。

**問八**　このドラマは、北海道の自然が舞台《ぶたい》になっています。自然のきびしさが何によって表現されていますか。

---

## 《論述・作文演習 (39)》　筑波大学附属駒場中学校

（解答は504ページ）

次の詩を読んで、後の問いに答えなさい。

### 木

田村《たむら》　隆一《りゅういち》

木は黙《だま》っているから好きだ
木は歩いたり走ったりしないから好きだ
木は愛とか正義とかわめかないから好きだ

ほんとうにそうか
ほんとうにそうなのか

見る人が見たら
木は囁《ささや》いているのだ　ゆったりと静かな声で
木は歩いているのだ　空にむかって
木は稲妻《いなずま》のごとく走っているのだ　地の下へ
木はたしかにわめかないが
木は
愛そのものだ　それでなかったら小鳥が飛んできて
枝にとまるはずがない
正義そのものだ　それでなかったら地下水を根から吸いあげて
空にかえすはずがない

若木
老樹

ひとつとして同じ木がない
ひとつとして同じ星の光りのなかで
目ざめている木はない

木
ぼくはきみのことが大好きだ

問一　六行目「見る人が見たら」の「見る人」とはどういう人のことですか。

問二　八行目「木は歩いているのだ　空にむかって」とはどういうことですか。

問三　十二行目「愛そのものだ」とありますが、それはなぜですか。

問四　この詩の表現の仕方の特色を、三つ答えなさい。

## 《漢字・語句の問題　⑦》

一　次のa～gの語（句）の漢字表記の部分に誤りがある場合は、例にならって正しい漢字を書きなさい。誤りがなければ、○をつけなさい。ただし、熟語の読みは変えないものとして考えなさい。

**例　門戸解放　（答）開**

a　直径　　b　個有　　c　未青年　　d　外交辞令
e　一身同体　　f　最高調に達した　　g　自我自賛

（灘中）

二　次の一字または二字の空欄《らん》にあてはまる語を、漢字で書きなさい。

1　病気が□にむかって、やっと安心した。
2　町が□のもとに見わたせる小高いおか。
3　父が畑で一心□に働いている。
4　敵の□をかく。

（栄光学園中）

三　つぎの文の1～10の――線のカタカナを漢字で書きなさい。

人はだれでも一生のうちには大切な「出会い」の1ケイケンを持つものです。そしてその「出会い」というものが、その人の、2セイチョウの3ゲンドウリョクになり、何をもっても4カえることのできないほどの5キチョウな宝《たから》にもなります。6シとの出会い、友人との出会い、書物を通して知る7トウトい8ジンカクとの出会い、書物のなかのことばとの出会い、それらが、そのおりおりに、わたしたちの心の奥《おく》底にふれ、わたしたちの心をゆり動かし、わたしたちを9ミチの深い世界に10ミチビいてくれるのです。

（桜蔭中）

四　(ア)　例にならって、後にあげた漢字を組合わせて、漢字三字で表すことばを作り、1～5の文中の（　）に当てはまるようにしなさい。なお、一つの漢字の使用は一回限りとします。

**例　（青信号）に変わっても、すぐには飛び出すな。**

(イ)　1～3に入る熟語は、そのよみをひらがなで書きなさい。

1　この辺りには、まだ（　）が残っているから、小鳥が多い。
2　優勝の喜びで、選手も観客も（　）になっていた。
3　ほぼ定員どおりに（　）なく人を集めることができた。
4　苦労の末、徒歩で初めて（　）に到《とう》着した。
5　断りもなしに帰るとは、（　）きわまる行動だ。

雑　識　天　不　木　号　北　有　足　青　非　林　信　点　常　頂　過　極

（慶應義塾中等部）

五　次の1～5の（　）の中に、右側に書いてある意味を表す漢字を入れ、例にならって熟語を作りなさい。

**例　たつ　（断）絶**

1　はかる　測（　）　　2　ととのえる　（　）整　　3　うつす　映（　）
4　あたたかだ　温（　）　　5　よい　（　）良

（筑波大駒場中）

（解答は512ページ）

改訂・精解の国語　長文の読解と論述
【生徒用問題集】　定価1650円(本体1500円＋税10%)

2000年３月10日　初版発行
2004年６月18日　再版発行
2007年９月20日　改訂発行
2010年11月11日　改訂発行
2023年４月９日　改訂発行

編著者　萩 原 直 三

発行所　㈱ 直 進 総 合 企 画
電話&FAX 03(3410)3364
E-mail／chokushinsogokikaku@gmail.com
発売元　星 雲 社
（共同出版社・流通責任出版社）
〒112-0005　東京都文京区水道1-3-30
電話 03(3868)3275　FAX03(3868)6588
印　刷　朝日印刷工業株式会社



ISBN978-4-434-27127-4　C6381　¥1500E